高等院校通识教育系列教材·宗教文化系列

犹太文化概览

师俊华　徐　弢　著

WUHAN UNIVERSITY PRESS
武汉大学出版社

图书在版编目(CIP)数据

犹太文化概览/师俊华,徐弢著.—武汉:武汉大学出版社,2016.10
高等院校通识教育系列教材.宗教文化系列
ISBN 978-7-307-17721-5

Ⅰ.犹…　Ⅱ.①师…　②徐…　Ⅲ.犹太人—民族文化—高等学校—教材　Ⅳ.K18

中国版本图书馆 CIP 数据核字(2016)第 065100 号

责任编辑:程牧原　　责任校对:李孟潇　　版式设计:马　佳

出版发行:**武汉大学出版社**　(430072　武昌　珞珈山)
(电子邮件:cbs22@ whu.edu.cn 网址:www.wdp.com.cn)
印刷:武汉鑫佳捷印务有限公司
开本:787×1092　1/16　印张:11.25　字数:261 千字　插页:1
版次:2016 年 10 月第 1 版　　2016 年 10 月第 1 次印刷
ISBN 978-7-307-17721-5　　定价:25.00 元

总　序

进入新世纪，中国高等教育发展形成的共识之一，就是要着力教育创新。教育创新共识的形成，是以对时代发展的新特点的理解为基础的，以对当今世界和我国教育发展的新趋势的分析为背景的，以实现中华民族的伟大复兴和社会主义教育事业发展的历史任务为目标的，深刻地反映了高等教育确立“以人为本”新理念的必然要求。

教育创新的首要之义就在于，教育要与经济社会发展的实际相结合，要与我国社会主义现代化建设对各类高层次人才培养的需要相适应，努力造就具有创造精神和实践能力的全面发展的人才。为了达到教育创新的这些要求，高等教育不仅要实行教育理论和理念的创新，而且还要深化教育教学改革，着力提高教育教学质量和水平。特别要注重学科与专业设置的调整和完善，形成有利于先进科学技术发展和提高国民经济发展水平的学科专业和教学内容；要注重人才培养结构的优化，形成既能适应现代化建设对各级各类高层次人才的需求，又能体现和反映高校优秀的办学特色、办学风格和办学传统的人才培养模式。教育教学创新的这些措施，必然提出怎样对传统意义上的以“学科”、“专业”为主体的教育教学结构进行整合，并使之与现代社会发展要求相适应的“通识”教育相兼容和相结合的重大问题。

高等教育人才培养模式中的“专”、“通”关系问题，并不是现在才提出来的。至于与“专业”教育相对应的“通识”教育的思想，出现得更早些。在亚里士多德那里，就有与“自由”教育相联系的“通识”教育的思想。这里所讲的“通识”教育，通常是指对学生普遍进行的共通的文化教育，使学生具有一定广度的知识和技能，使学生的人格与学识、理智与情感、身体与心理等各方面得到自由、和谐和全面的发展。

世界高等教育的发展曾经经历过时以“通识”教育为主、时以“专业”教育为主，或者两者并举、并立的发展时期。从高等教育发展历史来看，早期的高等教育似倚重于“通识”教育。随着经济、科技和社会分工的不断发展和进步，高等教育也相应地细分为不同学科、专业，分别培养不同领域的专业人才，“专业”教育的比重不断增大。20世纪中叶以来，经济的迅猛发展、科技的飞速进步、知识的不断交叉融合，使学科之间更新频率加快，高度分化和高度综合并存，“专才”与“通识”的需求同在。但是在总体上，“通识”似更多地受到重视。这是因为，新时代高等教育培养的人才，应该具有很强的应变能力和适应能力，应该具有更为宽厚的知识基础和相当广博的知识层面，应该具有更强的信息获取能力和多方面的交流能力。显然，仅仅依靠知识领域过窄的专业教育，是难以培养出这样的人才的。

我国大学本科教育专业一度划分过细，学生知识结构单一，素质教育薄弱，人才的社会适应性多有不足。随着国家经济体制改革的深入、产业结构调整步伐的加快和国民经济的飞速发展，国家和社会对人才需求的类型和结构发生了急剧变化，对人才的规格和质量的要求也不断提高，划分过细的专业教育易于造成人才供给的结构性短缺。经济全球化发展和我国加入 WTO，对我国高等教育人才培养提出了更为严峻的课题，继续走划分过窄、过细的专业教育之路，就可能出现一方面人才短缺、另一方面就业困难的严峻局面，将严重阻碍我国经济社会的发展，也将使我国高等教育陷于困境。我国教育界的有识之士和国家教育主管部门，已经深切地认识到这种严峻的形势。教育部前几年就在多方征求意见的基础上，推出了经大幅度修订的新的本科专业目录，使本科专业种类调整得更为宽泛些。各高等学校也在进一步加大教学改革力度，研究和修订教学计划，改革教学内容，努力使专业壁垒渐趋弱化，基础知识教育得到强化。这些都将有利于学生拓宽知识面，涉猎不同学科和专业领域，增强适应能力，全面提高综合素质。

在高等教育“通”、“专”关系的处理上，教育创新提供了解决问题的根本方法。通过教育创新，一方面能构筑高水平的通识教育的平台；另一方面也能增强专业教育的适应性，目的就是做好“因材施教”，实现“学以致用”。在这一过程中，除了要解决好选人制度即招生制度创新和教师队伍建设创新外，还要注重教学内容、教学方式和方法，以及教材建设等方面的创新。

近些年来，武汉大学出版社经过精心组织与策划，奉献给广大读者的这套通识教育系列教材，力图向大学生展示不同学科领域的普遍知识及新成果、新趋势或新信息，为大学生提供感受和理解不同学术领域和文化层面的基本知识、思想精髓、研究方法和理论体系，为大学生日后的长远学习提供广阔的视野。我们殷切地希望能有更多更好的通识教材面世，不仅要授学生以知识、强学生之能力，更要树学生之崇高理想、育学生之创新精神、立学生以民族振兴志向！

武汉大学校长　**顾海良**

前　　言

在人类历史上，犹太人（亦称希伯来人、以色列人）是一个有着传奇经历与巨大影响的古老民族。千百年来，这个民族一直以其辉煌的文化、泣血的遭遇、独特的信仰和杰出的成就，吸引着无数世人猎奇的眼眸。犹太人常常被学者们形容为一个流浪的民族。因为在四千多年的犹太民族史上，有将近一半时间，他们都是行走在迁徙和流亡之路上。犹太民族从诞生、兴盛、衰败到复兴的全过程，几乎都可以用迁徙和流亡这一主题串联起来。迁徙和流亡，在犹太民族的历史大幕上接连上演。

犹太人所公认的始祖亚伯拉罕（亦名易卜拉欣，大约生活在公元前20—前18世纪）开创了这个民族迁徙的历史。按照犹太圣典《妥拉》所说，亚伯拉罕信奉一个叫雅赫威（亦可译为耶和华）的神，并在雅赫威的呼召下，带领全家从两河流域的哈兰（今伊拉克境内）迁徙到"应许之地"迦南（今巴勒斯坦境内）。后来，他的孙子雅各（亦名以色列）为了逃避饥荒，又举家迁往埃及。直到几百年后，雅各的子孙为摆脱法老的奴役，才在先知摩西（亦名穆萨）的带领下，离开埃及，重返雅赫威赐予其祖先的应许之地。被犹太人称为应许之地的迦南位于今日中东地区的核心。它西濒地中海，东邻巴比伦，南接埃及和阿拉伯半岛，战略位置十分重要，因而自古以来就是周边强国争夺的目标。直到公元前13世纪，来自克里特岛的希腊海盗非利士人侵入该地后，才将其改名为巴勒斯坦（意即"非利士人之地"）并沿用至今。为在这片土地生存下去，犹太先民曾与当地的土著居民（迦南人、亚扪人、摩押人、赫人等）以及其他外来入侵者（非利士人、亚述人、巴比伦人、希腊人等）进行长年争战，并一度建立了强大的独立王国（始于公元前1025年的大卫和所罗门王朝）。但这个王国不久便分裂为两个国家（北国以色列和南国犹大），并分别于公元前722年和公元前586年被强大的亚述和巴比伦所灭。自此，犹太人又被迫在异族君主统治下走上流亡之路。在经历了波斯统治时期的"归国运动"后，刚刚重返应许之地并重建圣殿的犹太人又迎来另一个更加强大的征服者——希腊马其顿帝国。在马其顿帝国的亚历山大大帝及其部将建立的塞琉古王朝的统治下，犹太人的传统文化和宗教信仰遭到了希腊化运动的严峻挑战。为了对抗统治者推行的希腊化运动及其对犹太文化的摧残，他们发动了轰轰烈烈的马喀比大起义，建立了昙花一现的哈斯蒙尼王朝。然而短短几十年后，罗马将军庞培的第十军团又于公元前63年占领耶路撒冷，从而再次结束了他们好不容易才争取到的有限政治独立①。为了推翻罗马的残暴统治，犹太人先后发动过多次大规模的民族起义，可是在强大的罗马世界霸权面前，他们的任何反抗都是徒劳的。最终，他们被罗马皇帝下令逐出

① 参阅徐弢：《基督教文化概览》，武汉大学出版社，2013年，第23页。

巴勒斯坦，进入了漫长的“大流散时代”。从那时起，犹太人彻底失去了自己的祖国，开始了长达两千多年的颠沛流离的生活。在罗马帝国晚期和中世纪的欧洲，犹太人受尽种种歧视、屈辱和压迫，传统的雅赫威信仰成为他们维系自己的民族身份和文化认同的主要动力。直到启蒙运动和资产阶级革命胜利后，犹太人才再一次看到了民族解放和文化复兴的曙光。然而，发生在 20 世纪的那场众所皆知的历史悲剧①，导致 600 多万犹太人遇难，使这个古老的民族几近灭绝。第二次世界大战之后，历经磨难的犹太人终于得以在 1948 年实现了他们的复国之梦。如今，已有几百万犹太人回到以色列定居，而散居世界各国的其他犹太人也大多赢得了所在国的公民权。

纵观犹太民族的历史，我们不难发现，这个民族在漫长的历史长河中所发生的每一次重大事件，都与它独特的文化传统和宗教信仰密切相关。无论是从亚伯拉罕时代到摩西时代的整个族群的繁茂，还是从第一圣殿时代到第二圣殿时代的民族宗教的辉煌，以及从大流散时代到近现代的血泪遭遇和艰难发展，这个民族的兴衰荣辱始终与它独特的文化和信仰相伴随。因此，我们在回顾这个古老民族的发展历程时，自然需要特别关注独特的犹太文化和作为其文化内核的雅赫威信仰。唯有如此，我们才能真正明白，究竟是何种力量使得这个民族在历经无数磨难之后，依然能够巍然屹立于世界民族之林，并对人类文化的发展繁荣作出巨大的贡献。

谈到犹太民族及其文化的起源，我们首先应该注意到，早在公元前 20 世纪到公元前 18 世纪的上古时期，犹太人的先祖就已经把雅赫威当作自己的保护神。他们通过把自己视为雅赫威从人类中特别拣选出来的“选民”，而渐渐凝聚成一个有着特殊信仰和习俗的古老族群——古希伯来人。随后的几个世纪里，古希伯来人从两河流域迁徙到迦南，又从迦南迁徙到尼罗河流域，而他们的族群意识也随着“选民”观的发展而不断加强，并最终以古代族长雅各的绰号“以色列”作为新族名，形成了一个有着十二支派和几十万人口的中等民族。约公元前 15 世纪到公元前 13 世纪，这个民族为摆脱埃及法老的奴役，而在领袖摩西的带领下，来到阿拉伯旷野。在阿拉伯旷野的西奈山，摩西向以色列十二支派公布了以“十诫”为总纲的律法，并以雅赫威的名义宣布，只有世代遵行律法，才能得到雅赫威的祝福，否则必然遭到雅赫威的惩罚②。从公元前 8 世纪到公元前 5 世纪的第一圣殿时代，一批被称为“先知”的人成为继承和弘扬犹太文化的新主角。这些“先知”从传统的雅赫威信仰出发，对那个时代的以色列社会上存在

① 在第二次世界大战期间，纳粹德国主导了一场以犹太人为主要对象的种族灭绝行动。它是二战中最为人熟知的暴行之一。当时在欧洲居住的约 900 万犹太人中，有 2/3 遇难，其中包括约 100 万名儿童，200 万名妇女和 300 万名成年男子。据统计，在德国占领区，有超过 40000 处被用于关押、控制和屠杀犹太人的设施。

② 按犹太人的传统观点，“十诫”是上帝借先知摩西颁布的律法的总纲。它们不仅是犹太人生活和信仰的准则，也被后来的基督教所继承。在犹太人的《妥拉》和基督教的《圣经》中，均载有“十诫”。两者的记载基本一致，只在个别用词上略有出入。其中，犹太人记载的“十诫”是：一，我是你的上帝；二，不可信仰别神，不可拜偶像；三，不可滥用上帝之名；四，守安息日；五，尊敬父母；六，不可杀人；七，不可奸淫；八，不可偷盗；九，不可作假见证；十，不可贪恋别人的妻子、财产（《出埃及记》第 20 章第 2~14 节、第 34 章第 10~27 节；《申命记》第 5 章第 6~21 节）。

的种种不公现象加以严厉谴责，对王公贵族和普通百姓的错误言行加以耐心规劝，对整个民族的历史遭遇和前途命运加以重新诠释。他们大声呼吁，只有遵守律法、纯洁信仰和净化道德，这个民族才能重获雅赫威的恩典，并在雅赫威的保佑下，克服其眼前的苦难，战胜强大的敌国，迎接荣耀的未来①。

尽管古以色列人既没有古希腊人那样深奥的哲学，也没有古罗马人那样赫赫的武功，但他们一直是预言的引导者，并在长期的迁徙和流浪中，将自己神秘的信仰、独特的伦理和严密的律法传播到世界的每个角落，并由此对诸多其他民族和文化的发展产生深远影响。无论是基督徒所开创的基督教文明中，还是穆斯林所开创的伊斯兰文明中，我们都不难看到这种影响的力量。犹太文化史上的一系列重要人物、重大事件和重要观念，都曾以不同形式反映在基督教和伊斯兰教的典籍之中。例如，基督教的《圣经》把犹太人的始祖亚伯拉罕视为"信心之父"，把耶稣基督称为犹太人盼望的"弥赛亚"（希伯来文"受膏者"一词的音译，因为古代以色列的祭司和国王在任职之前，人们都要在其额头上涂以膏油，以示他们乃上帝所选。但以色列亡国后，弥赛亚不再泛指现实人物，而特指一位未来的理想君王。此人必须是大卫（亦名达伍德）的后裔，并且在雅赫威的帮助下，承担起拯救以色列，建立新耶路撒冷、新圣殿的使命。后来，这一观念为基督教所继承和利用，成为基督徒所盼望的"救世主"耶稣的代名词）。伊斯兰教的《古兰经》把亚伯拉罕视为犹太人和阿拉伯人的共同祖先，并把摩西、大卫等犹太民族史上的英雄视为安拉的使者。

对于犹太人而言，犹太教不单单是一种神秘的宗教信仰和严格的律法条文，更是他们独特的民族文化的最直接表现形式。在历史上的任何阶段，犹太人都坚持按照犹太教的标准来确立他们自己的生活方式、道德准则、圣事节庆和民俗礼仪。犹太人的宗教又是一个民族性的宗教。犹太上帝观的民族化及其"选民"观念的固化，都使犹太教难以突破其作为一个民族宗教而非世界宗教的藩篱。

近现代以来，犹太文化和作为其内核的犹太教受到了学者们的广泛关注和高度重视。这在很大程度上应归功于犹太民族在世界文明史上取得的一系列举世闻名的成就。犹太民族无疑是当今世界上最具影响力的民族之一。倘若没有犹太人，两千多年的西方文明史将很可能彻底改写。假如没有犹太人的多项重大发明和发现，现代世界的发展轨迹和文化景观将会大异其趣。犹太人创造出的众多惊人纪录，使我们难以压抑心中去探寻其文化特征及其内在奥秘的冲动。或许由于历史和地理的原因，在近现代之前，中国人对犹太民族和犹太文化的了解不多，而只有一些刻板的印象和粗浅的线条。然而，无论是犹太民族的历史还是其创造的辉煌文化，都有不少值得我们认真学习和反思之处。中国文化与犹太文化几乎同步发轫，然而，两种文化在数千年的发展史上，又呈现出完

① "先知"（nabi、rohe、hozeh）在古希伯来文中有宣讲者、被呼召者、报信者、代言人等多种含义。其中，以最后一种含义最为重要，也最能体现先知在犹太人心目中的地位。我们可以给犹太人的"先知"下这样一个定义：一群被古代犹太人视为上帝代言人的宗教改革家和社会活动家，每当民族及其宗教面临危急的时刻，他们便以上帝代言人的身份对犹太君王、祭司和百姓的错误言行发出警告和责备，引导他们通过悔改来重获恩典。

全不同的发展态势。无论是回顾历史、立足现在还是展望未来，研究犹太文化都对促进中国文化的发展有一定借鉴意义。

我们撰写本书的目的之一，就是要增进中国人对犹太文化和作为其内核的犹太教的了解。因为无论是在进行民族史、文化史还是宗教史的学习时，一本全面介绍犹太文化的通识读本都是非常有价值的。同古老的犹太文化一样，中国传统文化在历史上也曾多次遭遇过重创。在21世纪的今天，中国文化如何恢复往日的恢弘灿烂？如何应对全球范围内的激烈竞争，实现国家富强、民族振兴、文化繁荣的目标？在思考这一系列问题时，犹太文化的兴衰变迁都有值得我们借鉴的地方。应该看到，以犹太教为内核的犹太文化是一种传统的宗教文化。这种文化对于促进犹太民族的凝聚力、向心力和创造力，曾经发挥过不可替代的作用。在今天的中国，如何正视传统的宗教文化的力量，如何通过弃其糟粕和取其精华，为中华民族的伟大复兴提供“正能量”，是一个非常重要和迫切需要解决的问题。另外，犹太人重视科学教育、强调民族团结、尊重礼仪规范、讲究个人卫生、鼓励敬老爱幼、提倡契约精神和诚实守信等一系列传统美德，都与中华民族的传统美德极为相近，值得相互学习和借鉴。

本书分为导论、历史篇、经典篇、宗派篇、生活篇五大部分。作为本书的先导篇的导论部分，可以让读者对犹太文化的基本特征与核心内容有一个初步的认识。作为第二部分的历史篇，则可以让读者从总体上了解犹太文化的起源、发展和演化过程。为此，我们按照时间顺序，依次介绍了犹太文化在圣殿时代、大流散时代、中世纪和宗教改革时代、近现代的发展变迁及其与中国文化发生的相遇和交流。作为第三部分的经典篇，不仅深入浅出地展示了《塔纳赫》《塔木德》《米德拉什》等犹太文化经典的内容，而且生动有趣地解释了其中涉及的众多神哲学观念和争论的意义。作为第四部分的宗派篇，可以让读者较为全面地看到犹太宗派的形成原因、最初萌芽及其在各个不同时代的发展和影响。作为第五部分的生活篇，则可以让读者透过犹太人的传统历法、节期、礼仪、习俗和生活，来进一步感受犹太文化的丰富多彩。

本书的内容跨越了犹太民族上下四千多年的历史，涉及犹太文化的方方面面。因此，为了从庞杂的相关资料中整理出清晰可靠的内容，我们抱着宁缺毋滥的态度，对犹太文化的基本知识进行梳理总结，以期尽可能客观地展示出犹太文化的全貌。

目前，学术界对犹太文化的研究热情方兴未艾，各种研究犹太文化的期刊杂志和科研机构不断出现。然而，由于我国学者对犹太文化加以系统研究的时间相对短暂（主要起步于20世纪80年代），相关的普及性和知识性材料仍较为稀缺，所以在目前的中国图书市场，有关犹太文化的书籍不是专业性太强，便是浅尝辄止，不利于普通民众对犹太文化的快速了解。有鉴于此，我们立足于深入浅出的原则，力求在内容详实的基础上进行平实易懂的书写，以尽可能满足不同层次的读者需求。在本书写作过程中，我们吸收和借鉴了大量国内外学者的研究成果，在此对他们表示由衷的感谢。

师俊华　徐　弢

2014年5月3日于武汉珞珈山

目　录

经　典　篇

宗　派　篇

生　活　篇

导　论

第一节　“一本经的民族”

犹太人的祖先又称希伯来人（Hebrews），属于中东地区的古老族系闪米特人（Semites）中的一支。古希伯来人最初是以游牧形态散居于幼发拉底河流域①。在谈到古希伯来人的起源及其对人类文明的影响时，我们首先需要提及的便是他们贡献给人类的一部伟大经典《塔纳赫》。尽管《塔纳赫》不仅仅是犹太人的经典，同时也是基督教《圣经》中的“旧约”部分，但它的主要内容是记载古希伯来人对神明、宇宙和人生的思考与感悟。早在基督教诞生之前，犹太民族的先民——古希伯来人就曾以口头传颂的方式，将本民族以及许多其他民族的古老传说和神话故事流传下来，其中包括古希伯来人的先祖如何凭借雅赫威神的祝福，从一个区区几百人的小部落发展为一个拥有十二支派和众多人口的中等民族，以及他们如何在雅赫威神拣选的伟大先知摩西和约书亚的带领下，摆脱埃及法老的奴役和征服迦南“应许之地”的传奇故事。公元前 586 年，巴比伦王尼布甲尼撒的军队一举消灭了长达数百年的大卫所罗门王朝，拆除了犹太人心目中的圣城和圣殿，将犹太王室同近万名犹太贵族、祭司、文士和工匠掳掠到巴比伦为奴，只留下极少数最穷的犹太人在迦南地。这就是历史上著名的“巴比伦之囚”②。这些古希伯来人中的精英阶层在巴比伦多半沦为奴隶，被迫为尼布甲尼撒王修筑巴比伦城，直到公元前 538 年波斯王居鲁士征服巴比伦之后，才得到释放并返回故国。归国之后的犹太文士和祭司们为了防止其他民族的同化，开始汇集各种古老的宗教律法和传说，并将其整理汇编成册，从而形成了《塔纳赫》的雏形。当基督教接受古希伯来人的《塔纳赫》之后，曾对其进行重新编排，并以《旧约》为名归入自己的宗教典籍《圣经》（新旧约全书）之中。

后世的犹太人以《塔纳赫》为依据，勾勒出其民族历史的画卷。然而，一些现代学者们立足于考古学、历史学和神学的相关研究，认为《塔纳赫》中的诸多记载并非

① 闪米特人本是起源于阿拉伯半岛的游牧民，相传是挪亚的长子闪的后裔，后来部分闪米特人因为天灾、战乱等原因离开阿拉伯半岛，迁徙到中东各地，形成犹太人、阿拉伯人等多个民族。

② 巴比伦之囚，“Babylonian Captivity”。公元前 6 世纪，古巴比伦的国王尼布甲尼撒二世两度攻陷犹太人的圣城耶路撒冷，并于公元前 586 年彻底摧毁圣城和圣殿，将大批犹太王族、工匠、祭司掳往巴比伦，只留下一些极其贫苦的人在耶路撒冷打理葡萄园，耕种田地。这一悲惨事件在犹太民族史上被称为“巴比伦之囚”。

历史事实，而是基于宗教目的的人为杜撰。长久以来，各派学者就《塔纳赫》的权威性和真实性展开的论战从未停息。以1947年《死海古卷》的发现为契机①，越来越多的证据终于将大多数学者引向这样一个定论：现代犹太人从其先祖古希伯来人那里继承而来的《塔纳赫》，并非全都是无稽之谈。

相传在公元前20世纪至公元前18世纪左右，生活在吾珥（位于今伊拉克境内）地区的一个小部落的族长亚伯拉罕按照雅赫威神的旨意，率领族人从位于两河流域的吾珥出发，越过幼发拉底河迁移至迦南地。依《塔纳赫》中记载的族谱，亚伯拉罕是挪亚的子孙，也是希伯来人和阿拉伯人的共同祖先。《塔纳赫》还记载了亚伯拉罕如何通过与上帝立约，建立希伯来民族的一神教信仰的情节。按照犹太教的正统观点，亚伯拉罕是雅赫威信仰的开创者，他宣称自己及其后裔都是雅赫威神从万民中拣选出来的特殊民族（“选民”），享有其他民族所无法享有的特殊恩典和拯救，所以他们要世世代代遵守雅赫威神所赐的“约”（以“十诫”为中心的一整套律法和典章）。作为赏赐，雅赫威神应许亚伯拉罕，将把迦南这一“流奶与蜜之地”赐予他的后裔，成为他们永久的家园。迦南地由此获得了“应许之地”的称谓。在亚伯拉罕之后，希伯来人又历经多次迁徙和流亡，才得以在公元前13世纪部分地占据了“应许之地”。由于早在希伯来人攻占迦南之前，当地的原住民已经建立了较为发达的农耕文明，其文明程度要远远超过觊觎这一“流奶与蜜之地”的古希伯来人，所以后者在如愿以偿地夺取该地区的主导权之后，很快便开始学习当地人民的农耕技术，沿用当地的社会组织以及政治制度，逐渐摆脱了游牧民族的生活习性。然而，他们对雅赫威神的信仰却并没有随着迁徙而改变，反而变得愈发坚定。他们崇拜雅赫威，将其视为本民族的守护神，自称雅赫威的“选民”，并要求本族的男婴实行割礼②以示自己与雅赫威神的特殊关系。他们世代遵守安息日（星期天）不得工作的诫命，以纪念雅赫威神用六天创造世界并在第七天安息的神迹。同时，由于他们认为雅赫威是普天之下的独一真神，是主宰一切的独一上帝，所以严格禁止族人敬拜外邦的神灵和偶像。

据犹太圣典《妥拉》记载，古希伯来人的第三任族长雅各曾在一条河边与雅赫威的天使摔跤并且得胜，从而被天使易名为“以色列”，意思是“与神与人较力，都得了

① 公元2世纪，在犹太人发动的最后一次反罗马大起义失败前夕，一个名为“艾赛尼派”的犹太团体悄悄把手中的神圣经卷埋藏在死海附近的一个洞穴中。直到一千多年后的1947年，这些经卷才因一个阿拉伯牧童的偶然发现而重见天日，并被称为“死海古卷”，它们都是研究古代犹太历史的重要文献资料。参阅［英］麦格拉斯：《基督教概论》，马树林、孙毅译，北京：北京大学出版社，2003年，第87页。

② 根据犹太人的传统观点，割礼是为了实践上帝同亚伯拉罕所立之约：“你们所有的男子都要受割礼。这就是我与你，并你的后裔所立的约，是你们所当遵守的。你们都要受割礼，这是我与你们立约的证据。你们世世代代的男子，无论是家里生的，是在你后裔之外用银子从外人买的，生下来第八日，都要受割礼。你家里生的和你用银子买的，都必须受割礼。这样，我的约就立在你们肉体上，作永远的约。但不受割礼的男子，必从民中剪除，因他背了我的约。”（《创世记》第17章第10~14节）。割礼由此被视为上帝对犹太人的第一项命令，也是犹太人身份的重要象征。关于割礼的起源和意义，我们将留到本书最后一编中详细介绍。

胜”（《创世记》第32章第28节）。雅各的后裔为了纪念这个神迹，逐渐把这一绰号作为整个民族的名称，所以希伯来人又称以色列人，而现代犹太人主要是以色列十二支派中的两个（犹大支派和便雅闵支派）的后裔，因为其余十个支派已被其他民族所同化。作为亚伯拉罕的嫡孙，雅各和他的族人本来居住在上帝赐予其祖父的迦南地，但后来因为迦南地发生大饥荒，他们不得不举族流亡到富庶的埃及寄居。没想到数百年后，雅各的后裔居然在埃及沦为法老的奴隶，受尽各种屈辱与虐待。为了拯救自己的选民，雅赫威神从以色列人中选择了一名智勇双全的男子，让他带领以色列人逃离埃及。这名男子就是最伟大的犹太先知摩西。摩西死后不久，以色列人终于在其继承人约书亚的带领下，踏上回归迦南之旅，并重新夺取了这块“应许之地”。然而，回到迦南的以色列人与当地其他民族之间的战争并未就此止息。以色列人在迦南地定居下来之后，为了能够团结起来反抗强敌非利士人的入侵，而一再向雅赫威祈祷，祈求为他们设立一位共同的国王。雅赫威听从他们的祷告，从以色列人中拣选了一个叫扫罗的勇士作为他们的国王。扫罗称王之后，虽然取得了一连串的军事胜利，却最终因为不够虔诚而失去雅赫威的恩宠，在一次大规模战争中被非利士人杀死。直到英雄大卫接替扫罗成为以色列的新王之后，这个民族才得以击败强悍的非利士人，并由此迈入长达四百年的“列王时代”。在大卫王及其子所罗门王在位期间，以色列王国迎来鼎盛时期。但所罗门王死后，以色列的国力日渐衰微并很快分裂为南北两国，其北方仍以“以色列”作为国号，而南方则以“犹大”作为国号。后来，北国以色列被强国亚述所灭，并逐渐被亚述境内的其他民族所同化。南国犹大却暂时幸免于难，并得以保留其传统的宗教信仰。此后，犹太（意思是犹大人）逐渐成为以色列人及其宗教的新名称。公元前586年，巴比伦的铁骑攻入耶路撒冷，犹大国灭亡。作为犹大国遗族的犹太人自此沦为巴比伦的囚徒，在那里历经了70年的流亡岁月。

在北国以色列和南国犹大相继亡于异族之手后，犹太人中的一些有识之士为了防止本民族被强大的异族文明所同化，而不断以“先知”的名义教导民众，宣称犹太人的流亡并非是由于雅赫威的无能，而是对他们不敬虔的惩罚，并预言雅赫威不会遗弃犹太人，让他们流亡只是为了促使其反省、悔过、谨守神的诫命。一旦他们彻底悔改，雅赫威必将派遣救世主弥赛亚来到他们当中，带领他们重返耶路撒冷。在充当亡国奴的日子里，犹太先知和祭司逐渐取代昔日的国王和贵族，成为犹太社会的主导力量。在巴比伦、波斯、马其顿、塞琉古和罗马等一系列异教大国的内部，为了管理和教化犹太民众，他们主持编写了《妥拉》（亦称律法书，收录于《塔纳赫》的头五卷）。《妥拉》不是个人作品，而是一批分属不同时期的犹太作者所共同完成的作品。它的权威性获得了犹太社会各阶层的一致认同，并最终成为犹太圣典的核心部分。犹太人相信，这五卷经书的真正作者是先知摩西，而摩西又是按照雅赫威的旨意和启示，才完成了这部伟大著作。因此，《妥拉》又被犹太人称为“摩西五经”，其五个部分《创世记》《出埃及记》《利未记》《民数记》《申命记》主要记载了上帝创造世界的过程以及早期人类的历史，尤其是亚伯拉罕及其子孙成为上帝选民的历史，但其最核心的内容则是上帝借着摩西颁布给以色列的律法和诫命。因此，《妥拉》在犹太人心目中有着极其尊贵的地位。按照犹太人的观点，上帝的选民只有严格遵从《妥拉》中的律法和诫命，才能得到雅赫威上帝的眷顾，反之则必将遭到惩罚。

对于长期流落异乡的犹太人来说，《妥拉》与会堂成为维系其民族认同和文化传统的精神堡垒。由于环境的变化，犹太教已从昔日的国家宗教转化为民间宗教，但《妥拉》仍被犹太人奉为立族之本和立法依据，并开始与民众的日常生活和族群意识紧密相连，而不再只是单纯的律法和空洞的条文。犹太人坚信，他们在历史上遭遇的亡国之痛和各种苦难都不是因为雅赫威的无能，而是雅赫威对他们的祖先背离《妥拉》的教训并犯罪作恶的惩罚。他们不断为“复国”向上帝祷告，期望着上帝派来的救世主弥赛亚的降临。在这种思想的驱使下，犹太人对雅赫威的信仰非但没有削弱，反而变得越发虔诚和坚定，并且促使他们中的很多人走向了反抗异族统治的民族起义。然而，当犹太历史上规模最大的一次民族起义——柯赫巴起义遭到罗马帝国的残酷镇压，并导致近半数犹太人死亡的可怕后果之后①，犹太人才逐渐地放弃了武力复国的想法，并转而倾向以非暴力手段来维护自己的传统信仰。直到20世纪中期之后，这一思想倾向在犹太人中的主导地位才再次被武力复国的思想倾向所取代。

在很多外族人眼里，《妥拉》似乎只是一部古代的宗教典籍，但在犹太人看来，它并不仅仅是一部宗教典籍，而是一部关乎犹太人的历时、生活、制度和法律的百科全书，其中的很多律法在世界各地的犹太人中世代相传，并沿用至今。然而，随着时代变迁和环境变化，犹太人中的权威人士不得不对《妥拉》的内容加以重新解释，以便解决不同时代和不同地域的犹太人的具体问题。这些权威人士不仅就《妥拉》中的疑难问题作出解释，还将其运用于实际案例的裁决。他们作出的这些解释和裁决都被犹太人记录下来，并逐渐汇集成卷帙浩繁的法典。经年累月之后，这些法典的内容变得过于庞大和复杂，已经不再便于传阅和参考。因此，到了公元6—7世纪，一批精通律法的犹太拉比又先后耗时150多年，将前人对《妥拉》的权威解释和裁决汇集成一部完整的《犹太法典》。这部《犹太法典》集犹太人的宗教、历史、法律、道德、天文地理知识于一体，是犹太民族的智慧结晶。每逢举行公众崇拜的日子，犹太拉比都会引导民众背诵《犹太法典》，并参照其中的解释和裁决来处理民族内部事务。由于《犹太法典》在犹太人生活中的重要地位，所以它又有“犹太人的手提祖国”之称。

在21世纪的今天，尽管印刷业已相当发达，但犹太人中依然有着专职的律法抄写员，其唯一任务便是负责抄写《妥拉》。犹太人对《妥拉》抄写员的挑选非常严格。按照传统，律法抄写员不仅必须是虔敬的犹太教徒，而且必须经过严格的训练和考试，才能抄写《妥拉》。由于《妥拉》是全体犹太人必须遵从的神圣经典，要世代相传以显示他们作为上帝子民的身份，因此犹太人对其非常重视，连抄写经文的礼仪也代代相传。他们认为，《妥拉》是上帝的话语，而在抄写上帝的话语时，必须怀有敬虔和畏惧的心。因此，他们非常重视抄写员在信仰上的纯正和身体上的洁净。《妥拉》不能被抄写

① 科赫巴起义（Bar Kokhba Revolt）发生在罗马皇帝哈德良（Hadrian）统治时期，公元132年，犹太人柯赫巴（Simon Bar Kokhba）自称上帝派遣的弥赛亚，带领犹太人发动了反抗罗马统治者的大起义。为了镇压起义，罗马帝国先后调动了12万大军，历时四年才最终战胜柯赫巴。在此期间，约有58万犹太人战死沙场。

在普通的纸张上，而只能被抄写在牛皮、羊皮或其他洁净动物的皮子上。过去，抄写经卷的人通常用幼竹制成的笔来书写，因为在犹太人眼中，竹子代表谦虚。今天，为了书写效果更好，抄写员多改用鸡毛笔。抄写《妥拉》的墨汁也经过特别的调制（用橡树的果实、石榴皮、白蜡树皮以及蜜糖等混合而成）。抄书员在每次抄写之前，都要先念诵一段祝福的话语，并且在每次抄写到上帝的名字雅赫威的时候，还需要再念诵一遍祝福的话语。他们的每次抄写都极其认真，不容有丝毫马虎。抄完整个《妥拉》需要花费大约两年时间，而且在抄写完毕后，还要认真校对，并且邀请另一名抄写员进行反复核对，以确保抄写的内容准确无误。

此外，这些抄写员有时也会抄写经文匣和经文盒。经文匣通常是两个皮质的黑色小盒，分别用带子绑在手臂和前额。在两个经文匣中，分别抄写着几段经文，其内容多是犹太人祈祷时使用的著名经文。在今天的以色列，无论是在犹太人家里还是酒店房间的门框上，都常常可以见到一个长方形的经文盒。如果一个犹太人抄写经文的时候出错了，是不可以改正的，而必须从头重写。根据传统，读经的时候也不能用手直接接触经文，而且朗读《妥拉》的时候需要根据不同章节配以不同乐曲。负责抄写《妥拉》的人需要严格谨慎，严禁增删或润饰原文。因此，虽然《妥拉》是以手抄的方式流传下来，但基本上保持了历史原貌而没有经历较大的改动。

第二节 星光熠熠的民族

犹太民族在历史上历经磨难，曾经多次面临亡国灭种的危机。纵观犹太民族的历史，我们在感叹这个民族的坎坷经历的同时，又不得不惊叹他们在人类文化的各个领域取得的辉煌成就及其创造的一系列奇迹。可以毫不夸张地说，现代文明的苍穹在一定程度上是由犹太人的星光铺就出来的。

> 1939 年，犹太人仅占世界人口的 0.7%，但自有诺贝尔奖之年（1901 年）至今，犹太人的得奖者占世界得奖总人数的 1/5（80 年代更增至 1/4）。至今，每年诺贝尔奖得主中总有一两名是犹太人，甚至有好几年物理、经济、化学、医学、和平五项中的三四个奖项为犹太人囊括（注：1978 年，五个诺贝尔奖项得主皆为犹太人）。①

虽然迄今为止，全世界犹太人的总数尚不足 1200 万，但自从诺贝尔奖设立以来，犹太人共拿走了其中 9%的和平奖、12%的文学奖、20%的化学奖、25%的物理奖、27%的生理与医学奖、41%的经济学奖。在其他的顶级国际科学奖项中，这个比例甚至更高。在综合类的科学奖项中，犹太人拿走了 38%的美国国家科学奖、25%的京都数学奖、27%的菲尔兹奖、38%的沃尔夫奖、27%的图灵奖、37%的香农奖、42%的诺依曼奖。在非科学领域，犹太人拿走了 1/3 以上的普利策奖、1/3 以上的奥斯卡奖。2013 年

① 彭滂沱：《天泽犹太人的故事》，台北：台湾“商务印书馆”，2001 年，第 49 页。

10月9日，诺贝尔化学奖的得主在瑞典揭晓，3名美籍化学家马丁·卡普拉斯（Martin Karplus）、迈克尔·莱维特（Michael Levitt）和亚利耶·瓦谢尔（Arieh Warshel）因为给复杂化学体系设计出多尺度模型，而共同分享了该奖项。这三位教授居然都是犹太人，其中的莱维特和亚利耶两人还是美国和以色列双重国籍，同时也是以色列魏兹曼科学院的同事。可见，倘若没有犹太人的存在，整个人类文明的进程可能将彻底改观。

犹太民族史上涌现出的思想巨擘曾经撼动并依然撼动着人类历史。若没有犹太思想家，今天的人类思想必将是另一番格局。基督教的创始人耶稣就是一个地道的犹太人，他所建立的基督教无论在过去还是现在，都对人类世界产生着巨大影响。提出“宗教是麻醉人民的鸦片”的马克思也是一位地道的犹太人，其开创的科学社会主义缔造了苏联和中国等一系列社会主义国家。因此，有人甚至将20世纪的东西两大阵营的对立视为两个犹太人——耶稣和马克思的对立。精神分析学的创始人弗洛伊德也是一位犹太人，他与犹太科学家爱因斯坦一起，被视为影响世界历史的伟人。另外，世界上的大哲学家中也有许多犹太人，如哲学大师斯宾诺莎、诗人哲学家柏格森、现象学大师胡塞尔、社会学奠基人马克斯·韦伯和杜尔凯姆、符号学大师卡西尔、逻辑实证主义的代表维特根斯坦、西方马克思主义哲学的代表马尔库塞、法兰克福学派的代表弗洛姆、著名科学哲学家波普尔、心理学大师马斯洛等，都是犹太人。

除了这些思想巨擘之外，在犹太人中更从来不乏世界级的巨商大亨。犹太人历来被视为最能赚钱的民族，被誉为“世界第一商人”。由于失去自己的祖国，犹太人在外流亡了2000多年，但他们具有商人的天然基因，最早形成了遍布全球的贸易网，确立了健全的交易守则，极其重视法规和信誉。犹太商人的庞大经济实力，不仅成为他们绑架政治的重要砝码，而且是危难时刻帮助他们脱离险境的重要底牌。

工业革命为犹太人创造了又一次华丽转身的机遇，因为犹太人善于抓住商机，加上他们在压迫和歧视下求生存的本能，所以他们很少受到传统发展模式的束缚。在工业革命的浪潮中，犹太人逐渐挣脱了欧洲各国统治者加给他们的枷锁，释放出了顺应时代的勇气和敢于创新的天性，从而得以在当时涌现的各种新兴行业（金融、铁路修建、都市开发、新闻、工业）中大展宏图。罗斯柴尔德家族无疑是他们中的典型代表，这个家族控制着世界黄金市场和欧洲经济命脉长达200年之久。

> 罗斯柴尔德家族因为做古钱币生意和发战争财而一夜暴富，后主要投资金融行业。罗斯柴尔德有五个儿子，分别控制了伦敦、巴黎、维也纳、那不勒斯、法兰克福、纽约和柏林的金融市场，他们成为欧洲金融市场呼风唤雨和左右政局的强大力量。伦敦的罗斯柴尔德家族在1833年不列颠帝国废除奴隶制以后，曾拿出2000万英镑用以补偿奴隶主的损失；1854年，他们还为英国在克里米亚同俄国的战争提供了1600万英镑的贷款；1871年，他们又拿出1亿英镑向普鲁士支付普法战争的赔款；他们还控制了整个欧洲的铁路，所有法国给俄国的贷款，都是由该家族提供的；在美国内战期间，他们已成为联邦财政的主要财源。①

① 赛妮亚：《犹太文化精神》，兰州：甘肃人民美术出版社，2006年，第21页。

美国石油大亨洛克菲勒、号称“红色资本家”的哈默等经济大亨都是当代犹太人中的弄潮儿。路透、普利策、马克斯韦尔、凯瑟琳·格雷厄姆等传媒大亨也都是犹太人。主宰好莱坞黄金时代的巨头也大都是犹太人，如GBS的威廉·佩利、NBC的萨尔诺夫、米高梅公司的创始人、华纳兄弟公司和派拉蒙公司的创始人等。犹太人堪称经济方面的天才，因为他们虽多次惨遭时代嘲弄，几经沉浮，却依然成为一支持续称霸世界市场的重要经济力量。他们傲立世界经济之巅，笑看商海风云变幻。

尤为可贵的是，犹太人虽然重商，却从不轻文，而是渴望通过科学在神秘的未知世界徜徉。犹太人历来重视科学教育，这从他们的格言中就可以窥见：“宁可变卖所有的财产，也要把女儿嫁给学者；为了娶得学者的女儿，就是丧失一切也无所谓。”“假如父亲和教师两人同时坐牢而又只能保释一个人出来的话，做孩子的应优先保释老师。”在犹太人的传统文化中，甚至把勤奋学习与敬拜上帝联系在一起。科学怪才爱因斯坦、哥廷根学派的缔造者弗兰克、物理学巨匠尼尔斯·玻尔、“核和平之父”西拉德、“原子弹之父”奥本海默、“氢弹之父”特勒等，都是犹太人。犹太民族对科学的贡献是世界上其他任何一个民族都无法比拟的。除了上述科学贡献之外，他们在医学领域、药学研究等方面的贡献也享誉全球。

在星光熠熠的犹太世界，同样少不了世界级艺术大师的点缀。

> 著名的犹太画家有：拉斐尔、毕加索、夏加尔·塞尚、布洛赫、爱泼斯坦等；著名的音乐家有：门德尔松、梅纽因、马勒、鲁宾斯坦、梅耶贝尔、勋伯格、帕尔曼、卡拉扬等；犹太作家有：海涅、伯格森、施尼茨勒、茨威格、卡夫卡……犹太电影导演大师、表演艺术家有：爱森斯坦、史提芬·斯皮尔伯格、达斯汀·霍夫曼、保罗·纽曼等。①

犹太人在经济、政治、科学、艺术等方面都作出了卓越贡献。他们在世界文化史上书写了不朽篇章。他们在各个时期、各个领域的作用和表现都不容忽视。这也是犹太文化在人类历史上的任何时期都没有彻底湮没的主要原因之一。

① 赛妮亚：《犹太文化精神》，兰州：甘肃人民美术出版社，2006年，第25页。

历 史 篇

第一章　圣殿时代

第一节　雅赫威与巴力的交锋

恩格斯曾经在《路德维希·费尔巴哈和德国古典哲学的终结》中评论说："只要这些民族存在，这些神也就继续活在人们的观念中；这些民族没落了，这些神也就随着灭亡。"① 应该承认，在绝大多数情况下，恩格斯的上述论断都是适用的，但是对犹太人的历史而言，情况则显得比较复杂。

犹太人建立了世界上最古老的一神教，但他们对雅赫威（耶和华）的一神崇拜并非一蹴而就，而是经历了漫长曲折的过程才逐渐形成的。从古希伯来部落的首任族长亚伯拉罕将雅赫威当作保护神来崇拜，到雅赫威成为犹太人心中的独一真神，经历了长达千年的时间。这个过程并非一帆风顺，而是伴随着两种相反思潮的交锋。一种思潮是把雅赫威神看作巴力、大衮和金牛犊之类的偶像，并试图把他当作偶像来崇拜；另一种思潮则是抵制偶像崇拜、独尊雅赫威的名为圣。在这两种思潮的交锋中，雅赫威神在犹太人心目中的地位逐渐拔高，并最终由以色列的民族神上升为整个宇宙的唯一真神，并由此成为基督徒信奉的独一上帝。而在犹太圣典《塔纳赫》中记载的雅赫威与巴力神的首次交锋，无疑是两种思潮之间的斗争的一次完整展现。

当犹太人的先祖亚伯拉罕刚刚归信雅赫威之时，雅赫威仍被视为亚伯拉罕部落的保护神，而且即使在这个小部落内部，还有不少人（包括亚伯拉罕的仆人）未把雅赫威视为自己的神。亚伯拉罕生活的时代在公元前 20 世纪到公元前 18 世纪之间。当时，中东地区的大多数部落都有各自的保护神，所以亚伯拉罕领导的这个小部落也不例外。他们从众多的神灵中选择了一个叫雅赫威的作为其保护神。这种说法可从《塔纳赫》（后来基督教圣经的旧约部分）的第一卷《创世记》中找到两个佐证。首先，《创世记》中，雅赫威常被人视为亚伯拉罕及其直系子孙的神，而没有像后来那样被看成所有人的神，所以连亚伯拉罕的仆人也将雅赫威称为"我主人亚伯拉罕的神"（《创世记》第 24 章第 27 节）。这种情况在亚伯拉罕的儿子以撒和孙子雅各的时代也没有根本改变，因为直到几百年后，雅赫威仍对先知摩西自称"我是你父亲的神，是亚伯拉罕的神，以撒的神，雅各的神"（《出埃及记》第 3 章第 6 节）。其次，亚伯拉罕一族与雅赫威之间的关系也同其他古代部落与他们的保护神之间的关系没什么两样，即人有义务服从神的

---

① 恩格斯：《路德维希·费尔巴哈和德国古典哲学的终结》，见《马克思恩格斯选集》第 4 卷，北京：人民出版社，1995 年，第 211~213 页。

旨意并定期献祭，而神则负责保佑和赐福他的子民。例如，当雅各从哥哥以扫的手中夺走长子的名分和祝福后，以扫的后裔便不再敬拜雅赫威，并世代与雅各后裔为敌。因此，雅各的后裔为了同以扫的后裔建立的以东国区分开来，便开始以雅各绰号“以色列”作为本部落的新名称。尽管亚伯拉罕时代的犹太教更像是一个以雅赫威为保护神的部落宗教，而非后来那种严格意义上的一神教，但在这个部落宗教中却存在着一神观念的萌芽。因为一方面，亚伯拉罕祖孙三人虽然并不否定外邦神的存在，但是他们都极力排斥对外邦神的崇拜。另一方面，亚伯拉罕家族的男丁和奴隶都必须在他们出生的第八天行割礼，这就为后来的犹太教把雅赫威的信仰者同其他神灵的信仰者区分开来创造了条件。准确地说，亚伯拉罕时代还只是犹太教的胚胎期，直到摩西时代，犹太人的宗教才算初步具备了一神教的雏形。“除了我以外，你不可有别的神”（《出埃及记》第20章第3节）。不过值得注意的是，尽管摩西十诫中规定了一神信仰，摩西时代的一神教已要求独尊雅赫威的名为圣，不许信仰别的神，但当时并未否定别神的存在，所以摩西时代的犹太教尚不能算作严格意义的一神教。当时的情况很可能是，以色列人中的一部分只信仰雅赫威，而另一部分则同时信仰雅赫威和巴力，还有一部分可能还信仰亚斯他录。不同信仰的以色列人基于信仰的差异，发生冲突也极为正常。可见，摩西时代的雅赫威神仅仅算得上是一个民族神。直至公元前8世纪之后的先知时代，他在犹太民众中才被赋予宇宙间唯一真神的至高无上地位①。

在摩西死后不久，以色列人终于夺取了迦南作为安身立命之所。而在夺取迦南地区的同时，他们也随身带来了自身的宗教传统和律法，正是这些东西把他们与当地的土著居民分离了开来。占领迦南之初，“约柜”的存在是以色列的雅赫威神与迦南土著民族的巴力神等异教神祇②之间存在鲜明差别的表现。倘若没有“约柜”，当时的以色列人恐怕更难将自己信奉的雅赫威神同迦南人信奉的巴力神等异教神祇区分开来。所谓“约柜”，就是一个存放着雅赫威神赐予以色列的十诫等律法的柜子。这个柜子被以色列人视为雅赫威恩典的象征，能够时刻提醒他们不要忘记自己与雅赫威之间的盟约。不过，当时以色列人的宗教思想中依然保留着多神崇拜的残余。例如，他们拥有自己的圣树、圣河、圣山和圣石，他们也有自己的幸运数字和神话。这些宗教习俗以及他们对此做出的神学阐释，共同构成了“雅赫威”宗教。在与信奉多神教的迦南人杂居的过程中，犹太人发现迦南人也热衷于类似的宗教习俗，唯一不同的只是他们的神祇是形形色色的巴力神（Baal）。这一发现显然对犹太人的思想产生了巨大影响，当时在犹太人中出现了两种相反的思想倾向：信仰调和的倾向与反信仰调和的倾向。一方面，将“雅赫威”概念的鲜明个性与“巴力神”概念的显著特色混为一谈的危险迫在眉睫；另一

① 参阅徐弢：《基督教文化概览》，武汉：武汉大学出版社，2013年，第169~170页。

② 在犹太正典《塔纳赫》里提到的各路异族神祇中，以巴力（Baal）崇拜对雅赫威信仰的威胁最大。中东古代民族崇拜巴力的历史非常久远。早在公元前15世纪的闪米特人和雅利安人中，就有关于巴力崇拜的记载。在古闪米特人的传说中，巴力是闪（Shem，传说中的闪米特人始祖）的子嗣，也是主管土地丰饶的农业神、太阳神、战神等。在后来的希腊神话中，巴力又转化为巴勒斯（Belos），并被视为希腊主神宙斯的代表。

方面，当时也发生了一场排斥“巴力神”的宗教运动。这场宗教运动的领袖是著名先知以利亚和以利沙。两位先知都试图通过谴责“巴力神”和强调“雅赫威”，来维护雅赫威信仰的纯洁性①。在那个时代，并不是所有以色列人都把雅赫威看作宇宙中唯一的真神。在迦南当地的土著居民的影响下，一部分以色列人也常常敬拜迦南人所信奉的土地丰产神巴力以及繁殖女神亚斯他录，甚至还有少数以色列人把亚斯他录当作是雅赫威的妻子来崇拜②。在以色列人建立的“圣所”中，常常可以看到各种异教的圣坛、石柱、偶像，以及各种各样的盛筵歌会与放纵无度等，而这些东西在当时任何一个民族神的庙宇中都是随处可见③。

据《塔纳赫》记载，从以色列人夺取迦南之后，到大卫所罗门王朝建立之前的几个世纪，以色列人由于一次次背弃雅赫威一神信仰而去崇拜巴力神等异教的神灵，从而招致雅赫威神的无情惩罚。在每次遭到惩罚过后，上帝都会派遣一位士师来到以色列人当中，敦促他们回归雅赫威一神信仰并重获恩典④。这些士师曾坚决抵制和排斥以色列人对迦南异教神祇的崇拜。大士师基甸在带领以色列人与米甸人作战之前，拆毁巴力祭坛，砍下坛边木偶，另筑雅赫威的祭坛。士师们显然希望通过破除异教神祇、重新强化犹太教民族信仰的行为来圣化战斗。士师们的一破一立，彰显了他们保家卫国、捍卫民族信仰的决心（《士师记》第6章第22~28节）。大约公元前1050年，以色列人曾经抬着象征雅赫威的“约柜”迎战入侵的非利士军队，却遭到惨败，随军的“约柜”也落入敌手。这次战败对以色列人的信仰造成了极大冲击。一些以色列人因此对雅赫威神感到失望，并转而改信当地土著居民所信奉的其他神灵。

大卫建立强大统一的以色列王国之后，以色列人对雅赫威的一神崇拜得到了加强。为了巩固王位和提升民族凝聚力，大卫多次下旨取缔巴力神等异教神祇的崇拜活动，并将犹太教定为国教。他还拿出巨额金钱筹建雅赫威的圣殿，整顿教仪，制定献祭制度。耶路撒冷一时成为雅赫威的崇拜中心，并推动了犹太一神信仰的传播。但好景不长，大卫之子所罗门即位之后，以色列统治集团内部的宗教生活陷入混乱。作为最高统治者的所罗门王虽然完成了其父建立雅赫威圣殿的夙愿，但他本人对雅赫威的信仰并不够虔敬。更为严重的是，所罗门王为了效仿父亲大卫王的和亲政策，而试图以结亲和联姻等外交手段来维护边疆的安宁，并为此迎娶了许多外邦公主作为妻妾。他允许这些妻妾在王宫中建造异教神庙，大搞异教崇拜。一时间，以色列的王宫大内群神混杂，而雅赫威则沦为众神之一。更有甚者，所罗门王的一些妃嫔甚至在雅赫威的圣殿中设立异族神祇

---

① ［美］摩迪凯·开普兰：《犹太教：一种文明》，黄福武等译，济南：山东大学出版社，2002年，第404页。

② 潘光、陈超南、余建华：《犹太文明》，北京：中国社会科学出版社，1999年，第23页。

③ ［美］摩迪凯·开普兰：《犹太教：一种文明》，黄福武等译，济南：山东大学出版社，2002年，第410页。

④ 士师在希伯来文中的意思是审判官（Shophetim），故英文圣经译为Judges，而其中文译名则出自《周礼·秋官》的官名：“士师掌国之王禁之法，左右刑罚。”但事实上，士师不仅是审判官，还是一个或几个支派的首领，平时负责处理诉讼和管理行政，战时带领百姓抗击入侵。不过，他们的地位并非来自世袭，而是来自民众的拥戴。

的偶像，并公开献祭崇拜，使国教的殿堂沦为万神庙。在以色列分裂为南北两国之后，一神信仰所面对的危机更是层出不穷。

在北国以色列，耶罗波安王不仅在边境上修建异教神殿，贡奉金牛犊供人崇拜，而且禁止北国的百姓前往南国犹大的首都耶路撒冷朝觐。在其统治期间，还一度发生过残害犹太教神职人员的事件。北国以色列的另一位重要国王亚哈在位期间，威胁犹太教一神信仰的状况变得愈演愈烈。亚哈王的王后耶洗别是腓尼基人，她将其家乡的巴力教引入北国以色列，并在首都撒马利亚修建巴力神庙，竖立各种崇拜巴力神的祭坛和偶像，甚至怂恿国王屠杀那些不肯对巴力神献祭的祭司和百姓。

在南国犹大，雅赫威神的崇拜者与巴力神的崇拜者之间的斗争也是几经反复。据《塔纳赫》记载，在南国犹大的20多位国王中，先后有8位国王曾经亵渎过雅赫威神。这些国王或是公开地崇拜外邦的神祇，或是大肆地迫害犹太教的祭司，或是纵容异教的祭司区玷污雅赫威的圣殿。在南国犹大的民间，种种破坏雅赫威一神信仰的行径更是屡禁不止、层出不穷，并因此遭到犹太先知的强烈谴责。

面对日益严重的信仰危机，雅赫威神的崇拜者们展开了一系列抵制巴力神等异教神祇的行动，并且开始越来越明确把雅赫威之外的一切神祇称为“假神”。在他们看来，崇拜这些“假神”不仅无用，而且是对真神雅赫威的亵渎。在北国以色列，面对国王亚哈和王后耶洗别对雅赫威神的亵渎，先知以利亚表示强烈谴责，并策划了一场改朝换代的军事政变。在以利亚先知的帮助下，北国军队的统帅耶户趁亚哈驾崩之际发动政变，从而篡夺了王位，逮捕并处死了王后耶洗别及其追随者。在南国犹大，忠于雅赫威信仰的先知和祭司们也采取了一系列行动来捍卫其一神信仰。公元前640年，笃信雅赫威神的约西亚继承王位之后，立即下诏重新修缮遭到玷污和破坏的雅赫威圣殿，并以祭司们在修缮圣殿时发现的古老律法为依据，实行宗教改革，严禁崇拜巴力神等异教的神祇。为了加强管理，他下令把耶路撒冷的圣殿作为崇拜雅赫威神的中心，而把供奉有其他异教神祇的宗教场所统统取缔，改为俗用。约西亚王的宗教改革对于保护犹太民族一神信仰起到了重要作用，但是当他不幸战死在抵挡埃及法老的战争中之后，异教崇拜又再次在南国犹大抬头，并且直至该国灭亡亦未彻底根除。

总之，雅赫威神的崇拜者和巴力神的崇拜者之间的交锋，早在以色列人进入多神教泛滥的迦南地区时就已开始，并且一直延续到以色列人建立的南北两国的相继覆灭。在这场旷日持久的斗争中，以色列人对雅赫威的信仰得到不断完善和丰富。雅赫威神的崇拜者不断强化其作为至高神的地位，并最终赋予其宇宙中唯一真神的地位。就此而论，作为严格一神教的犹太教正是在雅赫威神的崇拜者同巴力神等异教神祇的崇拜者的斗争中逐步建立起来的。然而直到第一圣殿时期的结束，雅赫威神的崇拜者才在这场斗争中占据了绝对优势。当雅赫威一神信仰占据了以色列宗教思想的主导地位之后，这个民族内部因宗教信仰的差异发生的冲突才暂时告一段落。

第二节 “选民”的由来

任何民族在与世隔绝的状态下，都难免产生一些夜郎自大式的本民族或本宗教优越论。在这方面，犹太人的祖先自然也不例外。按照犹太人的传统观点，雅赫威神是宇宙中的唯一真神，而他们则是雅赫威神从世界众多民族中特别拣选出来的、受到雅赫威神的特别青睐并享有其特殊恩典的特殊民族。据说这种高于其他一切民族的“选民”身份来自犹太人的先祖亚伯拉罕。由于亚伯拉罕对上帝的应许有着坚定的信心，对上帝的旨意有着绝对的顺服，所以不仅他本人得到了上帝的祝福，其后裔也得以成为上帝的“选民”。后来，雅赫威神又派先知摩西在西奈山上与他的“选民”立约，让他们遵守自己借着摩西之口颁布的十诫和律法，并由此受到雅赫威的保佑。

为了防止本民族被其他民族所同化而失去宝贵的选民身份，犹太人的先祖非常注意把自身与其他民族隔离起来，分别开来。按照《塔纳赫》的记载，古希伯来人的三大族长亚伯拉罕、以撒、雅各在来到上帝赐予的“应许之地”迦南后，都拒绝迎娶信奉异教的当地土著部落的女子，而宁愿返回故乡巴比伦迎娶有着血缘关系的女子为妻(亚伯拉罕的妻子撒拉是其胞妹，而以撒和雅各的妻子也是其表妹)。他们的后裔也在不同程度上继承了这一抵制异族通婚的传统。无论是寄居埃及期间，还是重返迦南之后，他们的先知和祭司都曾多次呼吁民众拒绝异族通婚，甚至鼓励他们驱逐一些曾经生活在他们中间的外族人，只是并非所有犹太人都能听从这些呼吁。

尽管犹太人自称是上帝的选民，但是他们在历史上曾长期遭遇异族的排挤和迫害。有史以来，犹太人的处境和遭遇也让一部分犹太人开始怀疑自己的选民身份。尤其是进入 19 世纪以后，大多数犹太人已经不再将“成为犹太教徒”看作一种与生俱来的特权。相反，他们中的许多人开始回避这一身份，并将此种身份视为一种历史负担了。有时候，一些悲观的犹太人甚至会像海因里希 · 海涅所说的那样，自然而然产生这样一种负面情绪——“犹太教并不是一种宗教，而是一次不幸”。之所以会产生这种情绪，主要是因为在一些犹太人的眼里，他们的民族优越感与他们在现实中的悲惨境遇形成了强烈的反差，从而导致他们没有底气坚持自称为上帝的选民。

实际上，这种怀疑自己“选民”身份的思想倾向并不限于 19 世纪之后的现代犹太人，而是早在他们的先祖建立的王国被异族灭亡之时便有所表现。正是为了克服这种因为遭遇种种挫折和苦难而发生的信仰危机，犹太民族史上的先知和祭司才不断地对雅赫威神与选民的关系作出全新的解释。他们把本民族遭遇的挫折和苦难归因于雅赫威神对其不敬虔和不公义的惩罚，而把民族复兴的希望寄托于雅赫威的怜悯和拯救。在《塔纳赫》中，以赛亚、耶利米、以西结、但以理、以斯拉等先知一再告诫雅赫威的选民：亡国和流亡并不意味着雅赫威神的无能，而只是为了惩罚选民的背约和不义，而且雅赫威神永远不会彻底遗弃他的选民，只要作为选民的犹太人能够幡然醒悟，独尊雅赫威的名为圣，并遵守他们的祖先与雅赫威所立的约，作为独一上帝的雅赫威就必将重新施恩于他们，让他们重返耶路撒冷并过上幸福安宁的生活。

在后来的犹太民族史中，尤其是在近现代经历的种种苦难与压迫中，也不乏利用上述语言来安慰和鼓励犹太人的犹太贤哲。这些贤哲借此维护传统的雅赫威信仰，日益完善救世主弥赛亚观念，期望着弥赛亚在现世降临，拯救上帝的选民脱离苦海，获得永恒的生命。犹太贤哲在这方面的努力对于医治饱受苦难折磨的犹太人方面确实功效卓著。然而，这些解释本身也并非无懈可击，而是常常招致这样那样的怀疑。

首先，犹太教的先知常常借用古以色列人流亡巴比伦并最终回归故国的历史，来说明雅赫威神对选民的惩罚和恩典，但是一些现代学者却提出，当南国犹大在公元前586年被巴比伦王尼布甲尼撒灭亡之时，并非所有的选民都被侵略者掳到了巴比伦，而是有大多数选民被留在了原来的国土，并且当征服巴比伦的波斯王古列（居鲁士）下诏恩准被掳的选民重返故国之时，也并非所有被掳者都回到了耶路撒冷，而是相当多的一部分人继续留在巴比伦生活。这两部分犹太人并没有亲历这一流亡与回归的历史，所以对于这部分犹太人而言，流亡与回归显然不具有《塔纳赫》所述的神圣意义。然而，犹太教的先知却对这一流亡与回归事件及其意义进行神圣化解读，赋予其关乎整个犹太民族命运的神圣意义。先知们之所以要这么说，只不过是为了借此凸显犹太民族的独特性，以及他们与雅赫威神所立之约的神圣性。对于那些从未离开过以及离开后并未回归的犹太人而言，这种说法似乎不足以表明整个犹太民族同拣选他们的雅赫威神的疏离与复合。著名犹太学者雅各·纽斯纳在其撰写的《犹太教》一书中，曾就此问题明确表明了自己的不同立场。他指出：犹太教的先知所教导的这段选民史，实际上是经过选择和加工的历史，而非犹太人的先祖们在巴比伦或以色列地的日常生活的材料。流亡与回归只是犹太历史的一个片段，它所具有的诸多宗教意义，在某种程度上可以被视为一种出于宗教需要的宣传。

此外，对于犹太人所引以为豪的“选民”身份，很多其他民族并不表示认同。在这些民族看来，如果犹太人信奉的雅赫威真的是普天之下的独一上帝，而非仅仅是犹太民族的保护神，那么他理应可以选择世界上的任何一个民族作为选民。但上帝为何偏偏要选择犹太人这样一个弱小并数次背叛他的民族作选民，而非选择埃及人、巴比伦人、中国人、罗马人的祖先作为自己的选民呢？在一些学者看来，选民观念不过是古代犹太人为了确立民族认同、加强民族团结、纯净民族信仰而提出的观念。这种观念带有明显的种族优越性和排他性。因此，当耶稣基督的使徒宣称犹太人已经失去上帝的选民身份，其他民族的百姓同样可以成为上帝的选民时，难免遭到犹太人的反对和攻击，从而导致了基督教最终同犹太教分道扬镳，也导致了犹太人在基督教成为欧洲主流宗教之后的悲惨命运。用纽斯纳的话说：“由《妥拉》和某些先知书所表达的犹太教信仰体系做了两件事。首先，它透过选择所发生的事件中某个狭隘的例子（流亡），突然引起一种怨恨，一种不安全感和不舒服感。其次，它又透过如何解决异在和疏离事件的公式（回归）来平息这一怨恨。这就是说，犹太教从一开始就不仅透过制造怨恨来保持它的持续性，还为这一怨恨提供了解药。”①

不过，犹太人对选民身份的坚守也并非毫无意义，因为它至少是鼓励犹太人忍受苦难而拒绝被异族同化的一种精神力量。对于犹太人这样一个长期生活在异族文化的包围之下的小群体来说，如果他们要想在同其他民族的竞争中保持自我而不被同化，就必须以某种方式来强调本民族优越于其他民族的独特之处，并且通过不断抬高这种独特性的价值，来克服人类与生俱来的从众心理，以保证自己不会被人数上占据绝对优势的异族

---

① ［美］雅各·纽斯纳：《世界宗教入门：犹太教》，周伟驰译，上海：上海古籍出版社，2008年，第47页。

文化所征服。就此而来，选民观或许是犹太人至今未被同化的秘密所在。

第三节　“巴比伦之囚”

“巴比伦之囚”这一历史事件无疑是犹太史上浓墨重彩的一笔。这次流亡构成了犹太民族史上“流亡与回归”这一主题的开端。由于犹太人居住的迦南地处东西方战略要地，作为通商枢纽，屡遭四周强国的觊觎。因此，当统一的大卫所罗门王朝在公元前933年分裂为南北两国之后，由于连年内战，加上统治者的骄奢淫逸和日益激烈的宗教冲突，结果导致经济凋敝、民不聊生，为亚述和巴比伦等周边强国提供了可乘之机。公元前722年，北国以色列被亚述帝国灭亡，而南国犹大虽然暂时击退了亚述人的入侵，却始终无法摆脱另一个日益崛起的东部强邻巴比伦的威胁。公元前598年，巴比伦王尼布甲尼撒的大军一举攻陷耶路撒冷，将南国犹大的大批王公贵族、祭司和文士掳往巴比伦作为人质。公元前588年，不堪蹂躏的犹太人曾发动反抗巴比伦的起义，然而经过两年多的浴血奋战之后，终因力量悬殊而遭到失败，被迫沦为巴比伦的附属国。两年后，南国犹大的末代王西底家企图借埃及的力量摆脱巴比伦的奴役，结果非但未能如愿以偿，反而再次招致巴比伦人的报复。巴比伦大军再次攻陷耶路撒冷，烧毁了大卫所罗门时期修建的第一圣殿。至此，南国犹大彻底覆灭，以色列的列王时期就此结束。更令犹太人痛心的是，被他们视为立族之本的“约柜”也在此次浩劫中离奇失踪，自此下落不明。战乱中幸存的犹太精英大都被掳至巴比伦为奴，开始了长达七十年的流亡，少数留在故国的犹太人也遭到侵略者的残酷压榨，命运苦不堪言。

伴随着巴比伦帝国的覆灭，犹太人似乎重新看到了一丝复国的希望。公元前539年，波斯国王居鲁士（Cyrus，又译古列王）率领大军攻占巴比伦城，灭亡了昙花一现的巴比伦帝国。出于加强国防安全的考虑，波斯王居鲁士对犹太人采取了怀柔策略，下诏鼓励那些长期滞留巴比伦的犹太人回归故里，为波斯帝国充当抵御埃及入侵的桥头堡。尽管居鲁士王本身是波斯拜火教的信徒，但为了笼络犹太人为自己卖命，他对犹太人的宗教信仰表现得极为宽容。在犹太祭司和贵族的努力和斡旋下，居鲁士及其继承人大流士先后下诏，资助犹太人在耶路撒冷重修城墙，重建圣殿，并且任命一位出身于犹太祭司家庭的宠臣尼希米管理犹太事务，担任犹大行省的最高长官。著名先知以斯拉则成为尼希米的助手，负责敦促百姓修建圣殿。在波斯治下的犹大行省，由尼希米和以斯拉等人领导的祭司政权获得了相当大的自治权。在波斯王的默许下，他们建立起以祭司领导的议事制度，不断强化地方政府的自治功能。另外，他们还命人重整教规、编撰律法，进行一系列纯化犹太教运动，严禁民众与异族通婚。同时，一些犹太祭司和先知还在民众中奔走呼号，试图最终光复犹太人的民族国家。

这两个事件构成了犹太人“流亡与回归”历史的开端，也在犹太教信仰中得到了神圣化的解读。在巴比伦流亡的岁月，犹太民族开始建立起真正意义上的“犹太教”，并由此形成一整套独特的世界观和生活方式。犹太人对雅赫威神的崇拜非但没有因为这次民族灾难遭到削弱，反而变得愈发兴盛。为了强调这两起事件的宗教意义，犹太的先知和祭司们宣称：尽管“大流亡”是上帝对犹太人违背上帝命令的惩罚，但是上帝不至于因此完全抛弃其选民，只要犹太人能幡然悔悟，痛改前非，重新将雅赫威奉为普天之下的唯一真神，并严格地遵守与上帝之诫约，那么仁慈的上帝必将再次对他们施恩，让他们重返迦南应许之地并最终无敌于天下。这样的诠释不仅使犹太人的上帝观念更加牢固，而且使得犹太人的民族神在犹太人中获得了宇宙神和唯一神的地位。通过此次浩劫，犹太人的雅赫威崇拜进入了一个新的阶段。他们在巴比伦境内的犹太人聚居地建立"会堂"，以暂时充当圣殿的功能，此后会堂在犹太人的生活中逐渐固定下来，演变为他们宣扬教义、举办群体活动、开展慈善事业的中心。在后来的犹太民族史上，"会堂"一直充分发挥着其维系犹太人的文化传统、宗教信仰以及民族向心力的重要功能。另外，在这初次"流亡与回归"的历史中，救世主弥赛亚逐渐成为犹太人共同的盼望。由此，弥赛亚的观念开始成为犹太教信仰的一个核心内容，成为历代犹太人在漂泊无依的流亡生活中的重要精神支柱。

第四节　希伯来与希腊文化的碰撞

希伯来文化和希腊文化是西方文明的两大源头。两者对西方文明乃至整个人类文明的影响均不可小觑。然而公元前 4 世纪，当这两个古老而伟大的文化初次相遇的时刻，它们都正处在各自发展的低谷。可以说，若非这次相遇所碰撞出的火花，它们都将很难焕发新生，而很可能带着各自曾经绚烂辉煌的历史，一步步走向僵化和衰亡。崇尚理性的希腊文化之所以能对高举信仰的希伯来文化产生影响，首先得益于希腊化时代的开创者，马其顿帝国的亚历山大大帝及其部将所建立的两大希腊化国家（托勒密王朝和塞琉古王朝）。在亚历山大大帝发动征服波斯帝国的远征之前，包括犹太人在内的东方诸民族对希腊人的哲学和宗教并无多少了解，然而通过亚历山大大帝的东征，东方诸民族开始接触到希腊文化，并逐渐将其同当地固有的各种文化融合起来。不过在最初阶段，大多数犹太人都曾试图抵制这一截然不同于希伯来文化的异质文化的侵袭。他们对希腊文化的回避，与他们极端保守的宗教思想不无关系。

公元前 332 年，马其顿帝国的亚历山大大帝夺取了波斯帝国治下的犹大行省，并首次将这一以犹太人为主要居民的地区卷入希腊化的浪潮中。亚历山大大帝的赫赫战功，为希腊文化的传播带来了春天，使其得以在包括巴勒斯坦在内的广大殖民地获得了广泛传播。亚历山大本人对殖民地采取的是相对宽容的统治策略，实行的是文化共存和宗教共容的策略。他娶波斯女子为妻，提倡异族通婚，以自己的实际行动影响其臣民宽容地对待各殖民地的人民及其信仰。受其老师亚里士多德思想的影响，亚历山大大帝比较重视和鼓励科学知识，多次下令保护科学家。在他统治的时期，兴建了众多的运河、道路、椭圆形露天剧场和新兴城市。在亚历山大东征期间，东地中海地区涌现了许多希腊化的城市，并且这种趋势在其死后（亚历山大大约死于公元前 323 年）得以继续发展。人们在古巴勒斯坦建立起寺院、祭坛、竞技场和剧院等希腊文化的衍生物。另外，来自希腊本土的新移民也开始定居在犹太人的故乡巴勒斯坦。

亚历山大大帝驾崩之后，巴勒斯坦地区先后由希腊人建立的埃及托勒密王朝和叙利亚塞琉古王朝统治。自公元前 301 年至公元前 198 年，由亚历山大的部将建立的埃及托勒密王朝成为巴勒斯坦地区的统治者，并把该地区变成了一个以埃及为中心、向东不断延伸的希腊化国家的组成部分。在这百年统治期间，托勒密王朝极力传扬希腊文化。首先，犹太思想与希腊思想在埃及的交汇无疑给当地人的文化生活带来了深刻的影响。"希腊化时期的统治者把犹太人看作是人民中可信赖的人，并且曾特别关照犹太人的宗教和习俗在亚历山大及其他城市不受阻挠。后来大多数罗马皇帝也坚持这一政策。"① 在此时期，希腊文化在巴勒斯坦得到了全面传播，犹太世界发生了翻天覆地的变化，部分犹太人开始传播和接受希腊文化中的新看法和新知识。而初识犹太文化的希腊人也对这个神秘的民族及其宗教产生了浓厚兴趣，甚至出现了一小股改信犹太教的浪潮。希腊文化与犹太教的相遇，在犹太人中引起了震动。

但是，包括希腊文化在内的外族文化要彻底突破犹太教的堡垒并不容易。在亚历山大港和巴勒斯坦本土，犹太人对希腊文化的接受程度有着很大的差别。总的来说，当时犹太人内部对希腊化有两种截然不同的立场：亲希腊化和反希腊化。在耶路撒冷，笃信传统教义的保守派犹太人认为，希腊文化在某种程度上同偶像崇拜、无神论以及异教没有分别。因此，除了通晓希腊文化的犹太人，耶路撒冷的大部分犹太居民都坚决回避以各种形式传播的希腊文化。这些犹太人无法真正了解希腊文化的价值，并以各种方式坚决抗拒作为异质文明的希腊文化的渗透，试图以此捍卫他们引以为荣的雅赫威信仰。而在散居于其他外国城市的犹太人中，是另一种情况。在亚历山大大帝的统治时期，客居国外的犹太人虽然得到很多前所未有的自由，却很难成为真正的希腊公民，而横亘在他们成为希腊人道路上的最大障碍便是其祖传的犹太教信仰。当时，只有少数犹太人选择脱离犹太教而皈依了希腊宗教，大多数犹太人则选择仅在非宗教领域内接受希腊文化，同时排斥一切异端和非犹太宗教的学说。

在亚历山大的另一个部将建立的塞琉古王朝统治时期，巴勒斯坦地区的希腊化进程取得了更迅猛的发展。这一发展与当时的犹太上层人士对希腊文化的热衷不无关系。一些犹太上层人士已然摒弃了大部分传统信仰和文化，他们梦想着将耶路撒冷变成一个希腊式的城邦。然而，他们对传统犹太信仰和文化的疏离，引发了大部分犹太下层民众的强烈不满。塞琉古王朝的最高统治者安条克更是一反昔日亚历山大大帝宽容其他宗教与文化传统的政策，下诏在耶路撒冷和犹大其他村落强制推行希腊文化和宗教，甚至为此出兵屠杀不服从的犹太平民，亵渎雅赫威的圣殿，并公开宣布废除犹太人的律法。犹太上层人士与希腊统治者之间的沆瀣一气，虽然最终招致犹太下层民众的不满并引发了一场反抗希腊统治者及其代理人的起义，但也为希伯来文化与希腊文化的交流与融合创造了历史机遇。

对于公元前3世纪到公元1世纪的犹太人（特别是生活在巴勒斯坦本土以外的犹太人）来说，希腊语已经成为谋生的必要工具。随着希腊语在犹太人中的日益普及，希腊人的哲学、文学和宗教著作也在犹太的祭司贵族和文士中流行开来。一些相对开明的犹太知识分子试图从希腊文献中找寻某些容易与希伯来文化相调和的观点，并以此来论

① ［以色列］阿巴·埃班：《犹太史》，阎瑞松译，北京：中国社会科学出版社，1986年，第89页。

证扎根在他们心目中的传统犹太教信仰。两种文化的碰撞产生了一大批兼具希腊和希伯来两种文化风格的新作品。埃及的亚历山大城作为希腊文化的中心，通过大学、图书馆和文字深刻影响着客居该城的犹太人的生活。

在这座著名的外邦城市里，一些通晓希腊文的犹太人率先了解到柏拉图、亚里士多德、斯多葛学派的学说，并深受其影响。生活在公元前 1 世纪的亚历山大犹太人斐洛 (Philo) 无疑是他们中的佼佼者。斐洛是综合希伯来传统和希腊哲学的杰出代表，亦是当时亚历山大城最负盛名的哲学家之一。他本人深受柏拉图、亚里士多德、新毕达哥拉斯主义、犬儒学派和斯多葛主义等希腊哲学的影响，并且尤其推崇柏拉图学说。在这位希腊化的犹太哲人的眼里，塔纳赫与希腊哲学并无根本冲突，而是可以相互和谐一致的，而他毕生努力的目标便是要实现犹太教信仰的哲学化。他以“哲学和信仰之间不存在矛盾”的思想为指导，试图将希伯来的宗教信仰与希腊的哲学理性结合在一起。斐洛的影响不仅限于当时的犹太人，其开创的“隐喻解经法”还对脱胎于犹太教的基督教产生了深远影响。首先，他认为，在《塔纳赫》的经文中隐藏着奥秘，所以不能直接从字面理解，而要考察其背后的精义。这就使早期犹太基督徒可以通过对某些旧约经文的创造性发挥，来为耶稣的教导寻找依据。其次是他运用希腊哲学中的逻各斯 (Logos) 观念对创世说作出了新解释。他认为，上帝创世的工具和能力就是神圣的逻各斯（上帝之道），因为逻各斯是从上帝本身流溢出来的，其他一切都是通过它流溢出来的。因此，《创世记》所说的神的形象（即人的理念）也是从逻各斯流溢出来，现实的人只是这个理念的摹本，容易堕落，只有通过降世为人的逻各斯的中介，才能回归本原（神的形象）。这种解释为基督教的众多教义（如道成肉身、三位一体、中保思想等）提供了神学依据①。他的上述观点不仅促进了当时犹太教和基督教思想的发展，而且即使在今天的西方宗教哲学中仍然具有举足轻重的地位。在斐洛死后两百年，他开创的“隐喻解经法”终于被一位生活在亚历山大城的基督教护教士奥利金 (Origen) 正式引入了基督教哲学，从而使这种借用希腊哲学概念来重新解释希伯来宗教思想的做法得以在犹太人之外的世界发扬光大②。

正因为斐洛对早期基督教哲学的深远影响，恩格斯在《布鲁诺·鲍威尔和早期基督教》中把他称为“基督教真正的父亲”。虽然斐洛本人是一名犹太人，但他对希腊哲学的热爱和熟悉程度是同时代的大多数希腊人所望尘莫及的。有的后世研究者认为，他对《圣经》本身的研究也是以这部经典的希腊文译本而非希伯来文原本作为基础的。事实上，在斐洛时代的犹太知识分子中，有相当一部分人对《圣经》的希腊文译本的熟悉程度都要超过他们对希伯来文原本的熟悉程度，而他们最常使用的《圣经》译本便是著名的《希腊七十子译本》。据犹太教传说，由于很多长期流亡埃及的犹太人已经忘记了自己的母语，所以托勒密王朝的法老为了笼络他们，便邀请 72 位犹太学者来到埃及境内的一座小岛上，让他们在那里将旧约圣经从希伯来文译为希腊文。这些学者上岛之后，都足不出户地住在各自的房间里，分头进行旧约的翻译工作，但他们最后译出

---

① 赵敦华：《基督教哲学 1500 年》，北京：人民出版社，2007 年，第 52~53 页。

② 参阅徐弢：《基督教文化概览》，武汉：武汉大学出版社，2013 年，第 125~126 页。

的经文竟然高度一致①。因此，他们译出的这部旧约便被称为“希腊七十子译本”，并迅速在犹太教中流行开来。当然，这个关于“希腊七十子译本”的传说并非完全可靠，因为正如以色列学者阿巴·埃班所言，“这项翻译工作十分艰巨，需要很长的时间才能完成（翻译《妥拉》和各先知书花了百余年时间），而且对许多问题还会有争议”②。并且，从译本的语言来看，《妥拉》完成于托勒密二世在位的公元前3世纪上半叶，而先知书、文集部分的翻译则要到公元前2世纪甚至更晚的岁月才告终。

实际上，该译本的翻译者远不只70余人，而且翻译的时间也远非几年，而是花费了长达几十年的时间，直到公元前150年左右才最终完成。只不过碍于传统，人们还是习惯于将其称为“七十子译本”或“七十贤士译本”。到了公元1世纪之后，它又成了基督教最早使用的旧约译本，并且至今仍是希腊正教会的通行本。然而，这部影响巨大的旧约译本中也带来了一个很有争议的问题。因为当时的犹太教尚未对旧约正典的内容做出统一的规定，所以一部分参与此项译事的犹太学者便按照自己的个人喜好，把一些在当时犹太教中广泛流传的、但在希伯来旧约原典中没有的民间典籍加入了他们翻译的希腊文圣经之中③。此外，这个译本的译者在翻译时过分拘泥原文，有时甚至照搬希伯来的方言和习语，从而容易给不熟悉希伯来文的读者造成理解困难。但这些瑕疵，丝毫没有削弱它在宗教史上的深远影响。原始基督教的传教士正是使用该本圣经使得通晓希腊语的异教徒皈依，扩大基督教的影响而使其成为世界性宗教的。

第五节　昙花一现的哈斯蒙尼王朝

在公元前2世纪，当塞琉古王朝从埃及托勒密王朝手中夺取巴勒斯坦的控制权之后，犹太人的宗教信仰曾经受过一次严峻考验。尤其是公元前186年，塞琉古王朝的安条克四世国王为了让犹太人全盘接受希腊文化，居然下诏强迫他们拜偶像，并且禁止他们守犹太割礼和守安息日等犹太节期，违者一律处死，导致不少犹太人为此殉道。公元前169年至前168年，犹太人趁安条克四世入侵埃及托勒密王朝兵败的时机，发动过一次反抗塞琉古王朝的大起义，但起义很快失败。为了报复，安条克四世纵兵洗劫了耶路撒冷圣殿，把一万多犹太人抓去充当奴隶，并且公开宣布犹太教是非法的宗教。然而，犹太人并没有屈服，短短一年之后，犹太祭司玛他提亚（Mattathias）及其五个儿子率领犹太人再次起来进行武装反抗。次年，玛他提亚卒，其子犹大·马喀比继承其遗志，并率犹太起义军从政府军手中夺回耶路撒冷圣殿，恢复犹太祭祀礼仪，重修圣殿，使犹太地区免于希腊化，取得相对独立。犹太人的“修殿节”正是由此而来。哈斯蒙尼家族

---

① Charlesworth, J. H. *The Old Testament Pseudepigrapha*, Vol 2, New York: Doubleday, 1985, pp. 306-307.

② ［以色列］阿巴·埃班：《犹太史》，阎瑞松译，北京：中国社会科学出版社，1986年，第90页。

③ 章雪富、石敏敏：《早期基督教的演变及多元传统》，北京：社会科学文献出版社，2003年，第32~33页。

(或称马喀比家族)骁勇善战,犹太人在他们的带领下团结一致,不畏殉道,顽强抗争22年,史称“马喀比起义”(Maccabean Revolt)。通过他们的努力,犹太人再次重建了自己的国家,并通过领土扩张,迎来了犹太民族的短暂复兴。这个由犹太人为主体的国家一度成为一个独立的强国,史称“哈斯蒙尼王朝”(Hasmonean Dynasty)。

哈斯蒙尼家族的几位统治者,采取各种政策巩固政权:犹大·马喀比主要采取集中犹太散居人口的方式,将散居在加利利地区和跨约旦河地区的犹大人带回犹地亚;他的继任者约拿单和西门等人则更进一步,一方面通过发动战争大肆扩张哈斯蒙尼王朝的领土,另一方面强迫被占领地区的人民皈依犹太教,否则一律驱逐出境。哈斯蒙尼王朝的统治在第三位国王希尔坎在位期间达到鼎盛时期,曾经一度占领了包括约旦、撒玛利亚和以土买在内的大片领土。在哈斯蒙尼王朝统治巴勒斯坦的80年时间内,犹太人第一次充当了强迫他人改变信仰的执行者,而非牺牲者。这在犹太历史上是破天荒的一次,也是绝无仅有的一次。当希尔坎在公元前104年驾崩之后,他的儿子们为了争夺王位而展开了残酷的内斗。其子阿里斯托布鲁在击败自己的众多兄弟夺取王位之后,没有实行人民盼望的休养生息政策,而是一方面对内实行横征暴敛和残暴统治,另一方面对外实行穷兵黩武的领土扩张,并在占领区强制推行犹太化。此后,其弟亚历山大·雅奈继位,从此哈斯蒙尼王朝不断扩大领土面积,战事连连,民不聊生。此时,犹太国的国土已经相当于甚至超过了大卫所罗门时期所能达到的最大国土面积。然而好景不长,由于哈斯蒙尼王朝的国王无法平息国内的教派冲突,导致一些受到压制的教派不惜向统治叙利亚的异族君主底米丢三世寻求庇护,并在后者的支持下发动了反对本国君主的大规模内战。此后,犹太民族不断经历国王被驱逐,重掌政权,血腥报复,再被驱逐的恶性循环模式。

处在内忧外患中的哈斯蒙尼王朝在公元前1世纪之后逐渐走向衰亡。亚历山大·雅奈死后,他的王后萨洛梅·亚历山德拉继位。萨洛梅王后的兄弟西蒙·本·舍塔赫(Simion Ben Shetah)是当时犹太教内部最大的宗派法利赛派的首领之一。在看到自己的妹妹掌握哈斯蒙尼王朝的实权之后,他说服法利赛派的成员放弃了以往强烈反对哈斯蒙尼王朝的激进态度,从而为该王朝带来了难得的和平时期。萨洛梅王后趁机发动了一系列的宗教和政治改革,试图重振哈斯蒙尼王朝的雄风。首先,她以最高统治者的名义将祭司和军事领导权分别交由她和前国王的两个儿子希尔坎二世和阿里斯托布鲁二世掌控。其次,她主张改革教育事业,重用犹大·本·塔巴伊以及其他亚历山大的流亡者。最后,她还千方百计地致力于缓解国内各派系间的矛盾和斗争。经过她的不懈努力,犹太人内部的教派冲突在一定程度上得到了缓解。不幸的是,当这位德高望重的女性在公元前67年逝世之后,犹太教内部的两个最大宗派法利赛派和撒都该派之间再次爆发冲突,她的两个儿子希尔坎和阿里斯托布鲁也为争夺王位而大打出手并向外国势力求助。希尔坎在以土买人安提帕特的支持下攻击阿里斯托布鲁,而阿里斯托布鲁也在外国的帮助下回击希尔坎,并最终夺得王位。

哈斯蒙尼王朝统治集团内部的冲突和倾轧导致国力大大削弱,这个一度强盛的犹太国家迅速走向了衰亡。恰好在这一时期,罗马开始崛起为一个世界性的霸主。当强大的罗马军团来到了哈斯蒙尼王朝的边界时,后者的灭亡已经变得不可避免。公元前63年,罗马名将庞培所率领的军团一举攻占耶路撒冷，将巴勒斯坦纳入罗马版图，使其沦为罗马统治下的附属国。自此，统治了犹太人80多年的哈斯蒙尼王朝宣告灭亡。

第六节　罗马统治下的挣扎与改变

哈斯蒙尼家族统治巴勒斯坦的时期，也是罗马正在崛起并扩张的时期。罗马人为了迅速扩张版图，不断地用铁骑征服周围的各个民族，并逐渐逼近了这个王朝的领地。实际上，早在哈斯蒙尼王朝的首都耶路撒冷被罗马军团攻陷之前，它的命运便已经开始受到罗马这个未来的世界霸权的左右。正如当代历史学家罗斯所说：“由于罗马人的干预，在公元前136年，才救了约翰·胡肯奴一命，也正是由于后来罗马方面的压力，才在某种程度上造成了公元前70年亚美尼亚的蒂革兰尼的大撤退……公众的崇拜偶像庞培被派到亚洲来对付他们。”① 而实际上，哈斯蒙尼王朝内部的各派势力为了争夺王位，都曾向庞培将军的军团求助。其中，国内的法利赛人甚至将国内的王权之争看作是撒都该派或保王派的内部事务，并祈求罗马人对自己的国土巴勒斯坦实行政治管制，以恢复原有的政治体制，即使犹太国家处于一个没有世俗政权干涉的大祭司的领导之下，而将世俗的政权交由外邦人处置。

这一切无疑是引狼入室！面对罗马军团的步步紧逼，哈斯蒙尼王朝的末代统治者阿里斯托布鲁放弃了抵抗，拱手交出了耶路撒冷的控制权，但是滞留在城内的部下拒绝投降。他们在圣殿山上坚守了三个月，殊死抵抗，一直坚持到公元前63年的一个安息日。耶路撒冷的上万守城官兵全部被罗马人杀害，无一幸免。大批犹太俘虏被押往罗马，耶路撒冷自此彻底沦为罗马的殖民地，成为罗马帝国的一个自治行省。自此，罗马人在巴勒斯坦地区的统治一直持续将近400年（公元前63年——公元313年）。在罗马统治时期，居住在巴勒斯坦的犹太居民约有250万人，此外还有600多万犹太人散居外地，两者合计起来，大约占当时罗马总人口的1/10。

公元前30年，希律王被罗马帝国任命为当地的统治者——“犹太王”。传说他曾救过恺撒大帝一命，所以获得恺撒大帝特准，统治以色列故地全境。另一说法是，希律王并非犹太人，而是以东人，由于他的两位妻子米利暗一世和米利暗二世是前哈斯蒙尼王朝的皇室后裔的缘故，才得以成为了罗马皇帝为犹太人指定的新国王。希律王是犹太历史上有名的暴君。按照基督教的新约圣经记载，他为了除掉先知们所预言的即将出生的犹太君王（即襁褓中的耶稣），曾经下令杀害犹太全境两岁以下婴孩(《马太福音》第2章)，但根据美国国家地理杂志的研究报道，除了基督教的新约圣经之外，并无其他历史资料记录这件大量杀死婴儿的事件。希律王在位的34年间，一直独尊希腊文化，热衷于宏伟的希腊式建筑，鼓励并资助各种希腊式的大型运动会。他横征暴敛，好大喜功，大兴土木，斥巨资扩建第二圣殿。他重修的第二圣殿宏伟浩瀚，甚至超越了所罗门时代的圣殿规模。另外，他在位期间还修建了马萨达堡等一批纪念碑式的建筑。希律王

---

① ［英］塞西尔·罗斯：《简明犹太民族史》，黄福武、王丽丽等译，济南：山东大学出版社，1998年，第98页。

死后，犹太王国由其三儿子分而治之，权力分散。罗马帝国于公元前 6 年，开始在犹大地设行省，派总督管辖，并设立祭司议会（Sanhedrin）协助总督议政。最初，耶路撒冷和四散异乡的犹太人继续享有尤里乌斯·恺撒在位时所允诺犹太人的那些权利：信仰自由、免服兵役、每年向耶路撒冷交纳圣殿税、铸造没有罗马皇帝头像或者罗马国徽的钱币。但是，被派往耶路撒冷实行管理的每位罗马总督却在那里横征暴敛，俨然成了当地的土皇帝。罗马皇帝为限制地方总督的权力和贪腐，常常调遣不同总督短期管理行省，但总督们依然故我，肆无忌惮地搜刮民脂民膏。处在压迫和奴役下的犹太民众曾多次反抗残暴的罗马总督，却一次次归于失败。

随着帝国版图的日益扩大，罗马人对占领区的实际控制权也越发稳固，久而久之，他们的文化逐渐融入了各占领区的原有文化。罗马虽然征服了希腊，却没有摧毁希腊文化，而是学习希腊的哲学艺术，因袭希腊的典章制度，并将希腊人信奉的多神教奉为罗马自身的国教。然而如前所述，希腊文化与希伯来文化的交锋早在亚历山大大帝的时代就已存在。由于犹太人拥有强烈的“选民”意识和民族优越感，所以他们大多恪守本民族的宗教文化传统，而不愿像罗马人那样轻易接受希腊文化，尤其反感和排斥希腊的多神崇拜。这样一来，犹太人逐渐变成了罗马帝国版图内的一个异类民族，他们所居住的巴勒斯坦成为罗马境内唯一未彻底实行希腊化的地区。这种情况为后来犹太人与罗马统治者及其代理人之间的纷争埋下了伏笔。罗马人在巴勒斯坦扶植的代理人希律王驾崩之后，他的三个儿子也因为残暴等原因而先后失去王位，但接任的罗马总督们在残暴和贪婪方面有过之而无不及。他们不仅肆意加重犹太人的赋税，甚至还放任手下亵渎犹太圣殿，偷盗祭品和财物。受其影响，犹太人对罗马的敌视情绪日益加深。罗马的高压统治令犹太人生活艰辛并不断发动反抗罗马的起义，从而导致犹太人与罗马占领当局之间的关系急剧恶化，以致后者下令处死一切有暴动嫌疑的犹太人。公元 66 年，忍无可忍的犹太人终于掀起了一次持续四年的民族大起义。这次大起义的直接诱因是新任罗马总督弗洛鲁斯的横征暴敛和胡作非为。为了抢劫圣殿的财宝，他居然下令手下的士兵们屠杀一切敢于阻挡抢劫的犹太平民。犹太人被迫发动起义之后，很快便收复耶路撒冷并杀死了贪得无厌的罗马官员及其家属。眼看局面失控，罗马皇帝只得派遣一位以勇猛和残暴著称的将军提图斯（Titus）率大兵平叛，终于在公元 70 年攻破耶路撒冷。城陷之后，提图斯纵兵烧杀抢掠，并彻底焚毁了有着近 600 年历史的犹太教圣殿（由波斯帝国帮助重建，后又经希律王扩建的第二圣殿）。在这场战争中，有大约 1/4 的犹太居民丧失了生命。

尽管起义带来了惨烈的后果，但顽强的犹太人并未放弃反对罗马的斗争。在罗马皇帝图拉真（Trajan）统治晚期（约公元 115—117 年），埃及亚历山大港的犹太人与当地希腊人发生了一次大规模械斗，没想到械斗很快演变为了犹太人反对罗马统治的另一次大起义。起义很快蔓延到罗马统治下的利比亚、塞浦路斯以及巴勒斯坦等地。经过三年奋战，罗马人在耗费大量人力物力，付出了惨重伤亡之后，才得以将此次起义平息下去。可是没有多久，犹太人又在罗马皇帝哈德良执政期间（公元 117—138 年），发动了第三次更大规模的反对罗马的起义。哈德良登基之后，计划在罗马全境建立统一的文化和宗教，并将犹太人心目中的圣城耶路撒冷改造为一个具有希腊特色的城市。他甚至打算给耶路撒冷重新起一个希腊化城邦的名字——埃利亚·卡皮托林纳（Aelia Capitolina）。这一举动引发了犹太人的强烈愤慨，他们在自称弥赛亚的犹太人西缅·巴尔·科赫巴的领导下，再次发动起义。由于罗马大军在围剿科赫巴的战役中屡屡受挫，罗马皇帝为了报复，对犹太人进行惩罚性屠戮。经历此劫，幸存的犹太人只有原来的1/10，侥幸活下来的也多数沦为奴隶和流民。罗马将犹大地易名为巴勒斯坦，并且禁止犹太教传播。他们在圣殿的旧址上修建了罗马神庙，犹太人被禁止在巴勒斯坦居住，只准在每年圣殿焚毁之日进入耶路撒冷圣殿的旧址哀哭和凭吊。尽管科赫巴大起义最终以犹太人的惨败收场了，但是这场旷日持久并且惨烈空前的大起义也成为犹太民族的历史记忆，永留在后世犹太人的心中。

在科赫巴大起义中，犹太人彻底失去了祖国和独立，成为一个名副其实的流浪民族。在此后的2000年间（从公元135年的科赫巴大起义开始，直到公元1948年以色列建国为止），犹太人一直在世界各地流亡谋生，但他们始终没有被其他民族所同化，而是一直保留着自身的独特传统及其建立新以色列、新耶路撒冷和新圣殿的盼望。

第二章 “大流散”时代

第一节 双重《妥拉》的来历

《塔纳赫》的开头五卷《创世记》《出埃及记》《利未记》《民数记》《申命记》记载了雅赫威上帝创造世界的过程和人类的早期历史，特别是作为“选民”的犹太人先祖的历史，但是犹太人并不将它们称为历史书，而是称为“妥拉”（Torah，希伯来文“教诲”一词的音译），因为它们的核心并非是讲述宇宙和人类的起源，而是讲述雅赫威上帝如何借着先知摩西之口教诲其选民以色列，并向他们颁布以十诫为中心的律法。不过，在犹太人的心目中，《塔纳赫》中的成文《妥拉》并非律法的唯一来源，因为除此之外，他们还有大量以口耳相传的方式继承下来的律法。按照犹太教的传说，先知摩西不仅凭借雅赫威的启示写下了成文的《妥拉》，还曾按照雅赫威的旨意口授过不成文的《妥拉》。后来，这些不成文的《妥拉》又以口授形式传递给世代的犹太领袖。成文的《妥拉》作为《塔纳赫》的首要篇章，不仅被犹太人视为上帝亲自颁布的律法，而且对后来的基督教和伊斯兰文明发生过重大影响。口传《妥拉》也是犹太人最看重的生活指南。

> 根据犹太传统的看法，上帝知道成文《妥拉》里的律法将无法适应犹太人结束旷野漂泊后的生活，因为成文《妥拉》的教导并未涉及犹太人在城镇乡村定居，或是他们在脱离了游牧、转为务农与经商生活，抑或是他们在结束旷野漂流时期架设临时会幕的做法，改而设立固定的宗教敬拜场所之后所要面临的状况。由于百姓无法预测并了解未来，因此若颁赐一部只在未来的时空才用得上的成文律法，他们也是看不懂。于是，上帝用口授的方法传给摩西这部应用在将来的律法，却没有让它们被写下来。相反的，这些不成文的律法要用口授的方式传递给每一代接棒的新领袖，直等到这部不成文的律法派得上用场的时空来临。①

大多数犹太人都承认口传《妥拉》的权威性，认为它们与作为成文法的《妥拉》具有同一来源，产生于同一时期，也是上帝在西奈山颁布给摩西的。然而，在漫长的流亡岁月中，由于犹太人生活的时代背景和社会环境的不断变化，一些原有的律法（无论是成文的还是不成文的）逐渐变得难以满足他们的生活需要，所以犹太教的拉比和

---

① ［美］魏道思：《犹太文化之旅》，刘幸枝译，南昌：江西人民出版社，2009年，第110页。

法学家又不得不借鉴希腊和罗马等其他民族的法律，一方面对《塔纳赫》中的成文《妥拉》进行重新阐释，另一方面开始汇编各种口传《妥拉》来补充前者，从而逐渐汇集成了《塔木德》和《密西拿》这两部释经大典。

犹太教的拉比们常常从成文《妥拉》入手，以确立口传《妥拉》的神学基础。实际上，他们对口传《妥拉》地位的确认来自他们自己对于《出埃及记》第 24 章第 12 节内容的诠释。这节经文如下：“上帝对摩西说：‘你上山到我这里来，住在这里，我要将石板并我所写的律法和诫命赐给你，使你可以教训百姓。’”这段文字被西缅·本·拉克西拉比诠释为：“‘石板’指‘十诫’，‘律法’指《律法书》，‘诫命’指《密西拿》，‘我所写的’指《先知书》和《圣卷》，‘使你可以教训百姓’则指《革马拉》。”经过上述诠释，犹太教的拉比们大大拓宽了“妥拉”一词的含义，使其不仅可以指代《塔纳赫》中的律法书，而且可以表示包括口传律法在内的所有犹太律法的权威。

尽管对于口传《妥拉》的真实来源，学术界一直存在争议，但它的出现是犹太历史发展的必然。可以说，是犹太人独特的历史、文化孕育了口传《妥拉》。从具体内容上来分析，口传《妥拉》是对《妥拉》的进一步诠释和补充。《妥拉》被历代犹太人视为犹太社会的根本大法，其在犹太人心目中的权威性是任何其他权威都无法撼动的，但是随着时间的推移和环境的变化，普通犹太人在理解其中一些带有原始社会和奴隶社会残余的古老内容时难免遇到困难。同时，随着犹太社会的发展及其生活方式的改变，《妥拉》中的某些内容已经变得不再具有现实意义（例如有关禁止异族通婚的规定，以及安息日不得工作和生火的规定等）。在这种情况下，对成文《妥拉》的进一步诠释和理解就变得势在必行。为了让《妥拉》得到更好的理解和有效的执行，犹太教的拉比们一直鼓励民众学习和研究《妥拉》，并由此来判断他们在生活中遇到的各种需要裁决的事情。他们认为，学习和研究《妥拉》的首要目的是确保其精髓在犹太民众中世代流传，以维护律法的严肃性。他们虽然不完全反对根据时代背景的变化来修订和解释《妥拉》，但对这种修订和解释持相当审慎的态度。

总在，双重《妥拉》是犹太历史发展的必然，犹太教的持续发展必然催生与之相适应的思想和律法，否则犹太教最终难逃成为历史记忆碎片的结局。犹太人的智慧促成他们在确保成文《妥拉》的权威和神圣性的前提下，衍生出顺应时代发展需求的口传《妥拉》。

第二节　拉比地位的提升

拉比，也写为辣彼（רַבִּי），他们是犹太人中的一个特别阶层，是学者、老师、智者的象征；在普通犹太人眼中，他们是一批值得信赖并可以请教的人，经常与人接触，答疑解惑；他们也是一群善于观察生活、思考问题并从而获得智慧的人。

“拉比”一词最初出现于公元 1 世纪的巴勒斯坦地区，意为“圣者”，后来才演变为一种对能够解释犹太律法的人士的专称。一个试图成为拉比的犹太青年，不仅需要精通《塔木德》和拉比文学，而且要经过多年坚持不懈的学习，并通过犹太经学院中德高望重的拉比的测试，以认定其可以管理社团中各项事务（从结婚、离婚等事宜到管理一个犹太经学院）。拉比在犹太教中扮演着重要角色，许多宗教礼仪都由他们主持。他们十分受人尊崇，连君王也经常邀请拉比进宫教导。在《塔木德》中，拉比的事迹随处可见。由此足见拉比在犹太社会的地位之显赫。然而，拉比在犹太教的尊贵地位并不是一蹴而就的，而是犹太历史发展的车轮造就了犹太拉比这一角色。

拉比在犹太教中的地位的提升源于一场发生在公元 70 年的灾难——罗马帝国焚毁了耶路撒冷圣殿。这起灾难不仅摧毁了犹太教的崇拜中心，而且导致众多的犹太教公会遭到关闭，大批犹太人被逐出家乡并流散各地。犹太人的信仰生活在这场浩劫后遭到了沉重打击，因为对于那个时代的犹太民众而言，在圣殿或会堂内的祭祀和祈祷不仅仅是一种生活习惯，而且是对雅赫威上帝表示虔敬与忠诚的途径。因此，圣殿的焚毁和会堂的关闭对于他们来说比挖出自己的心肝还要痛苦。在这个痛苦的时代，犹太人面临着两个重要的难题：一是需要找到新的宗教活动中心；二是需要在新的形势下改变自己的活动方式，以延续处于困境中的犹太教。随着圣殿的毁坏，祭司主导犹太社会的时代也就此结束。精通律法的法利赛派在这场危机面前，扛起重振犹太信仰的大旗。他们主张通过着力研习律法来深化对犹太教律法的诠释，并以犹太教律法来整肃犹太人的生活。法利赛派深入研究律法，教导陷入信仰危机的犹太民众。因为他们热心教导民众学习犹太教律法，所以常常被民众尊称为“拉比”。

作为阐释《塔纳赫》的学者，拉比在犹太社会中受到普遍的尊敬。他们为犹太传统思想的保留作出了卓越贡献。首先，圣殿陷落后，以约翰兰·本·撒该（Joharan Ben Zakkai）为代表的杰出学者，在小镇贾布奈（Jabneh）开办学堂，专门研究和解读传统的犹太知识。其次，拉比们还常常聚集在一起，对“犹太大法庭”进行重新设置：他们依据博学程度挑选成员，选举德高望重之人担任其领袖，并最终使得改革后的“犹太大法庭”获得了半官方的地位。因此，拉比被视为整个犹太民族的代言人，从而在一定程度上掌握了犹太人的政治领导权。他们为亡国的犹太人提供了一个团结一致和相互交流的平台。

从本质上说，古代的犹太拉比是学者，而非某特定的犹太教会堂的精神领袖。他们最重要的工作场所是犹太学校而非会堂。正是在犹太学校里，他们不仅锻造了犹太教的伦理文化和宗教内容，而且作为学者在犹太民族事务中发挥作用，进而成为犹太社会最有影响力的一群人。由于圣殿的陷落，犹太人在圣殿内的祭祀仪式已不可能实现，散布世界各地的犹太圣堂逐渐成为犹太人祈祷和敬拜的新地点。犹太圣堂和学堂成为犹太人生活的中心，犹太教育也在这一时期取得了长足的发展。新时代的犹太人在拉比的领导下，过着一种相对充实且平静的犹太式生活。

第三节　经文学校的建立

在反抗罗马的犹太民族起义失败之后，罗马统治者对犹太人实行了长期的宗教迫害。在罗马统治者的眼里，犹太教是一个随时可以用来煽动犹太人造反的危险工具，可是在犹太人的眼里，犹太教则是维持其民族认同的精神家园。为了彻底根除犹太人的反抗意识，罗马统治者对犹太人的精神生活进行高压管制。一方面，罗马出台了许多约束乃至取缔犹太宗教生活的法律。这些罗马法律明文规定：禁止犹太人实行割礼、守安息日；对授予拉比职位者和接受拉比职位者，均将处以死刑；禁止犹太人教授和学习《律法书》，等等。在罗马当局的统治下，许多犹太人因为坚持信仰而被屠杀。另一方面，犹太人的信仰仿佛沙漠中的荆棘，并不因恶劣的环境而灭绝，而在他们为保卫传统信仰而进行的长期斗争中，经文学校扮演着至关重要的角色。

犹太经文学校的创办应该追溯到耶路撒冷被围困之前，杰出学者约翰兰·本·撒该在小镇贾布奈所开办的一所学堂。这所学堂的主要活动便是研究和讲授犹太传统知识。学堂聚集了当时最著名的一批犹太学者。后来，他们又陆续创办了一系列的经文学校和学院。在犹太人的聚居区，这些学院和学校逐渐成为了一个与罗马政府平行的政治系统。“当时，有一个双重的政府系统：一个是以凯撒利亚的巡抚为中心，有众多下属官员和收税人的罗马政府；另一个是围绕在贾布奈以及其他地方的犹太教议会及议长周围的学者政府。”① 由此足见经文学校在当时的影响力。创建经文学校的拉比们认为，只有忠于犹太传统，犹太民族才可存留，而犹太精神无疑是犹太民族至今存留的主要保障。后来科赫巴起义中的精神支柱就是约翰兰·本·撒该拉比以及他的学生们。也正是这样，在科赫巴起义失败后，罗马当局意识到了经文学校在恢复犹太人政治活力方面的作用不可小觑，故而开始封闭经文学校。

随着极端仇视犹太教的罗马皇帝哈德良的死亡，犹太人暂时得以喘息。大约在公元138年，新任的罗马皇帝安敦宁·毕尤（Antoninus Pius）② 逐步恢复了犹太人的思想自由，废除了一部分限制和取缔犹太宗教生活的法令。在这位皇帝统治期间，犹太人的割礼得以恢复。贾布奈学院的幸存者们在加利利开办了新的经文学校，并选举产生了新的犹太公会，西蒙·本·加姆利尔拉比被任命为公会的首领。此时的罗马当局为了缓和同犹太民众的矛盾，开始选择与犹太教公会进行合作。局势的缓和使得犹太民众逐渐恢复了正常的宗教生活。随着政治环境的短暂稳定，在加利利的希腊化城市中诞生了一些犹太教研究中心，各地的犹太学者和学生们被邀请到那里参观和学习。各式各样的犹太经文学校更是如雨后春笋般出现在各大城市的犹太聚居区：“西蒙·本·约海拉比在萨费德附件的科特阿开办了一座经文学院。约瑟·本·哈拉弗塔拉比在齐波拉创办了另一座圣经学院。拿单拉比和约哈南·巴尔·纳帕哈拉比也办起了学院。”③ 这些经文学院无疑给犹太人的生活带来了生机，而教师们则以他们渊博的学识和高贵的品格影响着学生和身边的人。这些老师大多过着清贫的生活，靠手工劳动和抄写《妥拉》为生，贫瘠

① ［英］塞西尔·罗斯：《简明犹太民族史》，黄福武、王丽丽等译，济南：山东大学出版社，1997年，第132页。

② 安敦宁·毕尤是罗马“五贤帝”中的第四位。“五贤帝”（5 Good Emperors）是公元96—180年期间的五位罗马皇帝：涅尔瓦（Nerva，96—98年）、图拉真（Trajan，98—117年）、哈德良（Hadrian，117—138年，“勇帝”）、安敦宁·毕尤（Antoninus Pius，138—161年）、马可·奥里略（Marcus Aurelius，161—180年）。

③ ［以色列］阿巴·埃班：《犹太史》，阎瑞松译，北京：中国社会科学出版社，1986年，第111页。

土壤中盛开的思想之花更显芬芳多姿。

犹太经文学校在犹太民族史上的重要作用是不言而喻的，这种办学模式不仅体现了犹太教的教育传统，而且凸显了犹太民族不屈的民族精神。此后，这种模式的宗教教育以多种形式在犹太社会中保留下来，并且为犹太民族文化的传承和犹太宗教信仰的保留作出了不可磨灭的贡献。

第四节　与基督教的相遇

基督教可谓是从犹太教这棵果树上结下的果实。它原本是犹太人智慧的结晶，后来却一步步超越了犹太教在种族上的局限性，而发展为一个后来居上的世界性宗教。随着历史的发展，基督教与犹太教二者的关系也不断变化，并呈现出多样形式。

基督教是从犹太教的胚胎中孕育出来的。希伯来人的宗教观念和伦理对基督教文化有着深远的影响。按照基督教所特有的《新约圣经》的记载，神子耶稣基督大约在公元前 4 年降生于耶路撒冷附近的犹太小城伯利恒，并在加利利海边的犹太小城拿撒勒长大成人。当时犹太人中当权的撒都该派与罗马总督狼狈为奸，占据圣殿开设钱庄和牲口买卖市场，借此从远道而来的朝拜者身上牟利。耶稣目睹犹太祭司的腐化，呼吁犹太教进行改革，却因而遭到撒都该派祭司的不满。而当时的法利赛派虽谨守律法，却因拘泥于那些僵死的律法条文，而逐渐背离了犹太教信仰的本质。耶稣本人强烈反对法利赛派的教条主义，对其嗤之以鼻，最终与法利赛派分道扬镳。

基督教的早期教父们宣称，耶稣基督虽然在名义上是犹太人所尊重的大卫王之后裔，但实际上却是通过“圣灵感孕”而生的上帝之子。他一方面以《塔纳赫》为其理论依据，劝告犹太人接受他作为上帝之子和救世主的身份，另一方面又借助神迹和圣灵来传播上帝派他来赦免和拯救全世界的“福音”。他宣扬的是平等、博爱等人道思想，契合了当时犹太民众备受压迫奴役，仰望救世主降临的现实处境，因而吸引了大量犹太信徒皈依。出身于犹太教法利赛派的扫罗在改信基督教之后，将自己更名为保罗以示同犹太教的决裂。他没有彻底否定犹太教的律法和教义，而是一方面以“耶稣即救世主”“基督复活”“天国”等概念来创立基督教的神学基础，另一方面借助犹太人信奉的《塔纳赫》宣讲福音，吸纳信徒。在基督教刚刚兴起的最初几十年，基督徒的主要来源是犹太人。被基督教尊为“使徒”的保罗宣称，基督所传的福音与犹太教先知的教导并无冲突，而是对后者的一种成全。如果没有耶稣，犹太教先知的预言将成为永远无法兑现的预言，成为消失在沙漠中的河流。

在基督教创建之初，早期教会与犹太教的会堂在教义、仪式以及节期上并没有实质差别。不少犹太裔的基督徒继续遵行犹太先知摩西所传的律法。以耶路撒冷教会的首任主教使徒雅各为例，他一生不喝酒，不吃肉，不剃头，不涂油，不使用浴缸 ，不穿羊毛衣，只穿亚麻衫，谨守犹太律法。同时，犹太会堂通常是基督徒们聚集读经的地方，也是使徒们传福音的主要场所。直到公元 49 年之后，使徒保罗等人才融合希腊、埃及、叙利亚、波斯等多地区的神学思想、义理，教义，逐渐建立起基督教自身的信仰体系，并参照罗马帝国的建制，设立宗教组织，安排日常宗教活动。但是基督教的救世主观念无疑源自犹太教的弥赛亚观念，基督教欣然接受了犹太教的这份礼物。正是对救世主的信仰才能解释犹太人的苦难，慰藉罗马残暴统治下悲伤的灵魂。

概言之，在公元1世纪，基督教的早期领袖们在处理同犹太教之间的矛盾时，仍是以处理手足之间的内部矛盾的态度来进行的。尽管有个别的早期基督徒领袖死于犹太人之手，但这似乎仍是希伯来人历史上常见的“兄弟相残”的历史延续。但进入公元2世纪以后，基督教因放弃犹太教狭隘的选民观念，放弃割礼，不受犹太律法的约束，逐渐演变为一个脱离犹太人的且非犹太人的宗教。公元313年，罗马帝国的康斯坦丁大帝颁布的米兰敕令，成为基督教从被统治阶级的宗教转变为统治阶级的宗教的分水岭。罗马帝国的扶植使基督教开始在社会中日益占据主导地位，但即便在此时，基督教与犹太教之间的界限并不完全明确。直到基督教成为罗马的国教，基督徒的人数在罗马社会上获得压倒性优势之后，基督教神学家对犹太教的批判才开始变得日益强烈。他们充分利用犹太先知们敦促民众悔改的话语，演绎出一整套强调基督教高于犹太教的理论，以阻止基督徒继续遵守犹太习俗和律法。从当时基督教颁布的各项法令中，足见基督教极力摆脱犹太教的牵绊、摆脱其影响的努力。公元325年尼西亚公会议，就针对这一问题颁布了新历法，试图避免在这些问题上的混乱。从此，基督教针对犹太教信仰的法令层出不穷，二者的宗教地位也悄然发生变化。

公元380年，基督教一跃成为罗马帝国境内唯一合法的宗教。基督教成为罗马国教之后，犹太人的处境开始不断恶化。在此之前，犹太人已经因为连绵不断的起义而令罗马统治者印象不佳。如今，由于基督教神学家对犹太宗教和文化的批评，犹太人在罗马统治者眼中俨然变成了一群恶毒杀害基督的渎圣者。犹太人开始接连受到类似这样的恐吓：如果他们胆敢迫害那些改信真正上帝的宗教皈依者，就把他们烧死。之后，犹太人所一直享有的市政职责豁免权被罗马法律取消。在罗马皇帝的主导下，包括犹太人在内的各种“异教徒”开始遭遇可怕的迫害。罗马法律不仅严禁犹太人拥有基督徒奴隶，而且禁止非犹太教徒改信犹太教。一切改信犹太教的人和劝告他人改信犹太教的人都会被判处死刑。相反，那些叛离犹太教而改信基督教的犹太人则会受到罗马法律的保护和鼓励。此后的罗马皇帝对犹太人颁布了一系列越来越严苛的法令。在罗马帝国晚期，犹太人逐渐丧失了作为普通公民的权利。罗马法律禁止犹太人从事公职和服兵役，禁止犹太人加入商会和工会，禁止犹太人与基督徒通婚，要求犹太成年人佩戴黄色的“大卫之星”徽章或红色袖章以区别身份。更有甚者，犹太人初生的婴孩也要首先交由基督徒家庭抚养。如此等等，不一而足。在信奉基督教的罗马皇帝和地方长官的默许下，各种打着维护基督教信仰的旗号对犹太人进行屠杀、放逐的事件时有发生。每当罗马社会遭遇天灾人祸之际，犹太人都会成为危害社会稳定的替罪羊。在整个罗马帝国晚期，只有“叛教者”朱利安担任罗马皇帝的那几年，犹太人的地位才稍有改善。这位罗马皇帝不仅取消了一些歧视犹太人的法令，甚至还打算允许犹太人重建耶路撒冷和圣殿，但随着他的离世，各种打着基督教旗号的反犹和排犹活动又再次死灰复燃。犹太人再次陷入了水深火热之中。

为了逃避歧视和迫害，大批的犹太人不得不放弃他们祖先的信仰而皈依基督教，从而导致犹太人总数在罗马帝国晚期急剧减少。同时，犹太人和犹太教在罗马帝国晚期遭到的各种歧视和迫害，为他们在中世纪欧洲的悲惨命运揭开了序幕。

在罗马帝国晚期，随着罗马皇权的逐渐衰落和基督教势力的日益壮大，终于产生了一位足以同世俗的皇权相抗衡的强势教皇，即格里高利一世（Gregory Ⅰ，约540—604年）。格里高利一世不仅是基督教历史上最有作为的教皇之一，而且他处理犹太人问题的策略也对后来的历代教皇和教会产生了深远影响。这位教皇上任之初，就通过自己良好的神学素养和敏锐的政治眼光，对基督教进行了一系列改革，包括广建修道院，强制推行教仪教规，扩大教会资产，取得了显著成就。在他的努力下，以罗马为中心的西部教会得到快速发展，罗马教廷的权威大大提升。同时，作为其主要竞争者的东部教会领袖——君士坦丁堡大主教的地位及职权则受到很大限制和削弱。随着教廷势力的不断膨胀，教皇权力也达到了几乎可以与皇帝分庭抗礼的地步。这为基督教在当时侵入罗马的各蛮族部落中的广泛传播奠定了基础，也为教皇制在中世纪欧洲的最终确立提供了可能。然而，对于生活在这个时期的犹太人来说，格里高利一世的丰功伟绩并非好事。由于在格里高利一世担任教皇期间，基督教的发展迎来了新的春天，罗马教廷的权力得到了空前提高，所以他的所作所为也成为后来的历代教皇争相效法的范本，其中自然也包括他处理犹太教问题的策略。

虽然一些现代学者在谈到后来欧洲犹太人的悲惨遭遇时，曾经将其部分地归咎于格里高利一世教皇的影响，但客观地说，这位教皇似乎并不主张基督徒强迫犹太人改宗基督教。他在公元590年就任教皇之初，就曾公开表示他并不鼓励基督徒对犹太人实施主动的宗教迫害行为。不过与此同时，他又在自己发布的《教皇训谕》中，表达了对犹太人的不满和歧视："犹太人为《圣经》的真理提供了不容更改的证据，并且在他们遭受贬黜的过程中已经最终证明'有罪'，因此必须受到惩罚……他们还是《圣经》部分原始文本和阐释文献的保管人，认为应该欢迎并争取他们的皈依，但是要通过和平手段。"① 按照他的旨意，罗马教廷虽然承认犹太人有做礼拜的自由，可以继续保留他们的会堂，却不允许犹太人新建或装饰会堂。此外，罗马教廷还一方面禁止基督徒和其他民族的人改信犹太教，禁止模仿犹太教的礼拜仪式和雇佣犹太医生，另一方面禁止犹太人拥有基督徒奴隶和担任一切重要官职。罗马教廷发布的这些禁令在其治下的各个教区得到了不折不扣的执行。而且在某些教区，由于主教和神职人员过分热情地执行了这些禁令，从而导致犹太人遭到了比以往更严重的迫害。

无论教皇和教廷在处理犹太人问题上的本意如何，在其辖下的大多数教区，都不同程度地发生了一系列针对犹太人的歧视和迫害行为。在教会势力更加强大的西部欧洲，针对犹太人和犹太教的攻击性行为表现得尤其严重，在某些教区甚至还出现了强迫犹太人集体受洗，皈依基督教的过激行为。在西罗马帝国的废墟上建立起来的各个蛮族国家，也几乎都曾经对犹太人实施过不同程度的歧视和迫害。例如，在高卢国王达革伯特统治期间，就曾经下令驱逐其境内所有犹太人，只有改教的犹太人才能得以苟活。类似的政策在其邻邦也比比皆是。迫害犹太信仰的情况在西班牙达到高峰。西班牙国王发布

① ［英］赛西尔·罗斯：《简明犹太民族史》，黄福武、王丽丽等译，济南：山东大学出版社，1997年，第172页。

了一系列专门针对犹太人的法规：禁止犹太人与外族通婚，禁止被迫改宗基督教的犹太人重新恢复民族身份，禁止犹太人在国内任何有权势的和重信誉的部门任职。根据西班牙国王颁布的这些法规，犹太人及其子孙要想继续留在西班牙，就必须彻底放弃自己的信仰，否则，他们的孩子将被掳走，交由正统的基督徒家庭抚养。

在拜占庭帝国治下的东部罗马，犹太人的处境也并不轻松。信奉基督教的拜占庭皇帝对其疆域内的犹太人同样非常严厉。在拜占庭皇帝希拉克留统治时期，犹太人因在拜占庭帝国与波斯帝国的连年征战中，曾站在波斯一边，所以在波斯战败之后遭到严厉报复。当拜占庭帝国的军队收复耶路撒冷之后，犹太人试图借助波斯人恢复自治权的梦想彻底破灭。拜占庭皇帝下令，犹太人不得再进入耶路撒冷，而且不得在距离耶路撒冷五公里以内的地方居住。此后不久，犹太人又被禁止举行任何公开的宗教活动，并且被有计划地强迫接受基督教的洗礼，违者将遭到无情的驱逐。

总而言之，在即将步入中世纪的罗马帝国晚期，欧洲各地的犹太人均处境艰难，大批犹太人被迫放弃信仰，犹太教的火种似乎就要失去最后一丝热量。然而，大多数被迫改教的犹太人并非心甘情愿地放弃祖传的信仰，他们改信基督徒的初衷是为了谋求生存，而非出于灵命的归属。因此，他们对基督教的皈依只是一种形式上的顺服。在家中的密室里，他们仍然最大限度地坚持祖传的信仰，遵行传统的礼仪和习俗。

第三章　中世纪和宗教改革时代

第一节　犹太教上帝观的日益民族化

对于生活在欧洲的犹太人来说，中世纪是一个黑暗的时代。在中世纪的大部分时期，欧洲各国的人民均生活在自给自足的农牧社会中，并把土地视为最宝贵的财富。因此，欧洲各国的基督徒贵族不仅在文化上把犹太人看作异类和贱民，而且禁止他们拥有宝贵的土地资源，只允许他们从事大多数基督徒所不愿从事的商业和手工业。在这个黑暗的时代，犹太人并没有放弃祖传的雅赫威信仰，而是结合其多舛的民族命运来传承和反思传统的上帝观，从而导致了犹太上帝观的日益民族化和狭隘化。

尽管当时的欧洲社会充满了对犹太人的憎恨、怀疑和歧视，甚至把他们视为撒旦的盟友、杀害基督的凶手和唯利是图的奸商，但绝大多数犹太人并没有因此怀疑雅赫威上帝的全能、全知和至善性，而是像古代的先知一样，把自己遭遇的一切苦难都归因于雅赫威上帝对他们本身或祖先罪恶的惩罚。他们一方面像基督徒那样信奉独一的上帝，另一方面又拒绝像基督徒那样认为上帝具有父、子、灵三大位格，更反对把圣子耶稣解释成古代先知所预言的弥赛亚和救世主。对于赐给自己"选民"身份的上帝，犹太教神学家不敢有丝毫抱怨，而是坚定地认为，正因为犹太人和他们的祖先辜负了上帝的恩典，玷污了上帝选民的荣耀，所以上帝才会借异族之手施以严厉惩罚。

同中世纪的基督教神学相比，这一时期的犹太教神学呈现出了不同的风格。首先，由于它既不承认上帝具有父、子、灵三个位格，亦不承认耶稣具有完全的神性和人性，所以它自然无需像同时代的基督教神学那样，通过对存在与本质问题的哲学探讨，来说明上帝三个位格之关系或基督神性与人性之统一，而是始终以论证上帝与犹太民族之间的特殊关系作为其核心任务。其次，由于处在困境中的犹太人特别渴望来自上帝的启示，所以犹太神学特别强调启示在上帝论中的意义。对于中世纪的犹太神学家来说，上帝论的核心内容并非是关于其存在和本质问题的探讨，而是如何理解和诠释其对选民的启示。这种以启示为中心的上帝观同犹太人固有的选民观相结合，使得犹太人更加难以接受基督徒所宣扬的那个拯救全人类的上帝。在他们眼里，上帝的启示仅仅同作为其选民的犹太人的命运息息相关，而与犹太人之外的其他民族则关系不大。因此，同基督教神学的上帝观相比，中世纪犹太神学的上帝观显得更为狭隘。

在这种相对狭隘的上帝观的影响下，一些中世纪的犹太人甚至相信，他们的祖先亚伯拉罕就坐在地狱的门口，以便阻止他的子孙被送进那里受苦。为了保住自己作为亚伯拉罕子孙的优越地位，中世纪的犹太人极为重视家族血统的纯净性。在他们看来，任何人哪怕带有一丁点异族的血统，就可能丧失这种优越地位而沦为上帝的“弃民”，并在死后堕入一个与上帝隔绝的、没有光明、没有幸福、无比痛苦的地狱。

这种狭隘上帝观对中世纪犹太人带来的另一影响是，他们不仅坚持拒绝一切非犹太的宗教传统，而且在犹太社会内部成功地压制了一切对祖传信仰的怀疑。为了维护传统的雅赫威信仰的纯正性，由犹太拉比们主导的神权统治在中世纪犹太社会的内部得到了进一步强化。在中世纪之前的犹太社会，还可以时不时地看到民众对传统上帝观提出的怀疑和讨论。例如在《塔纳赫》的名篇《约伯记》中，犹太人的祖先就曾认真探讨过“义人为何受苦”这一神学难题：既然上帝是全能全知的，为何义人还会遭到魔鬼的攻击而蒙受苦难？然而，在中世纪的犹太社会里，任何人提出任何一种偏离传统犹太教信仰的思想和言论，都会立即遭到拉比们的严厉谴责和无情封杀，哪怕是一丝一毫的偏差，都是拉比们绝对不能容忍和接受的。

在中世纪的犹太社会内部，一旦有人表现出冒犯犹太教传统的言行，那么他或她就几乎没有逃脱严厉指责和惩罚的可能。尽管在当时的欧洲各国，犹太社会并无法定的自治权，所以拉比无权像古代的犹太祭司那样对普通犹太人处以刑罚，但他们依然可以发表声明将那些严重冒犯传统或亵渎教义的个人逐出犹太社群，并禁止任何其他犹太人（包括冒犯者的亲属）与之交往、吃饭和交谈。对于处在基督徒包围之中的后者来说，这无异于宣判了他们的死刑。这种严苛的做法成为拉比们维护教义纯正性的重要手段。在中世纪后期的犹太人当中，任何对传统信仰的质疑或批评都将很快招致这样一种可怕的结果，即拉比们将阻断这位质疑者或批评者在今世谋求生计和在来生获得拯救的道路，并对其冠以异端的罪名（变相的死罪）。受其影响，中世纪的犹太人大都不敢轻易谈论雅赫威上帝的存在和本质等敏感的神学问题。正如中世纪犹太史专家开普兰认为的那样，就对上帝的存在及本质这个问题的反映能力和体验能力而言，犹太教要比它在“第二圣殿”时期所达到的发展水平大大地倒退了。

然而，这种貌似倒退的过程对于保护犹太教免遭基督教等主流宗教的同化却是十分必要的。倘若没有犹太上帝观的狭隘化这一进程，恐怕中世纪的犹太人乃至整个犹太民族早已烟消云散，沦为历史的灰烬。因此，尽管从抽象思维的角度来看，中世纪的犹太上帝观似乎变得比以往更加狭隘了，但就其在当时犹太人的宗教和社会生活中所产生的结果来看，这种狭隘的上帝观实际上大大加强了犹太教的凝聚力。

在中世纪的犹太拉比看来，雅赫威上帝并不仅仅是基督教神学家所理解的那种超越性的存在，而是一种同犹太民族的现实生活息息相关的可以辨认的实在，因为这个上帝曾经一度在全体选民的面前，并且多次在他们的先祖和先知们的面前显现。尽管在 13 世纪之后，犹太教神学也像同时代的基督教神学那样面对着亚里士多德哲学的挑战，但在探讨上帝是否是有形的以及上帝是否无所不在之类的神哲学问题时，并没有像同时代的基督教神学家那样受到亚里士多德哲学的巨大影响，更没有因此把亚伯拉罕的上帝同亚里士多德的上帝混为一谈。他们认为，真正的上帝既是无所不在的，也是游移不定的。他们一方面断言上帝是一种可以被人的心灵和感官所感知的真实存在，另一方面没有对上帝的具体存在方式及其与物质世界的关系作出明确回答，而是将这些问题视为人的理性所无法解读的奥秘。受这种神秘主义态度的影响，他们对上帝的神性及其与世界之关系的解释大多是模糊不清和充满神秘色彩的。

中世纪的犹太神学家相信，只有结合作为上帝选民的犹太人的处境和行为，才能对上帝的独一性、公义性和仁慈性等神性作出正确的解读。不过，他们并没有因为这种民族化和狭隘化的上帝观而放弃雅赫威上帝的独一性。他们宣称，那个曾经在犹太人的祖先亚伯拉罕、以撒、雅各和摩西面前显现过的雅赫威神，不仅仅是“我们的上帝和我们祖先的上帝”，也是唯一真正的上帝。

他们认为，这个在选民的面前亲身显现过的上帝是唯一拥有力量、公正和仁慈的，并决定着人类命运的神圣实在。首先，对世界的创造和维持表明了上帝拥有的无限力量。这种力量是上帝的意志在世界上得到必然实现的充分保证。其次，上帝的公义性在其选民的处境和历史中得到了最充分的展现。选民们只要遵从上帝的意志，就会被上帝视为义人而给予祝福。反过来，只要违背上帝的意志，就会被上帝视为罪人而加以惩罚。这种理解对犹太人在现实中遭遇的悲惨命运和民族浩劫给出了一个完美解释，并成为鞭策犹太人继续坚持雅赫威信仰的一个重要动力。

面对犹太人遭遇的种种苦难，犹太教的拉比宣称，这一切都是出于全能、公义和仁慈的雅赫威上帝的旨意和安排。只要犹太人能够保持纯正的信仰和选民的身份，那么今世的这些苦难就将成为增添他们来世幸福的砝码。因此，即使在苦难中挣扎，依然需要遵从上帝赐予的律法，因为到了一定的时刻，仁慈的上帝终将解救他的选民脱离苦海，让他们重现昔日的辉煌。对于那个时代的犹太人而言，这些说法无疑就是荒漠中的甘霖，不仅给了他们忍受现实苦难的动力和勇气，而且给予了他们最终必将得救的保证和坚持其民族宗教的自信。

任何宗教的发展离不开自身神学观念的发展，无论是犹太教还是基督教、伊斯兰教抑或其他宗教，都需要在历史的长河中不断根据现实完善并调整其宗教思想。因此，中世纪犹太上帝观的民族化和狭隘化，本身也是犹太民族在中世纪的历史遭遇和现实处境所导致的结果。正是中世纪犹太民族的独特历史造就了中世纪犹太教独特的上帝观，是犹太人自己选择了这样的犹太教，选择了这样的上帝观。

第二节　与阿拉伯人的恩怨与交往

犹太人和阿拉伯人都把传说中的亚伯拉罕（阿拉伯语中称易卜拉欣）称为自己的祖先。据说，犹太人是亚伯拉罕的嫡子以撒（易斯哈格）的后代，而阿拉伯人则是其庶子以实马利（易斯马仪）的后代。关于这些传说的真实性，后世学者存有重大的争议，但不容否认的是，这两个分别创立了犹太教和伊斯兰教的伟大民族在信仰和文化上确有诸多相通之处。二者曾同属于中东地区的闪米特人的一支，可谓兄弟之族。正因为如此，在犹太教经典《塔纳赫》和伊斯兰教经典《古兰经》中，读者可以找到某些相似的人物和故事，如伊甸园中的亚当和夏娃（阿丹和好娃）、被大鱼所吞的先知约拿（优努斯）、朝拜过耶路撒冷的示巴女王等。

犹太人和阿拉伯人不仅有着共同的起源，而且在漫长的历史上，这两个兄弟民族之间的交往几乎从未断绝。据现代考古发现，早在公元2—3世纪，犹太人的墓地就曾经出现在阿拉伯半岛的希贾兹地区，而此地正是后来伊斯兰教的发源地。这一发现进一步证实，古代犹太人曾经长期生活在阿拉伯半岛，并在当地的经济、政治和宗教生活中发挥着重要的作用①。基于这一历史事实，有的伊斯兰学者认为："在其前伊斯兰史上，麦地那一度处于向联合成为一个以会堂作为社团教堂的、统一的犹太教社团发展的阶段。"② 我们有理由相信，在古代阿拉伯半岛中心的麦加城郊外的乌卡兹集市上，商品交易和宗教观念的传播同时进行。伊斯兰教的伟大先知穆罕默德在向7世纪的阿拉伯人宣布安拉的启示之前，实际上已经对犹太人的一神教观念了然于心。正因为如此，他才会在《圣训》中一再提到犹太人和犹太教的问题。

犹太人在长期的历史中逐渐形成的天启理论和先知观念，对古代阿拉伯半岛的居民也有着重要的影响。伊斯兰教的伟大先知穆罕默德曾经以犹太教经典《申命记》中所预言的先知自诩。他在创立伊斯兰教之初，就一再声明犹太人的《律法书》（《妥拉》）和基督教的《福音书》都来自安拉在伊斯兰教诞生之前的启示，并且有待于《古兰经》对它们的进一步完善、补充和证实。从词源上来考察，《古兰经》一词源于那些曾经居住在阿拉伯希贾兹地区的犹太人所说的"migrá"，而该词在犹太拉比的用语中等同于"妥拉"。而"古兰"在伊斯兰教中的地位与《妥拉》在犹太教的地位也非常相似。两者都被各自的宗教视为根本经典，是其一切精神、伦理、法律问题的最后根据。正如犹太教的《妥拉》有一个漫长曲折的形成过程一样，伊斯兰教的《古兰经》亦非一蹴而就："它在犹太教及基督教里曾是长期和逐步发展的成果，和在众多复杂的政治事件、文化和宗教人物影响下演变的产物，结果给阿拉伯人带来了革命的变革；它是通过单独一个人物的活动完成的，并在单独一代里圆满的。在其概念形成和宣布的一二十年后，阿拉伯人带着记载安拉意志和语言的这部阿拉伯文献，占据了整个时代的中心。"③ 与此同时，穆罕默德为了获得犹太人的支持，不仅宣布自己就是《塔纳赫》预言的先知，而且在其宣教的过程中引用过不少犹太教的传说。

如果说以上是犹太教对伊斯兰教发端期间的间接影响，那么犹太教对伊斯兰教的直接影响则表现为，穆罕默德曾经与麦加和麦地那地区的犹太人私交甚笃，而且他在创教初期曾经沿用过犹太人的部分宗教仪式和习俗。例如，他曾经让穆斯林将圣城耶路撒冷作为礼拜朝向，并且宣布犹太人和阿拉伯人的共同祖先亚伯拉罕是麦加克尔白天房的建立者和麦加朝觐的发起人，以吸引当时居住在阿拉伯半岛上的犹太人的归顺。尽管大多数犹太人并没有因此改信伊斯兰教，而且穆罕默德最终以麦加取代耶路撒冷，作为穆斯林礼拜的新朝向，但是在后世伊斯兰教的许多制度、规定、禁令中，仍然不难看到一些来自犹太宗教和文化的残余影响。

虽然古阿拉伯人有着不同于犹太人的宗教信仰，但他们依然把犹太人的先祖亚伯拉

① 在伊斯兰教兴起之前的阿拉伯半岛，犹太人占据着最肥美的绿洲太玛、斐达克、海巴尔、麦地那及瓦迪古拉等地。他们不仅拥有绿洲上最好的土地，而且发展灌溉农业和手工业，并垄断了当地的集市。

② 参阅秦惠彬：《伊斯兰文明》，福州：福建教育出版社，第58~119页。

③ 参阅秦惠彬：《伊斯兰文明》，福州：福建教育出版社，第58~119页。

罕视为自己的先祖，把犹太人的圣地耶路撒冷同阿拉伯半岛的麦加、麦地那一起列为伊斯兰教的三大圣城之一。或许正是两大民族在宗教和文化上的这种牵绊，使穆罕默德在创教之初对居住在半岛上的犹太人采取了较为宽容的政策，而且当阿拉伯人最终建立了一个幅员辽阔的伊斯兰帝国之后，犹太人也得以在这个帝国的辽阔范围内享有相当的宗教自由和自治权力，其活动范围也更为广大。

在中世纪的阿拉伯人统治下的伊斯兰帝国，一些昔日的犹太城市恢复了往日的繁荣，各地的犹太社团得以复兴。以耶路撒冷为例，在过去的罗马统治时期，皇帝哈德良曾颁布法令，禁止犹太人在耶路撒冷居住。可是当耶路撒冷被穆斯林军队攻占之后，尽管该项法令没有被立即明文废止，但实际情况却是居住在耶路撒冷的犹太人日益增多。据史书记载，通过犹太人与阿拉伯哈里发之间的多次谈判，有 70 户犹太家庭获准迁回圣城耶路撒冷。随后，又陆陆续续地有许多犹太人以“锡安哀悼者”的身份来到那里，并逐渐在犹太圣殿旧址的西墙附近定居下来。巴勒斯坦的犹太社团在这一时期迅速恢复了元气，恢复了往日的声望，取得了显著的发展。与此同时，拉比学院也得以重开，这些改变让散居在外的犹太人重新看到了希望。耶路撒冷的犹太人在伊斯兰统治下享受着比他们的欧洲同胞更加宽松和优裕的生活。这种令人惬意的美好生活一直持续到了 1099 年，随着欧洲十字军对耶路撒冷的东征才结束。

尽管在阿拉伯人统治下的伊斯兰世界，犹太人的社会处境有了很大程度的改善，但是他们还远未达到一般穆斯林所享有的社会地位。阿拉伯统治者采取了一系列措施来限制其统治下的犹太人。通过特别立法，阿拉伯统治者对其统治区域内的犹太人的社会地位加以限定，以防止他们轻易地取得凌驾于阿拉伯穆斯林之上的地位和权力。在第二任哈里发欧麦尔在位时期，这些针对犹太人的特别立法就被编入了阿拉伯伊斯兰帝国的法典。当然，这样的立法并非仅仅针对犹太人，而是对穆斯林和基督徒同样有效。法典规定，所有非穆斯林的宗教团体都要交纳特别税，禁止修建新的犹太教会堂和基督教堂，并且现有的犹太教会堂和基督教堂也不得高于临近的清真寺。另外，法典还规定：非穆斯林不得骑马，只能骑毛驴或者骡子；禁止非穆斯林佩戴武器；禁止非穆斯林和穆斯林通婚，等等。在诸如此类的规定中，有少部分带有一定的歧视色彩。例如，哈里发曾经规定：非穆斯林必须穿固定颜色的服装以区别于穆斯林。在法蒂玛王朝时期，哈里发曾强迫犹太人在脖颈上挂一件五磅重的东西，以检讨其祖先对金牛犊的崇拜；每个犹太人必须在帽子上贴上黄布条，身上佩戴非信徒字样的银币以示区别；犹太妇女甚至被要求穿两只不同颜色的鞋子，并且在鞋子上缀上铃铛等。不过与同时代的欧洲犹太人的遭遇相比，这些规定实在是小巫见大巫。

值得注意的是，当时居住在阿拉伯帝国内部的许多犹太人并没有严格遵守这些规定，穆斯林也没有很重视这些规定。犹太社团可以相对独立地管理自身，他们有自己的地方机构，犹太法院可以独立处理犹太社团内部的法律事务。而犹太人在国际贸易、财政、外交、医学等方面的才华也使他们受到阿拉伯的皇亲贵族的重用。在中世纪的伊斯兰世界，被阿拉伯的君王和贵族聘用为政府官员、税吏、医官的犹太人可谓大有人在。其中，定居在阿拉伯帝国首都巴格达的犹太人享受的优待最多。他们凭借其在经商、语言等方面的天赋及其散布世界各地犹太社团的关系网络，从事海外贸易，足迹遍布印度和中国。由于他们在世界范围内通商，带动了基督教世界与伊斯兰世界的交流，他们所携带的先进器械、书籍、资讯等在世界范围内传播。总体而言，犹太文化在阿拉伯穆斯林的统治时期，呈现出历史上少有的繁荣和昌盛。

第三节　迈蒙尼德与犹太哲学复兴

在中世纪，随着基督教和伊斯兰教的日渐强盛，犹太人的传统宗教信仰不可避免地遭到了一定的冲击。同时，随着古希腊的亚里士多德哲学在基督教欧洲和阿拉伯世界的广泛传播，越来越多的欧洲经院哲学家和阿拉伯穆斯林哲学家开始强调理性的地位，甚至出现了把哲学从神学奴婢的地位解放出来，发展为一个独立学科的倾向。例如，中世纪阿拉伯哲学伊本·路西德（Ibn Rushd，980—1037年）等人就曾提出，他们依据亚里士多德的哲学得出的一些结论虽然既不符合伊斯兰教的正统神学，也不符合他们本人的伊斯兰教信仰，可是却无法通过理性来证明这些结论的错误，所以仍然应该把它们视为符合理性的“哲学真理”。这种“双重真理论”不仅在中世纪的伊斯兰世界引起了激烈争论，而且影响到了同时代的欧洲经院哲学。当上述思想传到基督教主导之下的欧洲之后，很快得到了一些同样倾向亚里士多德哲学的经院哲学家的支持，后者因为宣扬“双重真理论”而遭到托马斯·阿奎那（Thomas Aquinas，1225—1274年）等正统神学家的强烈指责，并被贬称为“拉丁阿威罗依主义者”（阿威罗依是伊本·路西德的拉丁化名字，Averroe）①。尽管中世纪伊斯兰教和基督教的大多数神哲学家没有完全接受“双重真理论”，但他们都在不同程度上接受了亚里士多德哲学的权威，开始强调理性对于论证和解释信仰的重要作用。对于更加强调启示而非理性的中世纪犹太哲学家来说，亚里士多德主义和理性主义的兴起无疑构成了巨大挑战。

就在这一时期，犹太世界涌现出了一位杰出的哲学家迈蒙尼德（Maimonides，1135—1204年）。他在自己撰写的《迷途指津》等巨著中，率先以理性和哲学的方法为犹太教信仰作出辩护，从而不仅得到了同时代的伊斯兰教和基督教学者的尊重，而且得到了相当大一部分犹太教学者的支持，以至赢得了犹太世界的“第二摩西”之美誉。迈蒙尼德出生于阿拉伯穆斯林在西班牙建立的科尔多瓦王国，在13岁时随族人迁往巴勒斯坦生活，最终在埃及定居。他自幼接受严格的拉比犹太教的传统教育，熟读《妥拉》和《塔木德》等犹太教传统经典，是一个思想正统的犹太教徒。然而与此同时，作为一个长期生活在伊斯兰国家的学者，他也不可避免地受到同时代的伊斯兰哲学的影响，并从后者那里学习了希腊哲学，尤其是亚里士多德哲学的思想。一方面，长期的流亡生活使他深知犹太教信仰对于保持犹太人的民族认同和社会稳定的重要性；另一方面，亚里士多德哲学的系统性和理性精神又给他留下深刻印象，并使他为之折服。

为了消除亚里士多德主义和理性主义对犹太教信仰构成的挑战，并最终消解两者之间的冲突，迈蒙尼德付出了毕生心血，成为继公元初年的斐洛之后的另一位影响巨大的

---

① McInerny, R.. *Aquinas against Averroists: On There Being Only One Intellect*, Indiana: Purdue University Press, 1993, pp. 212-213.

犹太哲学家。迈蒙尼德没有把希腊哲学和理性看作犹太神学和信仰的敌人，而是试图以哲学和理性的方法为信仰提出新的辩护，并由此捍卫犹太教的上帝观、选民观等神学概念的权威。为防有人利用亚里士多德的自然哲学和物理学来攻击犹太人的宗教世界观，他尤为强调这种宗教世界观的道德意义，突出犹太教的传统律法和宗教伦理对帮助个体实现其终极目标的重要作用。在《迷途指津》中，他开创了一个以理性作为基础的犹太哲学体系，试图指出犹太教信仰和亚里士多德哲学在根本精神上的一致性。通过对《妥拉》的隐喻式诠释，他颇为成功地调和了犹太的宗教传统和希腊的理性精神，并试图让读者相信，理性的存在价值就是为信仰服务。《迷途指津》由此成为他一生中最伟大的著作，也被视为中世纪犹太哲学的巅峰之作。

在他为犹太教的传统法典《塔木德》和《密西拿》所作的注释中，他对犹太教的传统仪礼、行为规范的律法典章作出了与时俱进的新解释，并提出“符合宗教礼仪的律法是为人而存在的，不是人为它而存在的”。在他看来，只有让每一条戒律都符合实际情况，才能真正恢复犹太人的宗教热情，抑制宗教冷漠。

迈蒙尼德的哲学思想极大地巩固了中世纪犹太人的宗教信仰，发展了犹太人自身的哲学体系，从而在犹太世界赢得了普遍尊重。他的《迷途指津》不仅影响了后来犹太哲学的走向，而且对同时代的基督教哲学家以及后来的西方哲学家有所启发。无论是13 世纪的基督教“经院哲学之王”托马斯·阿奎那，还是 17 世纪的犹太哲学家巴赫鲁·斯宾诺莎，都在一定程度上得益于他的启发。他的崇拜者公开将他与犹太律法的颁布者——最伟大的犹太先知摩西相提并论。在犹太世界的每个角落，他都被视为当时最伟大的学者。然而，作为犹太宗教思想的改革先锋，他的思想也不可避免地遭到了一些非议。由于他没有严格按字面意义来解释《塔纳赫》中的拟人故事，坚持对犹太教的启示、预言和戒律做出理性化的解读，甚至把献祭看作是雅赫威上帝对那些深陷偶像崇拜而无法自拔的古代犹太人做出的让步，所以招致了教内保守派的批评。

然而，这些批评丝毫不能撼动他作为历史上最伟大的犹太哲学家的地位。对于夹缝中生存的犹太民族，他调和宗教传统与理性哲学的做法具有极其重要的意义。

第四节　十字架下的阴霾

虽然犹太教、基督教和伊斯兰教并称为人类世界的三大一神教，但它们之间的关系并不总是那么和睦，而是常常伴随着激烈的争论和冲突。尽管基督教和伊斯兰教对耶稣的地位有着不同看法（基督教把耶稣看作上帝的独生子和唯一的救世主，而伊斯兰教仅仅把他看作真主派遣的伟大使者之一，并反对将其当作真主的独生子和唯一的救世主来加以崇拜），但他们都承认耶稣基督的伟大和崇高，并且把犹太人的祖先看作杀害或企图杀害耶稣的罪魁祸首。因此，当基督教和伊斯兰教先后兴起并成为各自势力范围内的主流宗教之后，犹太人的处境自然变得非常尴尬。他们的宗教信仰受到基督教和伊斯兰教学者的诟病，而且社会上流传着各种关于犹太教的恐怖传闻。

耶路撒冷不仅仅是犹太人心目中的圣城，同时还是基督徒和穆斯林心目中的圣地。然而由于种种原因，这座圣城在历史上几易其主，并且成为三大一神教互相争夺的焦点。公元7世纪，信奉伊斯兰教的塞尔柱突厥人从信奉基督教的拜占庭帝国手中夺取了圣城耶路撒冷的控制权。考虑到这座城市的特殊性，突厥统治者最初对基督徒和犹太人采取了相对宽容的宗教政策，允许他们自由地前往耶路撒冷进行朝圣，所以在几个世纪的时间里，各方一直相安无事。可惜到了11世纪末，一部分前往耶路撒冷朝圣的基督徒自称受到了沿途穆斯林的刁难，并且在返回欧洲之后，大肆宣扬穆斯林在耶路撒冷犯下的"渎圣"罪行，从而引起了罗马教廷和不少基督徒的愤怒。恰好在这一时期，西欧遭遇了连年的自然灾害，社会各阶层的矛盾日益激化，所以各国统治者都急于寻找一个外敌来转移内部矛盾。因此，这些基督徒朝觐者的抱怨便成为他们发动对伊斯兰教的"圣战"的极好借口。同时，拜占庭皇帝阿利克休斯一世也为了抵御信奉伊斯兰教的塞尔柱突厥人的进攻，不断写信向罗马教皇求援，从而让"保卫东方的基督徒兄弟"成为欧洲各国诸侯发动"圣战"的另一借口①。于是，在教皇乌尔班二世的大力支持下，早已垂涎东方财富的西欧各国贵族，终于以驱逐塞尔柱突厥人、收复圣地为目标，以解放圣地耶路撒冷为口号，发动了大规模的东征。因为当时的参战者都在衣甲上配以十字架图案，并且每次出征前都有神职人员讲道、宣誓以及授予十字架的宗教仪式，故后来的历史学家将他们称为"十字军"。

1095年11月26日，在罗马教廷召开的克雷芒会议上，教皇乌尔班二世发布了著名的《远征海外的指导意见》②。这份文件的发布正式吹响了十字军东征的号角。乌尔班二世在他的演讲中历数基督徒在东方的痛苦和突厥人的"暴行"，号召欧洲各国基督徒拿起武器，到东方去，从异教徒手中夺回"主的坟墓"。为了鼓励人们参加远征，他还公开许诺，凡是参加远征的人都可以赦免此前的罪过，战死者的灵魂将直接升入天堂。这一号召对于欧洲各国的贵族和平民有着巨大的吸引力。在"拯救圣地"的旗号下，大批贪婪的领主、好战的骑士、冒险的商人和盲从的农民拿起武器，披上铠甲，浩浩荡荡地开往东方，对当时处在穆斯林统治之下的耶路撒冷和整个地中海东岸地区展开了持续近两个世纪（1096—1291年）的大规模远征。尽管十字军东征的最初动机是收复失地，重新占领耶路撒冷，但是在此过程中，一些十字军部队为了攫取更多的财富，

① 11世纪末，热衷于十字军东征的欧洲基督徒主要分为五种人。第一种是渴望向外扩充政治和经济势力的国王和诸侯；第二种是没有得到足够的遗产，而只能靠服兵役和劫掠商旅为生的"光头骑士"；第三种是威尼斯、热那亚和比萨等欧洲城市的商人，他们渴望从阿拉伯和拜占庭手中夺取地中海东岸的贸易港口和市场；第四种是失去土地的普通农民，他们受到沉重的剥削，再加上连年灾荒，所以把参加东征看作摆脱饥饿和封建枷锁的出路；第五种是一批狂热的主教、神父和修士，他们渴望通过东征建立统一的"世界教会"，确立教皇的无限权威。

② 乌尔班二世在这份文件中呼吁："勇敢非常的骑士们啊，你们的父辈曾所向无敌，你们不应该有丝毫退化，而应牢记祖先的英勇；如果你们感到被子女、父母、妻子的爱所束缚，就请回忆天主在其福音中所言：'爱父母过于爱我的不配做我的门徒。'……不要让任何对你的财产和家庭事务的牵挂羁绊住你们，因为你们居住的土地被限制在海洋和高山之内，令你们众多的人口拥挤不堪……因此请消除你们中间的一切怨恨，让战争平息，让你们尖锐的对立缓和。踏上前往圣墓之路吧，将这国度从可憎民族的手中夺取过来，并使它服从于你们的力量。"参阅罗马教廷：《远征海外的指导意见》，法国国家图书馆9087号法语手抄本，1095年，第1455页。

不惜大开杀戒，甚至把矛头指向同样信奉基督教的东方拜占庭帝国。例如，在第四次十字军东征期间，他们就曾以信奉东正教的拜占庭帝国没有提供原先承诺的资助为借口，攻占了拜占庭的首都君士坦丁堡。城破之后，十字军大肆烧杀抢掠，甚至连那些藏在东正教教堂中的圣物也被他们洗劫一空，统统带回了西欧。当有人提醒他们城中还有一些不应该受到惩罚的天主教徒时，有位十字军将领竟恬不知耻地回答："让上帝自己去鉴别他的选民吧！"这种无耻的强盗行径不仅让教皇收服圣地的愿望彻底化为泡影，而且再次断送了天主教与东正教修复关系的时机。

引发十字军东征的原因是多重的，其中既有经济上和政治上的原因，也有宗教上的原因，但不可否认的是，大多数卷入这场战争的欧洲基督徒都不同程度地存在着宗教上的狂热和对其他宗教的偏见。因此，尽管十字军的首要打击对象是东方的穆斯林，但生活在东方的犹太人同样未能免除战祸，而且相比于拥有自身武装的穆斯林来说，手无寸铁的犹太人遭到的打击可谓有过之而无不及。实际上，在十字军东征期间，最为惨烈的牺牲者既不是发动战争的欧洲基督徒，也不是奋起反击的东方穆斯林，而恰恰是毫无反抗能力的犹太人。既然当时的犹太人根本无意也无力阻止基督徒崇拜耶路撒冷，以收复圣地为口号的十字军为何要把屠刀转向犹太人，包括那些生活在远离战场的欧洲的犹太人呢？一位十字军将领的原话可以很好地说明他们杀害犹太人的原因。这位将领振振有词地宣称："基督的血要用犹太人的血来偿还。用他们的观点来看，当他们以生命和家产作为赌注去同撒拉逊人（Saracen）作战时，如果还让基督教的宿敌、甚至已经变得更加厉害的对手安安稳稳地生活，是非常不合逻辑的，更不用说或许他们还能从他们神圣的冒险事业中得到不少的好处呢。"①

当然，十字军将刀口转向犹太人的原因并不仅仅出于他们的宗教狂热，而是另有一个让他们羞于启齿的经济原因，那就是对犹太人财富的贪婪。在最初引发十字军东征的动机中，本来就掺杂着掠夺财富的渴望。在那些背井离乡走上战场的十字军将士中，有不少怀揣着发财梦入伙的利欲熏心之徒。对这些人来说，既然参战的目的是为了发财致富，那么富裕而软弱的犹太人自然是他们首先抢掠的对象。他们中的很多人意识到，其实自己没有必要像教皇号召的那样，跋山涉水地去耶路撒冷杀死上帝的敌人，因为自己的身边就有杀死上帝的"凶手"，而且更重要的是，这些"凶手"的钱财丝毫不逊于远方的穆斯林。为了给这种无耻的行径制造舆论，一些借机敛财的十字军将士甚至散布流言说，只要杀死一个犹太人，所有的罪孽就会得到基督的宽恕，而且灵魂在死后也不必承受炼狱之苦，可以直接升入美好的天堂。由于这些谣言的蛊惑，加上听闻前线的十字军在穆斯林激烈抵抗下的惨重伤亡，部分十字军将士越来越无心去遥远的东方冒险，而企图将身边的犹太人当作他们拯救灵魂的祭品。"干掉一个犹太人，以拯救你的灵魂"成为这些人的信念。

在前后九次十字军东征期间，欧洲各国的无数犹太居住区遭到洗劫，其中的犹太居民被集体屠杀，房屋被付之一炬，财产被洗劫一空。一部分被迫改宗基督教的犹太人在

① ［英］塞西尔·罗斯：《简明犹太民族史》，黄福武、王丽丽等译，济南：山东大学出版社，1997年，第219页。

浩劫中暂时保全了性命，但大部分犹太人因为坚持信仰而失去生命。在长达两个世纪的时间里，针对犹太人的烧杀抢掠时有发生。对于散居在整个欧洲的犹太人来说，这个时代的天空一片阴霾，抢劫、流放、血洗、屠杀成为他们对这个时代的主要记忆。对于生活在东方的犹太人而言，命运同样非常凄惨。十字军占领耶路撒冷之后，立即驱逐了当年被阿拉伯穆斯林特许在此定居的绝大多数犹太人。只有少数几户犹太人因为得到十字军任命的耶路撒冷市长的特许，才得以暂时居住在那里。他们居住的地方变成了巴勒斯坦犹太教的中心。直到穆斯林重新夺回耶路撒冷的控制权之后，才陆续允许更多犹太人回到耶路撒冷居住。1291 年，马穆鲁克王朝的穆斯林军队大败十字军，将其彻底逐出巴勒斯坦，这场持续了近两个世纪的悲剧最终画上了休止符。

十字军东征前后耗时近两个世纪，动员参战人员近 200 万人，造成的生命财产损失不可计数。尽管这场战争的始作俑者都以捍卫基督教信仰和保护朝觐者作为旗号，却丝毫不能掩盖其扩张基督教（尤其是罗马教廷主导的西部天主教会）的势力范围的野心，以及他们出于政治和经济目的发动侵略战争的实质。十字军东征成为东西方教会史上最臭名昭著的暴行，使教会声誉严重受损，成为基督教历史上的一大污渍。这场浩劫直接造成了基督教徒和穆斯林之间的长期仇恨和敌对。不过，基督教和欧洲各国在十字军运动中也并非一无所获。通过发动东征，罗马教皇的权威得到巩固，西方基督教各国的团结得到了加强。此外，战争的需要还在客观上刺激了欧洲各国之间和东西方之间的商业往来，一些重要城市在意大利北部、莱茵河沿岸和法国南部的主要商道上繁荣起来。尤其值得注意的是，大批在封闭狭隘的环境下长大的欧洲人在战争期间涌向遥远的东方，从而开阔了他们的眼界。通过与光辉灿烂的东方文明的亲密接触，欧洲社会的智力水平和文明层次得到了极大的提高。战后，第一批欧洲大学迅速建立起来，从而促进了中世纪基督教神学的典型形态（经院哲学）的发展①。

第五节　反犹主义的盛行

“反犹主义”（anti-semitism）是一个近现代名词。从词源学上看，这个词最早出现在 19 世纪 60 年代。最初使用该词的学者是奥地利人莫里茨·斯坦斯尼德尔（Moritz Steinschneider）。他在 1860 年率先使用了“反犹主义偏见”一词。受其影响，德国记者威廉·摩尔在自己出版的两本小册子里，又都使用了“反犹主义”一词。到了 1880 年，德国正式出现了近现代第一个以反对犹太人作为根本宗旨的极端组织——“反犹主义联盟”。学术界普遍认为，发端于西方基督教国家的排犹主义具有普遍性、持续性、暴虐性、潜意识性和再造性等特征，并且以此概括出了反犹主义的三种类型：政治经济反犹主义、宗教神话反犹主义、种族反犹主义。尽管“反犹主义”的术语是 19 世纪中后期才出现的，针对性的研究也是而后生发出来的，但是这背后表征的内容却是犹太民族苦难历史的真实写照。

实际上，早在犹太人步入大流散的历程之后不久，排犹主义的气氛就已经开始在世

① 参阅徐弢：《基督教文化概览》，武汉：武汉大学出版社，2013 年，第 80~81 页。

界范围内遍布开来，而其在中世纪和近现代的欧洲表现得尤为突出。在经历血腥的十字军东征之后，幸存下来的犹太人本来就已经被置于极其悲惨的境地，可是一些带有严重宗教偏见的欧洲基督徒依然不肯放过他们，并一而再、再而三地想将犹太人驱逐出他们生活的地方，排犹主义的情绪在欧洲各国此起彼伏。

排犹主义者荒唐地认为，犹太人是杀死基督的凶手，即《圣经》中提到的反基督者；他们想当然地猜测，犹太人曾经用基督徒的鲜血烤制圣餐中食用的“血饼”，所以犹太人是与魔鬼撒旦联系在一起的人，统统应该下地狱。当然，这些传闻根本没有任何事实依据，而不过是源自中世纪的谣言。因为依《摩西法典》，犹太人禁止以任何形式食用动物的血。根据犹太律法，人的血肉同样也被视为一种“禁忌的食物”。排犹主义者还故意煽动说：犹太人的族群观念极强，极端排外，与人类社会格格不入；犹太人在做生意方面极不诚实；犹太经典《塔木德》是反对非犹太人的法典，教唆犹太人欺骗非犹太人；犹太人只忠于犹太民族，不忠于他们所生活的国家；犹太人总是企图控制政府和媒体，甚至想控制整个世界。犹太人因为宗教信仰，独特的饮食禁忌、生活习惯和传统而被视为是一群顽固不化、行事诡异的怪人，而招致其他人的猜疑，有关犹太人的各种禁令甚至一度被编入中世纪的法律和宪章结构中。最早的排犹法令可以追溯到公元4世纪的君士坦丁大帝时期。这位罗马皇帝曾经下令，禁止犹太人在针对非犹太人的诉讼中充当有效证人。在随后的欧洲历史上，各种诸如此类的全国性或地方性排犹法令层出不穷，其中既有世俗的君王和诸侯颁布的，也有基督教的教皇和主教们颁布的，如554年的法国克莱蒙特教区、561年的法国乌孜斯教区、612年的西班牙王国、855年的意大利教皇国、876年的法国、1012年的德国美因兹地区、1182年的法国和德国、1290年的英国、1306年的法国、1492年的西班牙、1497年的葡萄牙，都曾发布过歧视、驱逐犹太人或焚毁犹太教会堂的法令。

欧洲的排犹主义者总是想方设法地贬低犹太人的品德和信仰，污蔑他们是被上帝唾弃的民族。他们对犹太人发表的种种歧视性言论，无疑对加重犹太人的苦难起到了推波助澜的作用。更加糟糕的是，在一些教会的神职人员看来，犹太人是极其危险和不虔敬的民族，所以基督徒的灵魂在与犹太人的交往中，也容易被污染。受其影响，教会的神职人员常常禁止基督徒同犹太人交往，禁止他们同犹太人辩论有关信仰的任何问题。此外，中世纪的教皇还常常通过宗教会议的形式，来直接干涉犹太人的正常生活。在罗马教廷召开的拉特兰公会议上得出的决议就提出，犹太人必须着特殊服装，随身佩戴特殊标志，以示他们同基督徒的区别。这样的做法本身就是赤裸裸的种族隔离，可是在当时的历史条件下，以提倡宽容和仁爱为宗旨的教会非但没有主动抵制这种做法，反而将其当作理所当然的事情加以倡导，这不能不说是一个悲剧。在这种歧视政策下，犹太人常常被集体赶进隔离区生活，受“特殊公民待遇”，出入受到限制。形形色色的歧视犹太人的法令的出台，为一些贪婪而迷信的暴徒找到了攻击犹太人的合理武器。尽管罗马教皇多次下令禁止残害犹太人，但是由于犹太人遭到处决之后，他们的债权和财产可以被没收，成为领主或教会的产业，所以各地的诸侯和教区对教皇的禁令常常充耳不闻。同时，各种关于犹太人用基督徒的血祭祀雅赫威神的谣言，成为诬陷犹太人的一柄利刃。在最严重的时候，只要社会上有基督徒失踪，犹太人就会自动沦为被控告的对象。一些好事者指控犹太人，说他们嘲笑耶稣的遇难并企图将基督徒钉在十字架上，以便用基督徒的血祭神，或者做无酵饼的配料。

针对此种谣言，德国皇帝德里希二世和罗马教皇英诺森四世都曾公开加以驳斥，却始终未能从根本上阻止这些谣言的传播。甚至连中世纪文学大师乔叟也对这类谣言信以为真，并在《坎特伯雷的故事》里将其当作自己的写作素材。在1215年第四次拉特兰公会议上，“化体论”成为罗马教廷的官方学说。按照该学说，当神职人员在圣餐仪式上指着饼和酒说出耶稣当年说过的“这是我的身体和我的血”时，原来的饼和酒依然保留着五官所能感觉到的外形，却已在实质上转变为耶稣的血和肉。这个学说本来只是对基督教圣事论的一种解释，但一些排犹主义者却硬把它和犹太人的阴谋扯在一起。他们借机造谣说，犹太人为了折磨耶稣基督的身体，常常偷走圣餐中的圣饼，再用针将它穿透放在水里煮，在臼里捣成泥状，以便让基督的身体流血。他们还呼吁基督徒，让犹太人为此而承担死刑的惩罚。尽管这种谣言没有得到官方教会的采信，却在一些缺乏教育而又笃信基督教的普通民众中激发了对犹太人的仇恨。

由于中世纪的欧洲盛行着各式各样的迷信和蒙昧主义，各种针对犹太人的谣言往往能够迷惑大批民众，并由此激起对犹太人的新一轮迫害。例如，犹太人曾经被指控为麻风病蔓延的主谋、黑死病的祸首、导致天灾的原因等。这些荒唐的罪名让犹太人在中世纪的欧洲经历了“天下所有的磨难”。

在迷信和仇恨心理的作用下，欧洲犹太人的处境江河日下。尽管基督教的官方教会反对消灭犹太人，但是“在一定范围内消灭犹太人”却成为许多地区的居民所致力的目标。一些封建贵族甚至地方教区出于不可告人的目的，也时常支持这种驱逐犹太人的活动，以便通过没收那些被驱逐犹太人的财产来充盈自己的荷包。然而，一旦他们感到犹太人掌握的技术和才干可以为其所用时，又会马上改变态度，下令恩准犹太人在自己的领地上暂时逗留，以带动当地经济和技术的发展。例如，法国王室在1182—1321年，曾经先后四次以各种借口驱逐犹太人，后来又因各种原因召回他们。在1322年，法国国王一度决定，要永久驱逐其国土上的犹太人。可是到了1361年，因为急需一笔巨款赎回被英国军队俘虏的“好人约翰”，又不得不再次下令允许犹太人定居。可是到了1394年，犹太人又再次遭到法国的驱逐。犹太人就这样被欧洲各国的君主和诸侯在其国土上抛来抛去，而始终找不到他们安身立命的祖国。在宗教改革前夕的15世纪末，犹太人几乎从整个西欧被驱逐了出去，只有在政治上尚未完全统一的德国和意大利的一小部分地区，仍保留着一些犹太社区。此后，犹太人逐渐在东方的波兰和土耳其的奥斯曼帝国聚集起来。

第六节　宗教改革的影响

发生在16世纪的宗教改革是西方历史上一次开天辟地的重大事件。从对基督教的影响看，它不仅动摇了罗马教廷的神权统治，而且直接导致了新教及其三大支派（信义宗、长老宗、安立甘宗）的产生。从对世俗社会的影响看，它不仅捣毁了中世纪的政教合一制度，而且为紧随其后的启蒙运动和资产阶级革命铺平了道路。对于长期生活在受歧视和受压迫的环境中的犹太人来说，宗教改革似乎给他们带来了一丝获得解放的希望，然而事实上，他们的境遇在宗教改革期间并未发生根本性的改变。

改写世界历史的宗教改革是首先在德国爆发的。这一方面是因为当时的罗马教廷对德国的盘剥比对其他国家的盘剥更为严重；另一方面是因为德国名义上的最高统治者、忠于罗马教廷的皇帝查理五世正忙于对付强敌法国，从而无力压制那些支持新教的德意志诸侯。1517 年，当教皇利奥十世的特使来到德国兜售赎罪券的时候，威登堡大学的神学教授马丁·路德（Martin Luther）表达了强烈不满。他写出一篇《关于赎罪券效能的辩论》的论文，并将其提交给当地主教，要求得到回应。由于该论文提出了反对赎罪券的九十五条理由，所以史称“九十五条论纲”。但高傲的主教却对他的要求不屑一顾。一气之下，他决定按照大学里举行神学辩论的惯例，把论文张贴在威登堡大学教堂的正门，以便那些支持赎罪券的人士站出来与他争论。虽然在随后的几天里，始终无人站出来与他争论，但文中的内容却不胫而走，在德国各地激起了对赎罪券和教皇的强烈不满。因此，人们常把他张贴“九十五条论纲”的那一天（1517 年 10 月 31 日）作为宗教改革爆发的日子。

宗教改革初期，马丁·路德等人领导的新教阵营力量薄弱，因而迫切需要团结尽可能多的同盟者，来共同应对以罗马教廷为首的天主教阵营的威胁。为了争取当时散居德国各地的犹太人的支持，路德曾明确提出善待犹太人的主张。他对支持自己的新教诸侯和基督徒宣称：上帝曾经将特别的恩宠赐予犹太人，让他们传达上帝对人类最早的启示，而且耶稣基督本人和他的使徒也都是犹太人，所以驱逐犹太人的做法是错误的。在 16 世纪之前的中世纪教会，几乎没有人敢于像路德这样公开反对驱逐犹太人的做法。因此，他的这番言论对当时的欧洲犹太人来说似乎是一个巨大的福音。然而，路德对犹太人表达的善意并非是无条件的，而是以犹太人加入新教阵营为前提的。一方面，他对犹太人在中世纪受到的非人待遇表示谴责，并将罗马教廷为首的天主教说成导致这种非人待遇的元凶；另一方面，他又委婉地表达了自己希望犹太人放弃传统信仰并转而皈依新教的愿望。他宣称：受尽屈辱的犹太人之所以不肯放弃祖传的信仰而皈依耶稣基督，并不完全是由于犹太人本身的冥顽不化，而是因为罗马教廷为首的天主教非但没有对犹太人给予正确的引导，反而以各种腐化堕落的行为败坏了教会的形象。可是如今，让全体犹太人承认耶稣基督为主的时机已经到来。这是因为：“倘若那本基督教的《福音书》以其纯洁的、原始的样子摆在他们面前，他深信这些人的态度是会改变的；他还满怀希望，他的活动所产生的最辉煌的成果之一，将使得以色列族人能够皈依到真正的信仰上来。”①

然而，让马丁·路德及其支持者大失所望的是，绝大多数犹太人并没有如他们希望的那样，因为这些善意的表态就放弃祖传的信仰并加入新教的阵营。尽管宗教改革的浪潮迅速席卷了欧洲大陆，但生活在这片土地上的犹太人没有对这场改革表现出多大的热情，而是常常以旁观者的态度对待当时新教与天主教之间的激烈斗争。在说服犹太人改

---

① ［英］塞西尔·罗斯：《简明犹太民族史》，黄福武、王丽丽译，济南：山东大学出版社，1997 年，第 313~314 页。

变信仰的努力失败之后，路德对犹太人的态度也很快急转直下。随着新教势力的日益壮大，他不再像过去那样试图寻求犹太人的支持，并转而对犹太人的宗教信仰和生活方式提出了强烈批评。在随后发表的《论犹太人及其谎言》中，他严厉指责犹太人不从事农业生产而靠放高利贷谋生，并且声称犹太人的宗教信仰是错误的和危险的。同时，他还对一些新教民众的反犹主义行为表示理解和同情，其中包括焚毁犹太人的经书和会堂，禁止犹太拉比传教授课，对犹太人提出指控，向犹太人抛洒猪粪等。由此可见，路德虽然反对天主教的宗教制度，但是在对犹太人的反感和厌恶方面，他与昔日的天主教神学家之间并无本质区别，甚至有过之而无不及。

宗教改革没有立即给犹太人带来解放，反而在一定时期内加深了他们的痛苦。之所以会发生这种情况，并不仅仅是由于路德等新教领袖对犹太人态度的转变，还有另一个重要原因，那就是许多天主教徒误认为，犹太人是引发宗教改革的帮凶之一。众所周知，“唯独圣经”是16世纪的新教领袖提出的口号之一，其目的是打破天主教神职人员对圣经知识的垄断，并废除罗马教廷发布的一切没有《圣经》依据的教会法令。为了回归原初的圣经真理，他们拒绝接受罗马天主教的官方拉丁文《圣经》，试图参照《圣经》的原文（希伯来文和希腊文），将其重新翻译为德、法、英等民族语言。由于犹太教的拉比是最权威的希伯来文专家，所以当时的不少新教领袖和神学家为了翻译和阅读《圣经》旧约部分的原文，都曾专门向犹太教的拉比学习希伯来文，并得到了后者的热情帮助。然而在当时的时代背景下，这种做法无疑会引起那些反对宗教改革的天主教保守派人士的憎恶，并由此导致他们对犹太人的非难。16世纪中叶的天主教红衣主教卡拉法（Oliviero Caraffa）就是他们中的一员。他不仅拒绝承认犹太人的《塔纳赫》的权威性，而且宣称犹太人的释经大典《塔木德》是一部亵渎《圣经》的有害书籍。在天主教势力强大的意大利和西班牙等国，他的上述言论引起了天主教徒的强烈共鸣。1553年秋天，卡拉法的追随者将他们当时能搜集到的各种版本《塔木德》集中到罗马鲜花广场，在万众的欢呼声中付之一炬。1555年，对犹太人印象不佳的卡拉法加冕为新任的罗马教皇（改称保禄四世）之后，天主教势力范围内的反犹活动更加层出不穷。首先，他推翻以前诸任教皇对犹太人采取的适度宽容政策，取消了对安科纳等地犹太难民的保护。其次，他颁布了一项《教皇训令》，要求恢复一些有关限制和惩罚犹太人的中世纪立法。从那时起，很多欧洲国家又开始对犹太人实施集中居住和严密监控的做法。犹太人被严格限制在特定的居住区内生活。这些犹太居住区的四周高墙林立，出入的大门在每天夜间按时关闭。另外，很多国家还通过了一系列的歧视性法规，来约束和限制犹太人的行动自由。例如，禁止犹太人为基督徒看病，禁止犹太人雇佣基督徒，禁止用敬语称呼犹太人，禁止犹太人从事律师、文官和医生等所有正当职业，禁止犹太人拥有不动产（已有的不动产也必须抵押出去），等等。在某些国家，甚至全面限制犹太人的商业活动，并要求他们戴上“黄帽子”以便识别。直至宗教改革时代的末期，这些严苛的法令才稍有缓和。此后，历任教皇对待犹太人的政策宽严不一，犹太人的处境虽然时有改善，但总是随时面临着受到更严厉制裁的可能。在罗马教皇直接控制的意大利教皇国，犹太人的处境尤其艰难。各地的犹太人被集中起来，陆续遣送到意大利的罗马和安科纳、法国的阿维尼翁和卡本特拉斯等少数几个城市，以便在那里对他们实行更加严密的集体管制。

如果说宗教改革是基督教的福音，那么它对于犹太人的处境则没有带来多大的改善。当宗教改革给基督教注入新的活力，让基督教繁衍出新的枝丫时，犹太人依然日复一日、年复一年地在狭小黑暗的“隔都”中忍受着种种歧视和监管。

第七节 隔都中的发展

从16世纪开始，欧洲的犹太人被逐渐集中到某些特定的大城市里，在当地政府指定的街区中过着受到严密管制的生活。在意大利，这些被称为“隔都”的犹太人聚居区受到的管制最为森严，从而为其他国家的“隔都”制度树立了样板。随着“隔都”在意大利和欧洲各国的普及，对犹太人的相关管制措施也变得日益全面。一时间，昔日繁荣的犹太街区在欧洲各地销声匿迹，狭窄而破败的“隔都”成为犹太人社区的最典型特征。就这样，犹太人迈入了艰难的“隔都”生活时期。

“隔都”一词是意大利文“格托”（Ghetto）的音译，意思是隔离区。而在意大利文中，“Ghetto”的词源有两个：第一，来源于希伯来语“ghet”，意为隔离；第二，来源于意大利语“getto”，意为铸造厂。该词被正式用来指称犹太人居住的隔离区，则始于1516年的威尼斯共和国。在这一年，威尼斯共和国颁布命令，将这所城市中的全部犹太人驱逐到一个相对隔离的、被当地人称为“铸造厂”（Getto Nuovo）的狭小区域。后来，意大利人开始用该词来泛指一切与外界隔绝开来的犹太人聚居区。16世纪中叶以后，大批新建的犹太居民区都沿用了这个名字，而且其所在地的政府当局大多沿用了威尼斯共和国的管制方法。从此，隔都生活成为这一时期欧洲犹太人的基本生活范式。总的来说，犹太人在隔都中的生活有以下几个鲜明特点。

第一，隔都的面积一般不能扩大。伴随犹太人口持续增长，犹太人的住房变得异常紧张，他们不得不在垂直方向上寻求新的空间，以满足日益膨胀的人口。久而久之，犹太人的房屋常常“鹤立鸡群”，成为所在城市的“地标”。然而，这样的建筑往往并不稳固，所以倒塌和火灾事件便时有发生。即使在隔都内，犹太人也只是享有房屋的租住权，而没办法拥有自己的不动产。因此，为了保障自身租住的权益，聪明的犹太人创造了财产权法，来保障自己住宿的权利：防止利用高额租金导致其他犹太人丧失住房，禁止排挤房客，禁止向房东缴纳高于一般居民所交付的租金。

第二，在一些有犹太人居住的城市，当权者认为，隔都的高墙似乎还不足以防范犹太人的异教信仰对虔敬的基督徒的污染。为了防范犹太人的危险，似乎只有不断强化对犹太人的管制，才能产生效果。因此，除了限制犹太人的居住区域之外，他们还常常要求犹太人在衣服上配以单独的标识。据说，此方面的歧视性规定来源于1215年的拉特兰公会议，但它在犹太人身上得以全面地贯彻实行，则是16世纪中期之后的事情。当时，意大利当局要求，所有犹太人都必须佩戴一顶颜色与众不同的帽子。最初，犹太人的帽子颜色曾被规定为红色，而后又改为黄色。罗马城的犹太人则自始至终被要求佩戴黄色的帽子以标明身份。另外，对犹太人的服饰也有一定的限制，从头到脚的犹太服饰，以及其造价和饰物在各地都有严格规定。在有些地区，甚至对犹太人的婚宴规模，包括新人的礼物、糖果的种类都有限定，可谓事无巨细。

第三，隔都中的犹太人被禁止乘坐马车。在不同国家，对于犹太人的出行，还有各种花样百出的规定。以德国为例，教皇阿维尼翁在位时，犹太人在法兰克福和教皇的准首都内，遇到教皇的车队经过时，都必须虔敬的回避；当犹太人需要跨越某个公国的边界而进入到另一个城市时，必须按人头缴纳特别的通行税；在通过海关口岸时，犹太人必须缴纳一套硬币或与之等量的财物，才可以获准通过。据说，这项费用是对基督徒当年制作耶稣在十字架上受难时所用的裹尸布的补偿。

第四，在隔都的内外，对犹太人实行的巧取豪夺事件数不胜数。这些榨取来的钱财大多被用来建造宏伟的教堂。在极端的情况下，一些犹太儿童还会被要求强制接受洗礼。另外，根据 1279 年、1577 年、1584 年发布的教皇训谕，犹太人被迫定期参加教会专门为皈依者举行的布道仪式。在布道仪式中，犹太人的耳朵需接受检查，以防止他们堵塞耳郭。那些在布道仪式上打瞌睡的犹太人，还可能遭到笞杖的伺候。在意大利的绝大部分地区，甚至连拥有犹太教典籍《塔木德》都被视为犯罪。

第五，尽管生活艰难，隔都中的犹太人并未改变他们对教育的重视。犹太教的拉比常常告诫犹太人，要“修建保护《妥拉》的栅栏”，而隔都内的犹太人依然在贯彻这一教导。犹太会堂和学校承担起隔都内的犹太人教育。犹太学生和学者的研究不是纯粹学术意义上的理论研究和探讨，而是由探讨的知识来指导他们的现实生活。

第六，在隔都的入口处，通常装有沉重的大门，还会有基督徒负责监管。不过，对隔都的大小并无统一的规定。在一些犹太人不多的地方，所谓的隔都实际上只不过是一条狭长的胡同，或一座窄小的院落。然而在罗马、威尼斯、布拉格等拥有大批犹太人的城市，隔都多是由数条纵横交错的街道和小巷组成，成为“城中之城”。在隔都内部，有自身一系列管理机制。从某种意义上说，隔都逐渐成为一个政府中的政府。隔都内的犹太人常常设立一个小型的行政自治理事会，其成员由公共税款的主要捐助人组成。这些人成为决定隔都内重要商贸事务的自治机构。犹太社区代表隔都内的居民，一些人被赋予司法和政治上的权利，使他们得以行使一定的职权。久而久之，隔都内的公共组织逐渐成为政府向犹太人征收赋税的代言人。除此之外，犹太社区作为城中之城，也有公共事业方面的支出，而这笔费用自然也需要由犹太人支付。例如维修圣堂、救济穷人、维护墓地、官员报酬以及机关工作人员的工资等。这些统统都要由犹太社区内的管理机构自行筹集和安排。另外，他们还要负责执行相关的政府法令，维护隔都内的秩序，裁决争议事件，向政府求助，决定隔都内人员的去留等。概言之，这些管理机构控制着隔都的全部生活内容。在某些较大的隔都内，甚至会有一应俱全的设施：办公机构、医院、教育机构、旅馆、公墓、监狱等。

犹太人生活的“隔都”就像是外部社会的一个缩影，它精确映射了外部世界的每一部分，可是这个微缩胶卷的内容又充满了犹太特色。值得一提的是，无论隔都的设置者当初的动机有多么卑劣，它对犹太人也并非毫无益处。在那个极端的年代里，它至少成功地保护并发展了犹太人特有的信仰、风俗及生活模式。隔都内的犹太人基本上都可以按照他们自己的观点和律法来生活。当然，那个特殊时代的反犹主义及其对犹太人的歧视和压制，并不会因为犹太人在隔都能相对自主的生活而免遭唾弃。犹太人在那个时代的生存现状及苦难历史时刻警醒我们自由、平等、尊严和人权的重要。

第八节 喀巴拉神秘主义

从宗教文化的视角来看，神秘主义体现了人类最本真、最素朴的宗教气质，而各大宗教的神秘主义无疑都是其宗教思想的最具体和最真实的写照。犹太神秘主义的历史非常悠久，可以一直追溯到公元2世纪。从总体上看，犹太神秘主义大致上经历了五个主要的发展形态：第一，在《塔木德》形成初期的犹太神秘主义派别，其主要思想体现在这一时期的《宫殿书》以及所谓的默卡巴异象中；第二，从12世纪下半叶至13世纪初出现在欧洲的犹太教神秘主义思潮和学派，其中最主要的代表是中世纪的阿什肯纳兹哈西德运动和思潮；第三，在13—15世纪发源于西班牙并随后传至整个欧洲的喀巴拉神秘主义思潮；第四，在西班牙当局对犹太人实行“大驱逐”之后16—18世纪，以巴勒斯坦的犹太社区为中心出现的喀巴拉运动、卢里可喀巴拉和萨巴泰运动；第五，发生在18世纪的哈西德运动，以及近现代的哈西德主义、非哈西德主义和泛哈西德主义的喀巴拉学派①。在犹太教神秘主义的上述所有发展形态中，以喀巴拉神秘主义影响最大和最具代表性。因此，出于篇章设置和篇幅的考虑，我们将重点讨论一下犹太教喀巴拉神秘主义的起源和发展。

自从失去自己的祖国之后，犹太人在漫长的流亡岁月中过着寄人篱下的生活。在中世纪的欧洲，对犹太人的迫害达到了前所未有的程度。在这种悲惨处境之下，一部分犹太人表现出越来越强烈的脱离现实社会的倾向。他们意图在灵魂里安放自己的信仰，在宇宙的神秘中寻求慰藉。喀巴拉神秘主义就是这种意图的体现。

“喀巴拉”（kabbalah）是希伯来语的音译，该词有两层意思：第一，“接受”或者“接受的事物”；第二，“传统”，即“接受古代传统的智慧和精神财富”。喀巴拉思潮的产生和发展，自有其深刻的社会历史根源。喀巴拉神秘主义最早产生于11—12世纪的西班牙和法国南部。它在诞生之初，就披着神秘的面纱。早期的喀巴拉只是在犹太教的拉比与学生之间秘密流传。这些神秘主义者认为，他们可以通过先知以利亚与上帝交流，进而获得超自然的启示，而这些超自然的启示就是喀巴拉神秘思想的主要来源之一。这些神秘的启示及其导致的对《塔纳赫》的神秘理解都以口头的形式，在喀巴拉神秘主义者之间流传，但流传范围仅限于拉比所亲自挑选的一些学生，而且大多以私密传授的方式进行。这无疑增添了喀巴拉的神秘主义色彩。信奉喀巴拉神秘主义的信徒们一方面相信，《塔纳赫》是世界上全部真理的源泉，而先知摩西在西奈山颁布的神圣启示则反映了雅赫威神的永恒真理；另一方面又认为，真正的真理是超越感性和逻辑的存在，故而反映人类经验的语言并不足以把真理完全表达清楚。因此，《塔纳赫》的真理并不限于其书面的意义。它蕴含着超越于此的神圣启示的真理，而上帝赋予信徒的责任就是钻研《塔纳赫》，以获取上帝神圣启示的真理。

---

① Hecht, N. S.. *An Introduction to the History & Sources of Jewish Law*, Oxford: Clarenden Press, 1996, pp. 76-103.

喀巴拉在其形成和发展的过程中，逐渐产生了许多与众不同的象征性概念，其主要特征就是通过解读上帝创世的奥秘，来获得更多的神秘智慧。由于犹太人当时的历史处境和现实磨难，他们对信仰的依赖较之欧洲的其他民族更甚，而横亘在现实的苦难和上帝的恩典之间的巨大反差，又常常让他们陷入困惑与迷茫。此时的喀巴拉神秘主义者常常以神秘主义的方式，向这些困惑的犹太人解释未知的情状，并由此不断发展自己的神秘主义学说、完善其神秘主义的思想体系。从 13 世纪末至 14 世纪初的这个时期，可谓是喀巴拉神秘主义得到巨大发展的黄金时期，而 16 世纪的神秘主义者以撒・卢里亚则为喀巴拉思想注入了新的活力。卢里亚以神秘主义的方式，重新阐释了犹太教神学中一系列有争议的问题，如转世是如何发生的？人类是如何堕落的？宇宙是如何败坏的以及如何对其进行修复并达到最终和谐？他对这些难题的神秘主义解释在犹太人中产生了日益扩大的影响，研习人员日渐增多，并最终形成了一批以他为中心的喀巴拉信徒，即所谓的卢里亚喀巴拉信徒。此外，还有大批普通的犹太人也都直接或间接受到了他所开创的这一神秘主义思潮的影响。他们按照卢里亚所传授的原理和方法去忏悔罪恶，并为宇宙的修复祈祷。

喀巴拉神秘主义的大部分内容都是以口头的方式传承的，因为传授这种神秘主义的犹太教拉比常常禁止追随者以书面形式记录其教导。但尽管如此，在喀巴拉神秘主义的发展历史上，仍然还是留下了一些不朽的名著，而且这些名著对后世的犹太文化产生了重大影响。在有关喀巴拉学说的著作中，最有代表性的有三部。这三部著作分别是《光明之书》《创造之书》《光辉之书》，其中又以《光辉之书》（也称《佐哈尔》）流传最为广泛。传说，该书源自 2 世纪的一位著名拉比西蒙・本・约海。他受神的启示完成了这部神秘主义著作。不过，据后来的学者考证，该书的实际作者并非西蒙・本・约海，而是生活在 13 世纪的犹太学者摩西・德莱昂（1205—1305 年）。《佐哈尔》试图以注释《妥拉》《雅歌》《路得记》《耶利米哀歌》的形式，来全面揭示其中的神秘意义。它阐释说，上帝不是直接创造世上万物，而是以其光照，经过十个层次，造成世上万物。犹太人虽然在地上受迫害、遭仇视，但最终将在天上得到胜利。书中还有大量有关星象、天使、魔鬼等神秘事物的描述，以及一些对犹太人的宗教礼仪、生活习俗及其神秘含义的阐释。《佐哈尔》在形式上是为《妥拉》作注释，但实际上却是全面阐述喀巴拉主义的奠基之作。在以后的数百年里，犹太教的神秘主义者不仅把这部著作当作暗语和符咒的真正宝库，而且认为它是最完善的一部通神学杰作。16 世纪，各种充满神秘象征术语的喀巴拉道德作品相继公开出版。经过一个世纪的洗礼，至 17 世纪，喀巴拉作品在希伯来布道文学中逐渐占据统治地位，开始融入犹太人的日常宗教活动和道德实践中，最终演变为犹太文化中的主导因素之一。

喀巴拉神秘主义不仅对犹太文化产生了深远影响，而且对西方基督教的神秘学说和神学研究也有深刻影响。随着喀巴拉神秘主义的密契修行方法和万物对应体系的广泛传播，欧洲灵术学也日益走向兴盛。直到今天，风靡于西方世界的手相学、塔罗牌、符咒学等灵术活动，依然可以从喀巴拉神秘主义的思想中窥见其端倪。

第四章　近代的民族觉醒

第一节　走出“隔都”

18 世纪下半叶以来，随着启蒙运动和资产阶级革命在欧洲各国的相继胜利，本已存在于“隔都”的高墙之上的各种裂痕开始日益扩大，并最终导致了“隔都”社会的解体。从那时起，犹太人在欧洲各国的生存状况开始发生微妙的变化。在最早出现隔都的意大利，也有少数犹太人开始尝试着搬迁到隔都之外居住，却发现他们的做法不会引发大的骚动；隔都大门的门禁时有松动，进出变得越来越随意。各种对犹太人的服饰和配饰的规定开始松弛下来，并逐渐在某些地区被废除，其中包括曾经热衷于此类规定的威尼斯等地。在某些思想开明的国家，一部分享有特权的犹太富有阶层的子弟开始被大学所接纳，并由此融入当地的政治和学术生活之中。部分犹太人的经济状况有所改善，他们渐渐渗透到隔都以外的世界，并在那里开辟了可靠的经济阵地。这为犹太人日后在政治、社会和文化上的解放奠定了坚实的基础，也成为 18 世纪犹太民族政治解放运动的重要筹码。除了犹太财政家的才干之外，中世纪行会制度①的消亡和理性主义、人文主义的发展等，都是促进犹太民族解放运动的重要因素。

由于犹太人在贸易和商业中的出色表现，他们以各种方式在所居住国家获得了特殊地位，成为受保护的犹太人，甚至出现了“宫廷犹太人”。他们利用自己的影响和威望，为犹太人争取自由，为同胞辩护，因此犹太人的处境在许多国家都有所改善。对于部分开明的君主而言，犹太人与非犹太人的障碍并非难以逾越。他们认为通过审慎的方法，适当的政策，犹太人将有利于整个国家的发展，通过整体上的同化可以解决信仰的障碍。普鲁士国王腓特烈大帝（1712—1786 年）于 1750 年颁布相关规章调整普鲁士境内犹太人的权利地位。奥地利的约瑟夫二世于 1781 年通过废除犹太人的“人头税”和“犹太人的识别标志”昭示他的政策导向，成为解放所辖犹太人运动的领跑者。次年，他颁布《宽容特别权利法》，规定犹太人与基督徒享有平等的民事权利。规定大致如下：他们的无资格问题将逐渐地予以消除，并且他们应该得到帮助，使他们能够融入普遍公众的生活之中；废除加在他们身上的有关基督教会的限制；废除对他们从事手工业

---

① 欧洲的行会起源于中世纪。在封建制度下的中世纪城市里，同一行业的手工业者或商人为了保障本行业的利益，而建立了最初的行会组织。这些行会有严密细致的章程，以对内保证会员的权利义务，对外实行垄断经营。为了排斥犹太人的商业竞争，一些行会制定了专门针对犹太人的行规，以限制和抵制犹太人的商业活动。

和农业的限制性规定；允许他们进入批发业和建立工厂；允许他们进入公立学校读书①。奥匈帝国皇帝约瑟夫二世（Joseph Ⅱ，1741—1790 年）在位期间，曾颁布一项法令，命令帝国内的每个犹太人都要取一个合乎体统并易于识别的姓氏，并以此取消他们那些来源于《塔纳赫》的古老姓氏。然而，当时的犹太人却认为，约瑟夫二世进行这项改革的目的不是为了方便犹太人同其他臣民的交往，而是为了把犹太人同化于其他民族，所以他们大都对这项改革持拒绝和反对的态度。因此，尽管约瑟夫二世及其继承人付出了不少努力，但这项改革并未取得预期的效果。不过，约瑟夫二世的改革理念还是得到了一些邻国的效仿。1784 年，法国波旁王朝的末代皇帝路易十六（Louis XVI，1754—1793 年）下令，在阿尔萨斯地区废除了犹太人和家畜在海关必须支付的“偶蹄税”；而德国皇帝利奥波德一世（Leopold I，1640—1705 年）在位期间，亦将犹太人问题作为其在托斯坎尼地区的主要改革内容。

在犹太人追求民族解放的道路上，涌现出了一批杰出的犹太学者。这些学者为犹太的民族解放运动作出了卓越的贡献，成为犹太民族解放运动中的英雄。摩西·门德尔松（Moses Mendelessohn，1729—1786 年）注定是犹太解放运动史上的一块柱石。他出生在一个靠抄写《妥拉》为生的犹太家庭，曾经师从于著名拉比大卫·弗兰克（David Frankel），在后者门下系统学习了《塔纳赫》《塔木德》和迈蒙尼德哲学，并于 1763 年击败其竞争对手、后来成为德国古典哲学大师的依曼诺尔·康德，获得普鲁士科学院颁发的最佳论文奖。门德尔松自此一举成名，并得到普鲁士国王弗里德里希大帝的青睐，被其提升进入了“有特权的犹太人”阶层。鉴于他在神哲学方面作出的突出贡献，当时的欧洲学者给予其极高的评价，并称他为“现代的苏格拉底”。门德尔松的最大成就是将《摩西五经》译成了德文，并为之辅以希伯来文的现代评注。这部著作开启了德国犹太人的乡土文学之门，成为他们的世纪经典。通过此书，很多犹太人终于找到了学习德语和进入隔都外生活的钥匙。门德尔松本人是一位虔诚的犹太教徒，他认为，隔都内的教育让人窒息，应该设法开阔那些居住在隔都之内的犹太人的视野。尽管他本人一丝不苟地恪守祖先的规制，但是他却将折中主义的思想逐渐灌输给自己的追随者，从而在一定程度上摧毁了那些阻隔在犹太人与非犹太人之间的思想藩篱。在他辞世的第二年，他的追随者以及子女逐渐转向了占统治地位的宗教。

门德尔松在德国首都柏林发起并领导了一场犹太思想启蒙运动，得到了当时的另一位文化名人莱辛（Gotthold Ephraim Lessing）的声援。作为一名伟大的自由主义思想家，莱辛挺身而出，用戏剧的形式为犹太人的信徒和生活方式进行辩护，宣扬宗教平等的观念。《犹太人》剧本的发表是他声援犹太人的初次尝试，尔后他又发表了同题材的作品《智者纳坦》。莱辛在作品中呼吁基督徒公正地对待犹太人，其作品具有极强的倾向性和艺术感染力，因反应强烈，在德国一度遭到禁演。

犹太民族启蒙运动的号角在德国首先吹响之后，门德尔松的思想又逐渐传播到散居在法国的犹太人中间。法国犹太人塞弗贝尔深受门德尔松思想的影响，成为争取犹太人

① 参考［英］塞西尔·罗斯：《简明犹太民族史》，黄福武、王丽丽等译，济南：山东大学出版社，1997 年，第 406~407 页。

平等运动的先锋力量。塞弗贝尔利用手中的金钱及其与统治者的良好关系，来大力支持犹太人的事业。他开办工厂吸纳犹太工人，将他们从小贩变为工人，以便改善犹太人在世人眼中的奸诈狡猾的不良形象，维护犹太人的声誉；他在法国散发犹太文学家克里斯蒂昂·威廉·冯·多姆撰写的小册子《保卫犹太民族》，以扭转法国国内对犹太人的不良印象；他说服法王路易十六，给予国内的犹太人以公民的权利和自由。受门德尔松的影响，法国著名演说家和政治家米拉博伯爵（Mirabeau，1749—1791 年）也为犹太民族的苦难史所动容，并在其著作《门德尔松和犹太人的政治改革》中极力声援犹太人。经过不懈努力，法国犹太人问题日渐引发当局关注。然而，法国犹太人真正意义上的解放，则是伴随着 18 世纪末期的法国大革命才初见曙光的。

法国大革命的爆发，无疑加速了犹太民族启蒙运动的步伐。法国革命者宣扬的“自由、平等、博爱”等观念，为犹太民族主义者带来了解放的福音。1790 年 1 月 28 日，《人权宣言》的发表，使法国犹太人迎来了一次具有历史意义的大解放。尽管在作为犹太人聚集区的边境城市阿尔萨斯，解放的脚步稍有迟缓，但到了 1791 年的 9 月，那里的犹太人也获得了前所未有的自由。法国的国民大会最终决定，赋予犹太人以国民身份，从而使法国成为近代欧洲史上第一个给予犹太人平等地位的国家。

随着法国军队在欧洲的节节胜利，整个欧洲范围内的犹太人世界发生了翻天覆地的变化。意大利、德国的隔都先后遭到拆除，居住在其中的犹太人获得了自由。在拿破仑·波拿巴的统治下，犹太人得以充分地享受他们久违的自由空气。为了感谢法国军队的解放，犹太知名人士大会向拿破仑发出了效忠声明。拿破仑对这份声明非常满意，进而决定恢复犹太教的公会，以改善犹太人的宗教自由和生存状况。在法国当局的支持下，犹太公会于 1807 年 2 月在巴黎召开大会。在此次大会期间，来自各地的犹太代表作出了一系列决议，意在强调犹太人作为所在国公民，应效忠自己所在的国家，要求犹太人对世俗的王权做出让步，甚至最终放弃异族通婚的限制，放弃拉比审判权、自治权和重返以色列复国的要求。这成为犹太民族史上的一个重要转折。

然而，随着拿破仑统帅的法军在莫斯科和滑铁卢的接连失败，被犹太人视为解放者的法兰西第一帝国宣告覆灭，各国统治阶级中的反犹势力有所抬头。犹太人在法国大革命期间在各个居住国所获得的平等权利虽然没有全部取消，但比以前大打折扣。不过总的来看，经历法国大革命洗礼之后的欧洲各国，都不同程度地表现出了较为宽容的犹太民族政策，犹太民族也逐渐迈入欧洲民族融合的洪流之中。

第二节 哈西德运动

哈西德（Hasid）意为“虔敬”哈西德派又名虔敬派，其在犹太历史上早已存在，但与之有关的哈西德运动却是彼此孤立的，彼此间并无必然的渊源关系①。在犹太民族史上，有记载的哈西德派运动共有三次。在本书中，我们将重点讨论犹太民族史上的第

① 参阅白玉广：《犹太哈西德运动历史初探》，载《世界宗教研究》2010 年第 4 期，第 170～179 页。

三次哈西德派运动。这是一次起源于18世纪的波兰，并迅速波及欧洲各国的犹太宗教运动。

哈西德运动在近代欧洲的爆发并不是偶然的，而是时代发展的必然结果。18世纪初期以来，理性主义和启蒙主义思潮在世界范围内的传播，不可避免地影响到了犹太世界的知识分子，使他们的思想发生了前所未有的巨大变化。然而，由于近代东欧政治及社会的特殊情境，东欧的犹太人则有别样的发展。由于在中世纪的时候，西欧的犹太人遭受的迫害尤其惨烈，所以西欧各国的犹太人曾经大举移民东欧，但是他们在东欧的处境并无根本性的改变。在大多数东欧国家，犹太人依旧是周围的人们嫉妒和仇恨的对象，针对犹太人的暴力事件时有发生。例如，1648年，来自俄罗斯的哥萨克叛军在鲍格旦·谢米尔尼基（Bogdan Chmielnicki）的率领下，入侵了居住着大批犹太人的乌克兰。在叛军的屠杀下，成千上万的犹太人和波兰人沦为亡魂，众多犹太社区在战乱中被毁。1654年，俄罗斯和瑞典的军队一度入侵波兰。在战争结束之后，一些波兰人指责犹太人充当了侵略者的帮凶，从而导致不少犹太人遭到当地暴民的洗劫和屠杀。此后，针对东欧犹太人的屠杀事件又多次出现。

在18世纪上半叶的波兰，犹太人的政治、经济和社会生存状况都处于悲惨境地。同时，在犹太民族内部的“假救世主”事件频发，从而对犹太民族的传统信仰构成了严重威胁。更加雪上加霜的是，犹太社区内部的各种不公平现象也变得日益严重，底层犹太民众的生活更是苦不堪言。在内忧外患之下，犹太教的拉比们试图通过更坚定地维护犹太律法，来巩固其对犹太社区的统治。然而，作为犹太社区传统管理机构的“卡哈尔”，却因内部腐败及其导致的资金紧张等问题，逐渐失去了民心，以致面临崩溃和瓦解的危机。物质的贫乏和信仰的危机，严重削弱了以拉比为中心的传统管理机构在犹太民众中的影响力。普通的犹太民众在政治、经济、宗教和社会生活中被边缘化。他们对这种现状表示强烈不满，期待着有一种能够突破现有瓶颈的新的宗教形式出现，以慰藉他们的灵魂，鼓舞他们的士气，维护他们在宗教生活和社会生活中的尊严。这一切都为哈西德运动的产生提供了生根发芽的沃土。

哈西德运动的创始人是以色列·本·以利撒（Israel Ben Eliezer，1700—1760年）。他又被称为巴尔·舍姆·托夫（即通晓神话语的大师）。因为巴尔·舍姆·托夫的首字母缩写为“贝施特”，所以也有不少追随者将其简称为“贝施特”。有关此人的生平和事迹，犹太民族史家语焉不详，而大多来自于犹太民间的传说和故事。他本人极具宗派创始人的魅力，在宗教热忱和个人魅力方面都极富感染力。他主要通过治疗、驱魔和讲道的方式，来宣传自己的信仰主张，并由此给犹太人带去新的希望。他并不是哲学家，也没有留下完整的神学思想体系，但是他所宣扬的最古老的犹太教思想，却引起了当时犹太人的共鸣。首先，他强调宗教情感，而贬低宗教学识。他强调信众对神内心的虔敬和真诚，认为心灵上的信赖比理论上的认识更能让人接近上帝。在全能的雅赫威神和人类之间，没有绝对的屏障与隔阂。神的世界与人的世界可以借助人对神的虔敬信仰而打通，实现神与人的彼此交流。其次，他极其强调祈祷的作用，而又不拘泥于祈祷的形式。作为一名敬虔的哈西德主义者，他认为祈祷是人与神交流的最重要的方式。贝施特主张，深情的祈祷是通往神的道路，而神性之火也借此得以传播。

在贝施特看来，即使祈祷者本人并不真正理解祈祷文的含义，也不一定影响他与神之间的交流。只要一个人的祷告是热忱的、真挚的、发自灵魂深处的，无论他采取何种的祈祷的形式（歌曲、舞蹈、呼喊等），都能得到雅赫威神的悦纳。同时，祈祷也是不受时间、地点限制的，因为它发自信众内心真实的渴望。他所倡导的这种最原始的祈祷形式，大大地增强了当时犹太人参与宗教生活的热情，促使他们以更为积极主动的姿态参与到犹太教的宗教活动中。因此，有人这样评价他所倡导的哈西德运动："从民众那里获得力量从而引发素朴的宗教激情的爆发"。最后，他通过引入"圣徒"概念，来发动犹太教的宗教改革。哈西德运动中，圣徒也被称为"来比"（Bebbe），以区别于传统犹太教中的"拉比"（Babbi），成为神与人之间的新媒介。据说，"来比"可以履行三种相关重要职责，即宇宙的救赎者、信徒灵魂的救赎者、免除信徒遭遇邪恶侵害的保护者。这些观点在犹太教的圣徒与信众之间建立起更紧密的联系，使圣徒成为一般信众所熟悉和依赖的对象。犹太教的信徒从圣徒那里寻求帮助、祈求祝福。圣徒由此成为哈西德运动赢得信徒的一个重要因素。

在贝施特辞世后，他的弟子道夫·贝尔迅速扩大了哈西德运动的影响范围。道夫·贝尔所传授的教理内容较之自己的老师更为复杂，在宗教实践方面的要求也比老师更加严格。他派遣专人到周边的犹太人社区，全力宣扬哈西德主义的主张。此后，哈西德运动的影响不断扩展，赢得了数以万计的犹太人的支持。

由于哈西德运动的某些主张打破了传统犹太教的桎梏，所以一度被犹太教内部的正统派视为异端，并曾经遭到当时的大多数拉比和知识分子的批评。哈西德运动还曾一度被当时的拉比会议所禁止，而且后者甚至不惜求助世俗的统治者，企图依靠他们来遏制哈西德运动的发展。随着犹太启蒙运动的兴起和排犹运动风起云涌，这种对哈西德运动的打压才稍有缓解。无论传统犹太教怎样评价哈西德运动，它都以一种全新的宗教形式为生活在社会底层和边缘的犹太民众提供了精神上的依托和改善现实困境的手段；它以积极乐观的精神为犹太下层民众提供了信心保证。

第三节　反犹主义的复活

19 世纪 70 年代，随着信仰自由制度在德国、奥地利、匈牙利、瑞士、瑞典、罗马等国家的确立，犹太解放运动不仅在欧洲遍地开花，而且蔓延到了一些沦为西方殖民地的伊斯兰国家。然而，后来事态的发展证明，颠沛流离的犹太人想要过上平等、自由的日子，并非一件易事。一直以来，犹太人都在基督教世界的边缘生活，他们被视为社会的"寄生虫"和"吸血鬼"，有关犹太人暗中进行"血祭"的诽谤，自中世纪以来从未止息。由于犹太人在各行各业的出色表现，他们成为欧洲社会一支不可忽视的力量，在经济领域尤是如此，但他们在经济领域取得的成功，又日益遭到周围居民的嫉恨。与此同时，犹太资产阶级在欧洲的出现和发展，也激起了那些被排除在赢利范围之外的下层群众的愤怒，以及那些正日益被资产阶级取代的封建地主阶层的仇视。实际上，世界范围内一直存在着各种极力阻止犹太人解放的势力。当时的反犹势力把反犹作为争夺权利的一种手段。欧洲社会的各种势力，从没落的贵族、上升的中产阶级到那些被排斥的下层群众，在这一时期相互角逐和相互竞争，而犹太人常常成为这种角逐中的牺牲品。

由于宗教传统的原因，犹太人秉持着与众不同的民族特质，使非犹太人对他们产生了根深蒂固的偏见。一旦贴上犹太人的标签，对任何新生力量的谴责似乎都变得合情合理。正如阿巴·埃班所认识到的那样，在19世纪，当民族主义的主张传播开来时，犹太人越来越多地被看作是一个非常独特的民族。他们受到特定的宗教、语言和著作的影响。他们在表面上对寄居国的政府宣示效忠，实际上却只向往自己真正的祖国的复兴①。尽管犹太人曾经努力适应新的环境，试图效忠他们所生活的国家，但很多非犹太人都固执己见地将他们视为寄居在本国的异类。发展至20世纪末，如果还将对犹太人的敌视仅仅归咎于宗教偏见，显然已十分牵强。世界范围内，挥之不去的反犹情结其实早已从单单的宗教信仰的冲突，演变为对犹太民族特质的排斥。

在这一时期，“反犹主义”逐渐成为一个专门的词语，用以表述当时在欧洲各国死灰复燃的反犹太势力及其思想。1873年，伴随普法战争而滋生出来的投机活动崩溃，德法等国的民众遭受了经济上的重大损失。由于不少投机商人是犹太人（尽管只占犹太人中的一小部分），所以很多损失惨重的民众开始把愤怒发泄在犹太人身上。恰在此时，戈洛高、杜赫林等一批所谓的“国际法专家”出来煽风点火。他们一方面要求犹太人为大众的经济损失承担责任，一方面指责德国的国家自由党对犹太人过分宽容，并呼吁全社会采取共同措施，打击国家自由党奉行的所谓“犹太至上主义”的气焰。到了1879年，他们的煽动果真起到了效果。在德国各地爆发了反对国家自由党的运动，其矛头直指犹太人。当时的普鲁士首相俾斯麦刚刚实现了德国的统一，将这个曾经四分五裂的国家统一为强大的德意志帝国。为了巩固这个新帝国的统一，他大肆宣扬德意志民族主义，并对境内的犹太人等少数民族采取歧视政策。在他的支持下，德国出现了一个名为“基督教社会主义工人联合会”的组织，但该组织的首要目的并不是为工人争取正当的权利和利益，而是要限制犹太人在商业、社会和政治方面的“控制权”。随后，德国各方势力出于利己的动机，纷纷加入浩浩荡荡反犹运动的行列。首先，当时德国的中产阶级商人由于过分保守，难以应对犹太商人的竞争而利益受损，从而对犹太人非常不满。同时，犹太人在政治领域的活跃引起德国旧贵族的不安；部分居心叵测的德国学者则利用雅利安人种族优越论的噱头，贬损犹太人的闪米特人种的特征，宣称他们的低等基因可能破坏雅利安人种的优越性。这几股仇视犹太人的势力最终汇聚在一起，甚至成立了臭名昭著的“反犹主义者联盟”，共同促成了一场合法发泄他们对犹太人的仇恨的暴乱。

在德国首相俾斯麦看来，反犹主义似乎是一种打击自由主义势力的有效手法，所以对其采取纵容态度。在他的纵容之下，德国当局开始对犹太人实施多方面的限制，其内容包括对犹太人的公民权到移民权的严格限制。后来，这场运动在周围各国逐渐蔓延开来，形成了一股从19世纪末持续到20世纪初的反犹浪潮。在奥匈帝国、法国、英国、俄国，反犹主义的运动此起彼伏，其表现也大同小异。这些运动为我们认识现代反犹主义的思想渊源提供了不少线索，其中值得一提的包括以下几点。

---

① ［以色列］阿巴·埃班：《犹太史》，阎瑞松译，北京：中国社会科学出版社，1986年，第266页。

其一，19世纪的种族学说为反犹情结提供了新的理论支持。从近代以来，欧洲的反犹主义势力便一直得到种族学说最可靠的支持。在19世纪的德国，保守的民族主义者公开地利用种族学说来宣扬雅利安种族优越论，并将其列为自己的基本信条之一。而欧洲各国的某些人类学家和历史学家非但没有驳斥这种谬论，反而为其提供了各种伪科学的证明。这种做法直接助长了各种有关雅利安人是最优越的种族、犹太人是低劣的种族的错误言论。它们对当时德意志的民族心理产生了灾难性的影响。在它们的蛊惑之下，一些普通德国人越来越害怕与犹太人接触，并相信与犹太人通婚会导致德意志民族的衰亡。这成为第二次世界大战时的德国纳粹政府屠杀犹太人的一个重要动因，造成了人类史上最惨绝人寰的悲剧。至今，这条丑陋的伤疤仍未能完全愈合。

其二，俄国沙皇尼古拉二世为缓解日益激烈的国内矛盾，企图将当时俄国遭遇的一系列政治、经济和社会危机统统归咎于犹太人的破坏，并以此误导群众，让他们把仇恨的对象从俄罗斯的王公贵族转向境内外的犹太人。在他的授意下，圣彼得堡的秘密警察部门策划编印了一部虚构的《犹太长老秘录》（*The Protocols of the Learned Elders of Zion*）①，并在全俄发行。犹太人的形象瞬间由唯利是图、钻营投机的黑心商人，变身为要操控世界、统治世界的黑恶势力。尽管《犹太长老秘录》未能挽救尼古拉二世的统治和罗曼诺夫王朝的衰亡，但这本满纸谎言的小册子却沦为欧洲社会反犹主义势力的一件利器。欧洲普通民众的恐犹、反犹心理从宗教情绪、经济猜忌转化为政治上的恐慌。第一次世界大战之后，德意志帝国战败，奥匈帝国解体，沙皇俄国倒台，欧洲原有的政治格局遭到重新洗牌。民族主义、法西斯主义、种族主义等各种思想在欧洲各国之间传播，使社会各阶层的思想陷入混乱。欧洲各国的执政当局无力应对战后的经济萧条和民众的心理危机，而《犹太长老秘录》却成为他们此时维持国内稳定的一颗速效救心丸，为各国战后混乱的状况找到了合理的解释和从而变成被口诛笔伐的对象，有效转移了民众对当局的不满。于是，欧洲各国的统治阶级出于上述考虑，纷纷开始利用他们手中掌握的宣传渠道和传媒的力量，大肆散布《犹太长老秘录》，使之成为20世纪销量仅次于《圣经》的畅销书。此外，各国针对《犹太长老秘录》的姊妹篇更是层出不穷。例

① 《犹太长老秘录》是19世纪的沙俄秘密警察部门编造的小册子，其目的是将俄国社会失序的原因归咎于犹太人。它采用会议记录的形式，虚构出各国的犹太领袖于1840年在波兰的卡拉科夫集会上密谋征服世界的计划。其中杜撰的部分会议内容如下："我们（犹太人）是神选的民族，拥有崇高的精神力，与其他民族迥异。我们借由对世局的先知卓见，先天注定我们要支配世界"；"当前在其他民族的国家权力摇摇欲坠之时，我们应善用权力，借由暴力及伪善的手法，使所有国家臣服在我们的超政府之下"；"其他民族是盲目、非理性、无判断力的。我们应以所掌有的财富及科学技能来宰制他们"；"自由、平等、博爱等观念，经由我们透过其他民族盲从的间谍所传播至世界各国，鼓舞世界群众投入我们的阵营"；"我们应离开劳资关系，使各国陷于政治及经济的动乱，而群众从奴隶的地位解放，但却无法脱离贫困"；"法国大革命是我们的杰作，如今我们宣扬社会主义、无政府主义、共产主义，其他民族视我们为救世者，加入我们。我们利用劳动阶层及群众之手，除却妨碍我们统治世界的人"；"任何一国如要反抗我们，我们就煽动该国群众进行恐怖行动，或鼓舞其邻国发动战争，使之屈服。如该国与其邻邦联手反抗我们，我们应即鼓动日本、中国和美国，用他们的力量反制不从的国家"，等等。

如，英国《泰晤士报》曾在1920年6月以专刊的形式发表了《犹太之祸》，从正面肯定《犹太长老秘录》的内容是事实而非传闻；同年，美国汽车业的龙头亨利·福特（Henry Ford）翻印了《犹太长老秘录》的英文版，大肆宣扬“犹太人将奴役欧洲”的言论；而犹太人的死敌希特勒早在1924年经受牢狱之苦时，还坚持采用《犹太长老秘录》的论调发表了《我的奋斗》，以建立其反犹思想的基础。

其三，发生在法国的德雷福斯事件，生动反映了这一时期法国民众对犹太人的猜疑心理，以及犹太人遭遇的种种不公正待遇，同时也反映了法国社会上同情和支持犹太人的正义力量的发展。1894年，法国间谍在德国驻法大使馆得到一份机密文件，文件显示法军参谋总部有德国内奸，企图将法国的最高军事部署泄露给德方。法国的犹太裔军官阿尔弗雷德·德雷福斯上尉因此遭到怀疑。尽管证据不足，但是经上级部门授意，德雷福斯还是以叛国罪被法庭判处终身监禁。次年，法国军情局的新任局长发现，案件的真凶另有其人，但是消息走漏之后，他被迅速调往北非任职，导致案件再次搁置。德雷福斯的家人散尽家财，决意为其平反，却没有丝毫结果。德雷福斯事件在一定程度上造成了当时法国社会的严重分裂。在法兰西第三共和国的政治舞台上，主张为德雷福斯平反昭雪的自由派势力和坚持认定其有罪的保守派势力彼此攻讦，互不相让。支持德雷福斯的法国文豪左拉（Emile Zola）甚至被控诽谤，被迫流亡英国。在1898年，事件才算有了新的转机。新上任的法军参谋总长决定重新调查该案，并很快发现了真凶埃斯泰尔阿齐。后者畏罪潜逃并最终自杀身亡。真相大白，但军方并不承认错误，只是将德雷福斯的刑期减为10年。法国的自由派人士对此做法表示强烈不满，并群起而攻之。1899年，法国自由党人埃米尔·罗伯特出任法国总统之后，德雷福斯才得以赦免，但法庭仍然没有宣布其无罪。直到事件发生10多年后的1906年，在众多正义之士的集体努力下，德雷福斯才被判无罪释放，恢复军衔。然而，由于德雷福斯事件是法国社会的创伤和军方的耻辱，所以法国政府一直对其讳莫如深。直至1950年，法国政府仍然禁止放映有关该事件的影片。法国国防部公开承认在德雷福斯事件中的错误，是在冤案发生之后的100年，即1995年。不过，法国国防部至今仍不愿接受文化部的建议，将德雷福斯的铜像立于巴黎战院广场。

上述事件仅仅是近现代反犹主义浪潮中的一粒粒卵石，但是它们的烙印却将永久嵌入犹太民族的历史，告诉世人，这些仅仅是整个欧洲反犹主义的浪潮中侥幸浮出水面的。反犹主义浪潮使数以万计的犹太人再次成为流离失所的浮萍，无法找到栖息之地。但这并非犹太民族漂泊无依生活的终结，而仅仅是更为残酷的迫害的开始，惨绝人寰的种族主义已在欧洲各国植入种子，只等破土而出的那一刻。

第四节　犹太复国主义

19世纪以来，犹太人的境况发生了改变。尽管各式各样的反犹排犹活动仍时有发生，但犹太人在经济领域常常处于社会的关键地位，而且已经找到了获得经济、社会、政治生活中一切重要职位的途径。他们在社会文化事业、工业以及贸易领域均有不俗的表现，日益在欧洲经济和社会发展中发挥更大作用。然而另一方面，在他们看来，无论他们对所在国的文化和经济作出多么卓越的贡献，作为一个群体的他们都始终无法获得完全平等的权利。正如犹太作家犹太·勒布·平斯克在《自我解放》中所言：犹太人表面上获得了平等的权利，然而又随时可能失去权利。欧洲从未向犹太人保证这种新的宽容思潮会永久地持续下去。而19世纪末的两个事件，无疑给那些处在犹豫和观望中的犹太人打了一剂强心针，使他们感到：犹太人唯有建立他们自己的国家，回到他们的祖先一直安逸生活的耶路撒冷重建家园，才能为自己和自己的民族提供最坚实的保障。在西方，德雷福斯事件的发生直接促发了政治领域的犹太复国主义。在东方，针对发生于1881年的灭犹风潮，兴起了政治锡安运动。这两个事件使犹太人更坚定地相信，他们必须寻找新的出路，解决由来已久的犹太人问题。

实际上，将巴勒斯坦归还给犹太人，解决世界范围内犹太人问题的想法在非犹太世界早已萌芽。早在1799年，拿破仑·波拿巴在远征埃及期间，就曾向全世界的犹太人发表一项宣言，声称犹太人才是巴勒斯坦这块土地的合法继承人。1840年，英国的外交大臣（而后成为英国首相）帕默斯顿爵士，曾经在他发给英国驻土耳其大使的函件中，阐明了犹太人返回巴勒斯坦的时刻即将到来的观点，并强调犹太人在巴勒斯坦的安家落户将促进当地的经济发展。此后，法国外交部和英国外交部都曾经就这一动议同当时统治巴勒斯坦的土耳其政府接洽，但遭到了回绝。1878年，这项计划列入了柏林会议的议事日程，同时一篇名为《东方问题中的犹太人问题》的草案在维也纳报纸上匿名发表。尽管西方各国对犹太人重返巴勒斯坦的支持，是出于其自身利益的政治策略，但仍表明当时非犹太世界对犹太民族重返巴勒斯坦的积极态度。在犹太世界内部，尽管对于是否重归巴勒斯坦这个问题，尚未达成一致意见，但一部分犹太人已经行动起来。1882年，第一批现代犹太移民，来自“热爱圣山运动”① 组织的圣山热爱者抵达巴勒斯坦，开始定居，在部分地区建立起农业定居点，并且帮助那些重归故土的犹太人熟悉农民的生活方式。至1897年，他们先后以行贿和主观曲解当地法律的方式，在巴勒斯坦地建立起18个犹太社区。这批人用自己强大的毅力和伟大的献身精神，为散居各地的犹太人重返巴勒斯坦开辟了道路。

在重回巴勒斯坦的道路上，有许多犹太人付出了他们毕生的心血，从而在犹太民族史上镌刻下了他们的名字。随着犹太人经济实力日益增强、社会地位逐渐提高，以资产阶级为核心的犹太社会各阶层对犹太人受歧视、受压迫的现状日益不满。他们对文化启蒙与宗教改革的结果不甚满意，并且逐渐意识到，无论多么雄厚的经济实力，也无法捍卫自己的权益。这一现实促使他们开始转向从政治上追求犹太民族的解放。在欧洲的民族主义运动和空想社会主义理论的影响下，一批犹太知识分子对犹太人的复国思想进行改造，计划重建犹太国家，复兴犹太民族，彻底解决犹太人问题。政治锡安主义运动应运而生，赫斯、平斯克和赫佐成为这场政治运动的先锋人物。

① 1882年，以组织犹太人移居巴勒斯坦为宗旨的“热爱圣山运动”在俄国建立，其成员称为“圣山热爱者”。1884年11月，“热爱圣山运动”第一次代表大会在西里西亚的卡托维茨城召开，选举平斯克为主席，总部设于敖德萨。该组织致力于宣传锡安主义理论，并大力普及希伯来语，争取各方资助，以帮助犹太人移居巴勒斯坦。

犹太思想家摩西·赫斯是最早从政治角度提出返乡复国运动的，并由此被犹太人视为政治锡安主义的第一位理论家。他在波恩大学求学期间，结识了卡尔·马克思，深受青年黑格尔派哲学的影响，成为德国最早的社会主义者之一。随着欧洲反犹浪潮的再次侵袭，他放弃了自己最初设想的，以民族融合与同化的方式解决犹太人问题的策略，并在深入研究犹太人问题的基础上，发表了《罗马和耶路撒冷：最后的民族问题》一书①。在书中，他首次提出了政治锡安主义的系列理论，并向犹太人指出，他们摆脱反犹主义攻击的唯一方法就是返乡复国，而这一目标需要通过每个犹太人自身的努力，才能完成。利奥·平斯克在其著作《自我解放：一个俄国犹太人对其同族同胞的劝告》中，不仅同样表达了他对犹太人返乡复国的必要性和紧迫性的看法，还提出了实现复国计划的具体步骤。他主张，首先召开犹太社团的全国性会议，商讨购置土地，再争取大国支持等一系列实现政治锡安主义的细则和手段。西奥多·赫佐那则将政治锡安主义发展为一整套系统而完整的理论。德雷福斯案件使赫佐从一名支持民族融合的同化论者变成了支持犹太人复国的政治锡安主义者。他也因此事件受到牵连，被迫离开法国。德雷福斯案件使赫佐意识到犹太人建立自己国家的必要性。他为此极力奔走，在德雷福斯上尉遭到监禁的第二年，他在维也纳出版了《犹太国：现代解决犹太人问题的一种尝试》②。在该书中，他清晰地阐述了政治锡安主义的系统纲领，为创建世界锡安主义运动奠定了理论基础。他像前人一样表达了犹太民族复国的必要性和迫切性，并建议将巴勒斯坦和阿根廷作为复国地点。此外，他还设想出了建立犹太国的具体步骤，建议分别设立“犹太人协会”和“犹太人公司”作为政治机构和经纪机构，来负责实施该项复国计划。在他看来，取得欧美大国的政治支持以及犹太富豪的经济支持，对于犹太国的最终建立是非常必要的；对这个未来国家的政体形式、宪法、语言、国旗、军队等诸多细节问题，他也进行了详细论述。该书一经出版，马上在犹太人中间引起巨大轰动，随后被翻译成 18 种语言，在各国犹太人中广泛传播。该书的问世，标志着现代意义上的政治锡安主义理论已经形成。

1897 年 8 月底，赫佐创立了“世界犹太建国组织”，并在瑞士的巴塞尔举行了首届世界锡安主义者代表大会。来自世界各地 11 个国家和地区的 204 名代表参加了该会议。与会代表通过了《锡安主义运动纲领》③，推举赫佐为大会主席，为这个未来的犹太人

① 《罗马和耶路撒冷：最后的民族问题》最早是德文版，于 1862 年在科隆发表，成为政治锡安主义的经典。

② 《犹太国：现代解决犹太人问题的一种尝试》一书是赫佐以日记的形式，对犹太复国主义思想的进一步发展。在该书中，赫佐系统地阐释了政治锡安主义的纲领和草案。该书最初的标题是《致罗斯柴尔德家族》，因为赫佐撰写此书的初衷，是希望借助罗斯柴尔德家族雄厚的经济实力，来为政治锡安主义运动募集巨额资金，作为其犹太复国计划的经济基础。此后，在犹太作家马克斯·诺尔道的鼓励下，赫佐改写了这份纲领草案，并决意公开出版。

③ 《锡安主义运动纲领》亦称《巴塞尔纲领》，其主要内容是宣称：锡安主义者应争取在巴勒斯坦为犹太民族建立一个举世公认的、有法律保障的家园。在政治锡安主义的发展史上，它是第一部具有全球性影响的历史文献，而且它第一次以明确的语言和公开的方式，向全世界宣布了政治锡安主义的最终目标。

国家制定了国旗和国歌①，并设立了“犹太建国大会”，规定其常设机构设于奥地利首都维也纳。此后，锡安主义组织全力以赴地贯彻实施《锡安主义运动纲领》。他们四处筹集资金，不断扩充队伍，组织欧洲犹太人移民巴勒斯坦，争取大国支持。各项工作有条不紊地进行，但是直至第一次世界大战爆发前夕，还没有一个强国正式宣布支持锡安主义运动。1914年，第一次世界大战爆发，世界锡安主义组织经过内部亲英派和亲德派的争论，最终决定全力以赴争取英国对锡安主义运动的公开表态支持。英国方面基于多方因素考量，② 最终在1917年11月2日，由英国外交大臣贝尔福致函英国锡安主义组织领袖莱昂内尔·沃尔特·罗斯柴尔德，正式表明立场，支持锡安主义运动，该函件被称为《贝尔福宣言》（*The Balfour Declaration*）：

> 尊敬的罗斯柴尔德勋爵：
>
> 我代表英王政府十分愉快地将下述同情锡安主义愿望的宣言转达给您，这个宣言业已送交内阁并为内阁所批准：
>
> “英王政府赞成在巴勒斯坦建立一个犹太人的民族之家，并将尽最大的努力促其实现，但必须明白理解，绝不应使巴勒斯坦现有非犹太人社团的公民权利和宗教权利或其他国家内的犹太人所享有的权利和政治地位受到损害。”
>
> 如果您能将这个宣言告知锡安主义组织，我将致以诚挚的谢意。
>
> 致敬
>
> **阿瑟·贝尔福·詹姆斯**
>
> 1917年11月2日③

《贝尔福宣言》陆续获得了美国、法国、意大利等协约国政府的批准。这标志着锡安主义运动的政治目标首度得到国际社会的承认。从此，锡安主义运动组织开始以世界犹太人的代表的身份，正式登上国际政治外交的舞台。

---

① 在这次会议上制定的“国旗”，是一面由犹太艺术家大卫·沃尔夫佐恩设计的白底、蓝条、大卫星图案组成的旗帜；“国歌”则是由犹太音乐家纳夫塔里·阿姆贝尔创作的希伯来文歌曲《哈帝克瓦》。

② 英国之所以成为首个公开支持锡安主义运动的大国，主要有三方面的原因：第一，个人因素：当时以英国首相劳埃德·乔治为代表的英国政要在感情上同情犹太人；第二，国际环境：通过支持锡安主义运动，可以争取俄国犹太人和实力雄厚的美国犹太财阀对协约国的声援，进而推动俄国持续参战和美国经济援助；第三，战略考虑：通过支持锡安主义运动，为英国占领巴勒斯坦提供一个借口，以确保其在地中海—红海—印度洋的战略安全。参阅潘光、陈超南、余建华：《犹太文明》，北京：中国社会科学出版社，1999年，第258页。

③ 转引自解力夫：《战后四大战争·中东战争》，北京：世界知识出版社，1995年，第19页。

第五章　现代的浴火重生

第一节　遭仇视的原因

在第二次世界大战期间，约有600多万犹太人惨遭纳粹德国的种族屠杀，遇难人数占到了当时欧洲犹太人总数的约2/3。因此，这场由希特勒策划的大屠杀被视为犹太民族史上的第三次大浩劫（前两次分别是发生在公元70年的罗马摧毁第二圣殿，以及发生在17世纪的乌克兰赫梅利尼茨基之乱）①。据后来统计，1941—1944年期间，平均每天有多达3000~4000名犹太人死于纳粹的集中营。这场屠杀成为人类文明史上最丑陋的伤疤，至今仍在拷问着人类的灵魂和人性的底线。所幸的是，这场史无前例的大屠杀的历史以各种形式保留了下来并传于后世，以时刻警醒人类防止类似悲剧的重演。反思惨绝人寰的屠杀，人们不禁要问：为何这样的悲剧会发生在德国？希特勒为何如此仇视犹太人？这背后到底隐藏着怎样的真相？种种疑问都将我们引向事件本身，让我们怀着沉重的心情去探求导致这一人类悲剧的原因。

第一，早在15世纪的宗教改革时期，德国就已经埋下了反犹主义的祸根。德国宗教改革的发起者马丁·路德曾经寄希望于犹太人加入新教的阵营，但这一期望最终落空之后，他开始改变对犹太人的温和态度，并转而以犹太人不承认耶稣基督的名义，发动了对犹太人和犹太教的抨击。出于对犹太人的敌视态度，他还发表了《犹太人及其谎言》等小册子，呼吁基督徒制裁犹太人。更不幸的是，在此文发表数百年之后的20世纪40年代，希特勒又一次打着维护雅利安种族所谓的优越性和纯洁性的旗号，对犹太人进行了残酷的迫害和屠杀。在工业革命和启蒙运动之后，英法等国的资产阶级革命相继取得胜利，建立起不同程度的民主国家。然而，德国新教与天主教之间的争论依然不断，最终导致了所谓的“三十年战争”，德国统一的步伐因此大大延缓。1871年，普鲁士王国的首相俾斯麦统一德国之后，不断加强专制统治，轻视国会，导致德国国内的专制主义和保守主义情绪不断滋生。社会变革、宗教宽容和国民意识等在此时的德国成为奢侈品，这些情况为即将到来的灾难埋下了伏笔。

第二，二战前德国民族主义思想的肆虐为大屠杀提供了民意基础。早在德国统一前，康德、黑格尔、费希特等德国思想大师就对犹太人颇有微词，费希特更是高举反犹

---

① 在1635—1642年，乌克兰农民在赫梅利尼茨基的领导下，发起了一场反抗波兰统治的斗争。由于当时乌克兰境内的很多犹太人曾为波兰贵族管理税务、地产或充当放贷者，所以常常被乌克兰农民视为波兰贵族的帮凶，并由此遭到起义军的严厉报复。在战争期间，共有50多万犹太人遇害。

主义的大旗，在《告德意志同胞书》等著作中诋毁犹太人。费希特高扬日耳曼人的种族优越感，认为日耳曼民族属于高贵的雅利安人种，是神圣罗马帝国的传人，而犹太人则是谋取不法利益的寄生虫。他认为，犹太人是没有灵魂的奸商和剥削者，所以没有资格参与德国的统一大业，即便犹太人加入基督教，也不能算是真正的德国人。他甚至否认耶稣是犹太人，并且将反犹主义的思想发展到宗教和经济层面之外，附着于德国的国家主义和种族主义之上。如果说上述言论是从思想上支持了德国的反犹主义，那么俾斯麦则用实际行动，使德意志民众认为德意志民族是高等族群。俾斯麦曾经先后击败丹麦、奥匈帝国、法国等欧洲强国，为德国统一扫清了障碍。这极大地提升了德国民众的民族自信心，导致国家至上和种族至上的思想上扬，强调“种族纯净”的德国“民族论”思想逐渐在全国蔓延开来。此后，这种狭隘的民族论一方面成为德国统治者强化民族认同、转移民众斗争矛头、缓和国内阶级矛盾的有效手段，另一方面成为德国统治者实现对外扩张、发展帝国主义的精神武器。另外，德国的民族优越论者，故意扭曲达尔文《物种选择》中“物竞天择，适者生存”的研究推论，大肆推行种族优劣论。他们认为日耳曼人作为拥有最优秀血统的民族，肩负着挽救西方文明和防止劣等种族玷污的责任。在这些种族主义言论的影响下，犹太人被视为社会混乱及道德沦丧的根源，故而应该被赶尽杀绝，以纯净德意志民族的高贵血统。

第三，部分政客把德国在一战的战败归咎于犹太人的背叛，从而激发了一些不明真相的德国民众对犹太人的仇恨。一战中，代表各国参战的犹太人甚众，他们各自代表不同国家，在战场上相互厮杀。据不完全统计，奥匈帝国、德国参战部队中的犹太裔军人约有 14 万人，俄军中约有 35 万人，英法军中约有 2 万人，美军中约有 5 万人。实际上，德国禁止犹太人参军，直至大战爆发，10 万德国籍犹太人才得以入伍。在前线参战的犹太人中，阵亡人数约 12000 人，获得嘉奖的人数约 35000 人，另有 19000 个犹太军人通过战争获得了晋升。这一组组数字已然表明了一战中犹太人对各自所在国家的贡献，尤其是德籍犹太人为德国作出的牺牲。除正面战场外，犹太裔科学家哈勃也为德国国防科技的发展，作出了突出贡献。他先后发明了“氨合成法”用于制造爆炸物，以及“芥子毒气”用于战时威慑敌方。然而，犹太人用鲜血换来的这些荣誉和光环，统统伴随着德国的战败而烟消云散。在战败后的德国，犹太人被诬蔑为通敌求和的卖国贼、导致战争失败的罪魁祸首。他们成了德国战败、割地赔款、国内动乱的替罪羊。军方为逃避战败责任，转移国人愤怒，诽谤战败是由于犹太人逃避兵役、参战不力导致的。他们造谣说，犹太商人在战争期间大发国难财，在战争尚未结束之时便怂恿德皇休战求和，甚至以金钱操控了《凡尔赛和约》的签订等，不一而足。总之，德国统治者不惜以牺牲犹太人为代价，来转移国人因军方战败产生的不满情绪，从而让犹太人成为了众矢之的。就这样，犹太人成为了德国民众仇视的对象。一方面，国内保守势力深信《犹太长老秘录》中的犹太阴谋论，将民主政体视为犹太人试图勾结外敌、奴役德国的幌子。另一方面，德国因战争赔款和经济萧条，时局动荡不安，极端分子成为社会主流，各种街头暴力、暗杀活动猖獗。德国的法制和民主制度遭到破坏，也为希特勒日后的反犹运动提供了天然的群众基础和精神食粮。此后，直至二战爆发，反犹主义的气氛一直弥漫在德意志的上空，挥之不去。

以上三点原因，是基于当时的时局和客观的情况得出的结论。它们埋下了希特勒仇视犹太人的种子，提供了法西斯德国仇视犹太人的口实。当然，后来犹太人在纳粹德国的遭遇，还与希特勒个人对犹太民族和宗教的仇视，及其一贯的反犹情绪有关。总之，这一切已准备就绪，只等那一点点催生成长的毒素，引领德意志走向癫狂。

第二节　大屠杀的魅影

希特勒统治下的纳粹德国进行的灭绝犹太人行动是一场反人类的运动。它是德国的国耻，在每个有良知的德国人心中留下了难以磨灭的伤痕。为了不忘记这一历史教训，德国人民和世界人民都在以各种方式去记录这段人类悲剧。这些史料无时无刻不在提醒我们，不受限制的种族主义是何等可怖。我们不愿再次面对类似的灾难，我们希望，在那些暗无天日的岁月里留下的只言片语，能让我们时刻警惕种族主义的复活。

同以往的反犹主义者相比，德国纳粹的所作所为有过之而无不及。他们不仅仅满足于对犹太人进行宗教上的歧视、政治上的压迫和经济上的掠夺，而且把赤裸裸的大屠杀作为解决犹太人问题的终极办法，悍然实施了赶尽杀绝的种族灭绝政策。早在希特勒于1933年出任德国总理之初，他就迫不及待地着手实施了驱逐和灭绝犹太人的罪恶计划。不过，他针对犹太人的罪恶计划不是一次性实现的，而是一个以限制、驱逐、圈禁、屠杀等阶段性措施来一步步实施，并最终完成其杀人机器运作的过程。

最初阶段，希特勒当局对犹太人的迫害是从剥夺其公民权开始的。自1933年3月，希特勒把持的纳粹政府就通过立法来限制犹太人的言论、集会、新闻自由。1933年3月末，希特勒政府下令全面抵制犹太企业家及商人；5月，下令查收、焚毁一切收藏在大学、图书馆、书店内的犹太书籍。此后，希特勒政府又相继发布了一系列迫害犹太人的命令，包括禁止犹太人担任政府公职、军职、教职、法官、律师，禁止犹太人从事新闻文化事业。至此，德国犹太人的公民权已经丧失殆尽，而且备受各种骚扰、歧视和压迫。不过，当时的纳粹党尚未开始对犹太人采取集体灭绝的手段。

第二阶段，希特勒当局开始公开剥夺犹太人的财产权。从1933年下半年开始，纳粹当局开始进一步加强对犹太人的盘剥，并逐渐加码。他们规定，那些为了躲避迫害而被迫离境的犹太人，需要上缴总资产的一部分作为移民税。一开始，他们规定离开德国的犹太人需要交纳高达其总资产25%的移民税。到1936年，这项移民税增至35%，到1938年，又上升至90%。此后，更是禁止犹太人携带任何财物离境。

第三阶段，纳粹德国开始限制犹太人离开德国，并进一步剥夺了犹太人的姓名权。1938年3月，纳粹德国兼并奥地利之后，其反犹气焰变得愈发嚣张。纳粹政权宣布，所有犹太人的原护照一律作废，规定所有犹太男性一律改名为“以色列”（Israel），女性则统一改为“莎拉”（Sarah），以便标识犹太人身份，限制其逃离德国。这些法令让犹太人失去了最基本的人权和迁徙的自由，而且随着纳粹党实力的增强，特别是随着德军在欧洲战场上的节节胜利，形势对犹太人变得更加严峻

第四阶段，德国纳粹的反犹行动得到了全面化的发展。1938年后，德国境内的犹太人被禁止使用公共设施，并禁止在夜间上街。这一年年底，发生了震惊德国的葛林斯

班事件①。纳粹德国以此事件为借口，开始对犹太人实施全国性的恐怖行动。德国各地犹太人的房屋、会堂、商店、学校、医院纷纷遭遇抢劫、破坏和焚毁。

第五阶段，纳粹德国开始系统实施其灭绝犹太人的种族屠杀政策。1939 年秋，长期实行对德绥靖政策的英法被迫对德宣战，第二次世界大战全面爆发，纳粹德国开始全面实施清除犹太人政策。希特勒下令，在犹太人聚居的城市设立“牢城”，以高墙圈禁，限制犹太人出入，并禁止犹太人与外界通信。在入侵苏联期间，德国军队每攻陷一座城镇，就会集结一支特遣队，四处搜捕犹太人，而后将他们聚集起来，当场射杀并加以掩埋。同时，后方的德国集中营也开始利用毒气室、焚尸炉等手段，对犹太人实施高效而廉价的“处置”，导致了超过 600 万犹太人的惨死。

看到这一切，人们不禁要问，当希特勒的纳粹德国一步步地实施其灭绝犹太人的罪恶计划时，世界其他大国究竟采取过什么行动来阻止这一罪恶计划的实施？令人遗憾的是，当时的绝大多数国家，包括一贯标榜民主、自由和平等的英、法、美等国，长期没有采取强有力的行动来阻止这一罪恶计划的实施。在战争爆发之前，尽管德国境内的犹太人已经开始遭到纳粹当局日益紧迫的迫害，但是英、法、美等国政府出于对德国军事实力的忌惮，一直不敢拿出实质性的行动来帮助德国犹太人。更有甚者，不少国家的政府还对那些企图逃离德国的犹太人实施了冷漠的移民限制政策。在 1933—1937 年期间，纳粹德国尚未禁止其境内的犹太人移民其他国家，所以大批德国境内的犹太人纷纷逃离德国，试图前往美国、英国、法国、阿根廷、巴西和巴勒斯坦等国家和地区。然而，当时英、法、美等国的政府，基于国家利益的考虑，却严格限制德籍犹太人移民本国，以至于每年只有 5000 个左右的犹太人能够拿到它们的入境名额。另外，它们驻德国的使领馆还对犹太人的移民申请百般刁难，故意不用完有限的移民名额。更加令人难以接受的是，英国为了保护其在中东的航线安全及其对中东石油的庞大需求，居然出台相关政策，限制犹太人移民到当时还是英国殖民地的巴勒斯坦，从而切断了犹太人逃离德国的又一重要出路。直到 1938 年 7 月，美国政府才邀请 32 国代表在法国小镇埃维昂开会商讨，商讨如何解决欧洲的犹太难民问题。可是，与会各国的代表对犹太难民的态度非常冷漠，无人愿意接纳更多的犹太移民。直至这年的 12 月，迫于强大的舆论压力，英国政府才被迫同意暂时收容 1 万名德国犹太裔儿童。

用今天的标准来看，英、法、美等国政府的上述冷漠态度是难以接受的，因为这无异于对纳粹种族灭绝政策的姑息和纵容。然而，在当时的历史背景下，对犹太人的遭遇持有这种冷漠态度的不仅仅有英、法、美等国的政府，还有许多其他的无知民众，其中甚至包括一些生活在德国境外的犹太人。在二战期间，生活在欧美各国的犹太人为求自保，大多在政治上保持低调，不敢过分积极地反对纳粹德国的反犹主义政策，从而使他们的同胞处于孤立无援的境地，生还的希望变得更加渺茫。同时，西方各国的许多普通民众也对犹太人的悲惨遭遇知之甚少，其中一部分还对犹太人抱有顽固的种族偏见。以当时的美国为例，在罗斯福总统当政后，一批具有影响力的人物（如汽车业大王福特、

① 1938 年 11 月，波兰犹太裔青年葛林斯班（Herschel Crynszpan）在巴黎枪杀德国大使馆的二等秘书，以报复其在德国的家人被迫遣送至波兰。

诗人艾略特等）甚至误认为，由于德国犹太人重商并妄图掌控德国经济，所以希特勒的排犹行动有不得已而为之的成分。有的美国人还认为，犹太学者缺乏对基督教文明的认知，故而不应该在美国的高校任教。一些美国媒体甚至公开发专文，谴责犹太人的贪婪，认为他们的遭遇是咎由自取……诸如此类的反犹声音不绝于耳。在希特勒统治下的德国，灭绝犹太人计划的支持者更是大有人在。据战后统计，当时德国将近 1/4 的成年男子曾经直接或间接参与执行了希特勒的终极灭犹计划，有将近八成的德国民众知道德军在死亡集中营中的所作所为，但仅有不足 200 名德国人公开反对希特勒的种族屠杀政策。因此，对犹太人的屠杀不仅仅是德国纳粹的责任，也是整个德意志民族的国耻。在法西斯德国占领的广大沦陷区，也有部分当地民众成为纳粹屠戮犹太人的帮凶。他们中的一些人甚至协助纳粹的特遣队搜捕犹太人，帮助后者将城中的犹太人聚集在一处，集体杀害。由于反犹主义在东欧和俄国有着长期的历史，不少民众非但不同情犹太人的遭遇，反而以告密的方式帮助纳粹寻找犹太人，或者冷漠地拒绝犹太人的求助，以至这些地区的犹太人很少幸免于难。据统计，1941 年夏天，在苏德战争爆发之后的五个星期之内，以此种方式遭到杀害的犹太人就多达 120 万之众，远远超过希特勒此前执政期八年内杀害犹太人数量的总和。

随着二战结束，犹太人终于得到了暂时喘息的机会，但等待他们的并不都是心灵的慰藉和关怀。二战后，英、法、美等战胜国政府并没有拿出巨额经费帮助幸存的犹太人重建家园。从纳粹集中营幸存下来的犹太人中，曾有 10 多万人因为无家可归而不得不继续滞留在曾经让他们备受屈辱的集中营。美国政府一度以犹太人是“流离失所的人”而非难民为理由，规避收容犹太移民的责任。一部分滞留在集中营的犹太人没有得到充分的救济，他们不得不与那些曾经参与反犹的东欧难民一起住在集中营里，忍受着囚犯般的待遇。因战后物资的匮乏，他们甚至被迫穿上当年纳粹德国的看守遗留下来的旧制服来御寒，身心备受摧残。在战后的德国，虽然公开的反犹行动已经停止，但民众中依然残存着反犹的情绪。犹太人在生活中备受排挤，生活举步维艰，大多数不得不依赖卑微的救济金度日。二战后的德国成为犹太人的伤心地，但是移民海外的道路又布满荆棘。许多犹太人一心想前往他们曾经的精神家园巴勒斯坦，但是作为巴勒斯坦托管国的英国出于不得罪阿拉伯民族的政治考虑，而严格限制犹太人移民巴勒斯坦。强制遣返非法入境的犹太人的事件不时发生，遣返的过程中更是屡次遭遇其他收容国的拒绝遣返。犹太人移民的这种遭遇，直至联合国的介入才有所缓和。联合国取消了英国对巴勒斯坦的托管权，建议解除犹太人移民巴勒斯坦的限制，并最终将巴勒斯坦分为犹太区和阿拉伯区，犹太人的移民问题得以暂时缓解。

二战后，各国惩治战犯的态度几经反复，量刑普遍较轻，部分纳粹战犯潜往国外，逃避了杀害犹太人的罪责。此外，由于现实原因，战后的联邦德国政府职务仍然多被前纳粹政府的成员占据。他们中的一些人担心惹祸上身，总是想方设法地规避战争和屠杀的责任；民主德国政府也借口以前的暴行是“法西斯主义”所为，拒绝承担赔偿责任。更加值得警惕的是，在今天的德国，虽然绝大多数民众都对纳粹德国的暴行感到耻辱，但否认大屠杀的事情也时有发生。德国学者利普·斯塔（Deborah Lipstadt）在《否认大屠杀》一书中，详尽收录了二战后至 20 世纪 80 年代期间，一部分企图否认大屠杀历史的极右翼政客和学者的言论。直到 1994 年，德国国会才正式通过法案，以法律的形式规定：任何否认纳粹大屠杀的行为都是有罪的，而且最高可以判处五年有期徒刑。至此，关于是否存在纳粹大屠杀以及具体受难人数的争论才算尘埃落定。

前事不忘，后事之师。犹太人在二战期间的惨痛历史遭遇让我们不忍回顾。大屠杀成为二战时期德国的国耻，成为犹太人心中最难以抚平的伤痛，成为人类历史上永不磨灭的伤痕。但大屠杀留给我们的不仅仅是痛苦的回忆，更有对人性的深深警醒和反思，人性何以沦丧至此？人类何以能被摧残至此？历史已成过往，但历史也将成为永恒的印记，时刻警醒我们，防止类似的悲剧在人类文明史上重演。

第三节 以色列的重生

在宗教世俗化和多元化的当代世界，绝大多数政治运动都把民族、国家和人民的利益作为追求的目标，而很少再以天国和上帝的旨意作为行动的宗旨。相应地，世俗性的民族认同也已经逐步取代了原来那种宗教性的认同。这一宗教世俗化和多元化的历史进程也给犹太民族带来了新的问题，促使他们对本民族与犹太教的关系进行新的思索。这种思索的结果之一是导致了犹太教本身的现代转型。

在现代的犹太教中，作为个体的人的价值和地位得到前所未有的重视。随着现代民主制度的日益普及，对个体的理解发生了深刻的变化，作为个体的人变得越来越重要，公民意识逐渐形成。此种变化在犹太教内部产生了根本性的变革。个体观念的强化与传统犹太教将以色列人作为整体看待的观点发生了冲突。在传统的犹太教思想中，任何行动的主体都是以色列民族，是这个由圣洁的子民祖传的群体。它很少考虑个体的可能性，更不关心作为世俗的个人的价值。传统的犹太教思想所关心的是神圣的以色列整体，而所有的犹太人都是作为该整体的一部分被捆绑在一起的。在近代之前，犹太教的拉比认为，超越于以色列这一整体之外的犹太人是不可想象的。然而至少从 19 世纪开始，犹太人实际上渐渐不完全被当作整体中的一部分而存在了。他们中的许多人散居在世界各地，而非与自己的犹太同胞居住在一起。他们与各种拥有不同宗教信仰的人一起工作和生活，而且他们中的一部分人甚至不再把以色列作为自己永远的祖国。犹太人不再像中世纪那样被禁锢在“隔都”之内，他们变成了某国人，成了某国的犹太人。针对这种现状，犹太教内部的各个派别都在积极思考应对策略。他们一方面认定犹太人继续是以色列，另一方面又重新定义了“以色列”这一范畴，肯定犹太人可以生活在现代社会中而又与《妥拉》保持一致，并由此对犹太教的传统世界观和末世论加以改造，对犹太人的生活方式做出新的规定。尽管犹太教的各个教派对世俗化的态度并不完全一致，但他们都对世俗化作出了不同程度的让步。他们所关心的真正问题是，犹太人怎样既是以色列，又能在世俗生活中进入另一个非以色列的民族和国家并在其中生存？

犹太教内部的改革派、正统派和保守派都一致认为，犹太教是一种宗教并且一直是一种宗教，但他们共同面临的一个最为迫切的问题就是政治环境的变化。“犹太人试图寻找一种既是犹太人又是某种别的东西的存在方法。但他们的敌人想要找到一种让所有的犹太人都停止存在的方法。"① 新的形势改变了犹太人先前生存的状况（先前的状况只是涉及他们的尊严，但至少保障他们在异乡的生命权），他们曾经遭遇过自第二圣殿被毁以来最大的生存危机。从19世纪开始，现代社会的经济结构已经发生根本性的变化。一方面，一些人把犹太人看作是导致这种变化的始作俑者之一；另一方面，犹太人自然也承受着经济结构的变化带来的后果。在19世纪末，东欧的犹太人普遍面临低就业和食不果腹的处境。犹太人一度分化为了犹太复国主义和犹太社会主义两个不同的阵营，而两者试图通过不同的方式来决定犹太民族的未来。无论是犹太复国主义还是犹太社会主义，本质上都是世俗的政治运动而非宗教运动，但它们又都试图从犹太教传统中寻找依据，并为此构建了各自的宗教思想体系。犹太复国主义者认为，犹太人共同构成了一个唯一的人民的整体，因此要建立以色列国；而犹太社会主义者则认为，犹太人必须形成自己的联盟，作为世界工人阶级一部分，采取经济行动，联合起来改变西方世界的经济基础。两者分别从世界观和具体生活方式两个方面，来诠释以色列这个概念，从而丰富和发展了这个概念的意义。

20世纪，随着纳粹对犹太人实行种族灭绝事件的发生，犹太教的思想也经历着处境化的改变。在此次事件后，犹太人的生存权变成了最迫切的问题。在这次史无前例的可怕事件中，各行各业各阶层的犹太人都别无选择地面对着死亡威胁，毫无人性的纳粹不加任何选择地把屠刀砍向他们抓住的每一个犹太人，而丝毫不考虑后者是男是女，是老是少，是富是贫。在这种无差别的种族灭绝面前，犹太人作为一个共同体的族群意识再次被唤醒。曾经四分五裂的犹太人开始团结起来，因为他们认为，自己随时都有可能被危险包围，而得救的唯一办法就是复国。受其影响，犹太教内部的各大派别都开始倾向犹太复国主义，力主以各种方式重建以色列国。

对于劫后余生的犹太人来说，尽管大屠杀已成为历史，但是由此带来的刻骨铭心的伤害远未结束。无论是集中营中死里逃生的犹太人，还是侥幸躲过那场屠戮的犹太人，都感到自己难以在寄居国获得安全感了。集中营的记忆像幽灵般吞噬着苦难中的犹太人。他们的灵魂再也不能在活着的时刻获得片刻安息。此外，二战前夕的英、法、美等国家对于犹太移民的限制，也让他们感到无比寒心和失望。他们越来越感到，世界上除了犹太人自己建立的国家，再无任何国家可以保障他们的安全；除了耶路撒冷，再无任何地方可以安放他们的灵魂。于是，重建以色列和重返耶路撒冷成为世界各地犹太人的共同愿望。这种强烈的愿望对现代犹太教产生了深远而持久的影响。如果说传统犹太教所关注的核心是礼仪、律法和血统，那么现代犹太教所关注的核心则是全体犹太人所面临的最迫切的生存问题。这不仅仅是那些亲历过大屠杀悲剧的犹太人的主张，也逐渐成为全世界犹太人的共识，因为那些生活在欧洲之外的犹太人，也已经通过各种信息渠道和亲友的遭遇，切身感受到了大屠杀的惨痛及其蕴含的救赎意义和价值。他们纷纷以自己的方式来思考和回应这一处境，而他们对这一处境的所有思考和回应都逐渐转向了同一个目标，那就是重建以色列和重返耶路撒冷。

---

① ［美］雅各·纽斯纳：《世界宗教入门：犹太教》，周伟驰译，上海：上海古籍出版社，2008年，第87页。

每个犹太人在想起过去那些不堪回首的经历时，他们心中都会产生极其复杂的情感，其中包括孤立、仇恨、轻蔑、恐惧。这些情感给予了他们一个关于自己的“犹太人”身份的确据。他们中的许多人都感到，自己已经很难像其他民族的移民一样生活在一个不属于自己的国家。无论他们的祖辈已经在别国的土地上生活过多少世代，他们似乎永远不可能真正成为那里的一分子。作为一个犹太人，他们似乎从一出生就注定了不同于其他人的身份和命运，而这种独特的身份和命运都同他们独特的宗教信仰密切相关。大屠杀和得救的经验成为每个犹太人亲历的宗教经验。以大屠杀和得救为主题的现代犹太教，将“成为犹太人”转变为一种超验的、神秘的存在模式。犹太人是每一个经历过（无论是通过亲身经历还是通过情感体验）“奥斯维辛”的人，而以色列成为他们共同期盼的家园。在对大屠杀和得救的反思中，现代犹太教找到了一个新的神学主题：“大屠杀和得救的犹太教告诉我们，每一天——家庭和故乡的现时现地——都不是以一个新的一单元而是以一个毒气室的烟雾而告终，它告诉我生活于近日救赎——如果我想要——并不在此时此地。它也教导我不要费心去圣化当前的环境，也不要信任当前的环境。”① 显然，大屠杀和得救将犹太人的个体心灵聚合为了一个共同体——以色列。就这样，以色列开始重归故里，在巴勒斯坦建国，而所有这些事件都成了处境中的现代犹太教的定义。借着这次浩劫，犹太教再次将以色列凝聚了起来。过去的犹太教曾经无数次探讨过犹太人集体生活在自己土地上的可能，然而却全部成为空谈。直到今天，这种可能才得以转变为现实。

通过将宗教信仰与犹太人的身份界定、现实生活和公共政策等问题紧密联系起来，现代犹太教走上了新的发展道路，并进一步强化了犹太人的民族观念。在某种意义上，今天的以色列国就是一座巨大的犹太会堂，它吸引着无数犹太人的崇拜，它为世界各地的犹太人提供了一个相对安全的港湾，也牵动着每个流落在异乡的犹太人对其发展的关切。对于今天的犹太人来说，以色列并不再单单是一个政治意义上的国度，而成为了一种能够将全体犹太人凝聚起来的宗教信念和神圣情感。

---

① ［美］雅各·纽斯纳：《世界宗教入门：犹太教》，周伟驰译，上海：上海古籍出版社，2008年，第93页。

第六章　犹太人在中国

古老的中华文明是一个包容性极强的文明。在中华文明史上的绝大多数时期，生活在这片土地上的人民都能以相对包容的态度接纳或同化各种外来的族群、宗教和文化，而很少因此引发激烈的“文明冲突”。然而在谈到犹太人和犹太教的时候，很多中国人除了一些粗线条的印象外，似乎并没有什么深刻的认识。在不少中国人眼里，仿佛中华文明与犹太人的希伯来文明之间既未发生过什么冲突，也无多少关联。甚至很多中国知识分子在谈到中国人与犹太人之间的交往时，所能想到的也往往只是几千个为数不多的开封犹太人的后裔，抑或是二战时期寄居上海的犹太难民。

然而事实上，中国人与犹太人之间的交往有着极为悠久的历史。翻开历史的扉页，我们将发现，自唐代以来，就有犹太商队前往中国的记载。在北宋时期，犹太人在中国聚集成为大族，并获得皇帝亲赐的七大姓氏。在金朝的首都汴梁（今河南开封）曾有犹太人 500 余户，共 4000 余人。他们结成了犹太社区，并设有犹太会堂。古代中国人曾把犹太人和犹太教统称为“一赐乐业”（“以色列”的音译），同时因为犹太人有在吃牛羊时必先剔除脚筋的饮食习惯，犹太教在古代中国亦曾被称为“挑筋教”。此外，也有人叫他们“蓝帽回回”“天竺人”等。在明朝晚期，因为开封地区多次遭遇黄河水患，原本聚居于此的犹太人或流亡外逃，或被天灾吞噬，以至当地的犹太社区基本趋于湮灭，仅留存 10 余户人家。至清朝，残存的开封犹太人已被彻底汉化，他们已然不谙犹太教的习俗与礼教，外貌上也几乎与汉人无异。除此之外，古代中国人与犹太文化之间的邂逅，似乎没有留下更多的记载。然而，正是这些残存的零散史料，促使一批现代中国学者致力于研究中国犹太人问题，并取得了丰硕的研究成果。这些研究成果逐渐引起了不少海外学者（尤其是以色列学者）的重视，他们也开始关注起中国犹太人的历史，以及犹太教在中国的传承。

第一节　开封犹太社区的演变与消亡

开封犹太人有着悠久的历史，不过谈及开封犹太人的发现，则要追溯到来华传教士利玛窦。据说，1605 年，一名艾姓的开封犹太人进京赶考，慕名拜访了当时在中国传教的天主教传教士利玛窦。交谈之下，利玛窦才意识到眼前这个识得希伯来文的男子居然是犹太教的信徒。在好奇心驱使下，利玛窦亲自来到开封，对当地的犹太社区进行了实地的考察和研究，并最终确认，在遥远的中国生活着一批犹太人，而且他们依然保留着很多古老的犹太教传统。此后，又有多位传教士来到开封研究犹太人的宗教和生活情况。他们收集了不少宝贵的相关资料，并撰写了一些研究报告。相比之下，中国学者对开封犹太人社团进行针对性研究则是20世纪中期之后的事情，其中尤以山东大学“犹太教与跨宗教研究中心”的研究成果最多。

有关犹太人何时首次来到中国，目前学术界有周代说、汉代说和唐代说三种不同观点：“周代说从《旧约》和开封犹太人所写碑文中的一些说法推断犹太人早在公元前8世纪（中国周朝）就来到了中国，还有人甚至认为犹太人在周朝前就已经来华；汉代说将发生在公元1世纪（中国汉代）的犹太人的亡国离散和丝绸之路开通联系在一起，认为当时开始离散生涯的犹太人沿着丝绸之路来到了中国……唐代说，大批犹太人是在唐代（约公元8世纪前后）沿着丝绸之路进入中国境内的，同时也有从海路来到中国沿海各地再进入内地的。”①

在以上三种观点中，当前学术界认为最有可能成立是唐代说，因为相较于周代说和汉代说缺少佐证的现实，唐代说从考古发现中获得了较为有力的证据②。然而，基于考古证据本身的局限性，我们并不排除在唐代之前已经有少数的、个别的犹太人曾经来到中国的可能性。此后，进入中国的犹太人也许因为以商人为主的缘故，而散布在中国的多个城市和地区，如洛阳、敦煌、广州、杭州、宁波、北京、泉州、宁夏、扬州、南京等③。不过，这些来华犹太人并没有形成较大规模的犹太社区。直至宋朝，才在今河南开封地区形成了一个稳定的犹太社团。在有关来华犹太人的各种历史记录中，以有关开封犹太社团的记录最为全面和详尽。因此，国内外研究者也一直以该地区的犹太社团作为典型案例，从宗教、历史、民族、人类学等多个领域对其加以研究。因此，在我们研究中国历史上的犹太人时，这个曾经长期存在于河南开封的犹太社团就成了一个不得不加以认真考察和深入探究的主题。目前，我国学者在这一研究领域已经取得较大的进展，并就如下一些问题得出了初步结论。

第一，有关开封犹太人的族名和教名问题。由于“犹太”这一名称在中国出现的时间较晚，而开封犹太人又是较早离开本土，所以直至明代晚期，他们自身都不知道这一名称。他们既不知道自己曾经属于一个被称为“犹太人”的民族，也不知道自己所信奉的宗教是一个被称为“犹太教”的古老宗教。他们的宗教通常被当时的人们称为“一赐乐业、古教、回回古教、天教、天竺教、挑筋教、教经教”，他们则被当时的人们称为“青回回、蓝帽回回、蓝帽子回回、蓝帽回子、七姓回子、摩西教徒”等④。

---

① 潘光、王健：《犹太人与中国》，北京：时事出版社，2010年，第7页。

② 唐代说的可信度由于两件物证而得到加强：第一，1901年，英籍冒险家坦因在新疆和田发现了以希伯来文书写的波斯语书信。写信人是一个在和田做生意的会讲波斯语的犹太人。这封书信写于公元718年左右，书写的信纸在当时只有中国可以生产。第二，1908年，法国汉学家伯希和（Paul Pelliot）从甘肃敦煌取走了一件希伯来语忏悔祈祷文。该祈祷文的内容来自犹太人的《诗篇》，其书写时间大约在公元6世纪至8世纪。

③ 参阅潘光旦：《中国境内犹太人的若干历史问题——开封的中国犹太人》，北京：北京大学出版社，1983年，第16~25页。

④ 这些称谓主要有三种来源：第一，他们自取的称谓；第二，来自其他人的并逐渐被他们所默认的称谓；第三，来自其他人的并一直被他们所拒绝的称谓。参阅潘光旦：《中国境内犹太人的若干历史问题——开封的中国犹太人》，北京：北京大学出版社，1983年，第1~11页。

此外，在其他古籍中还有其他一些有关犹太人的称谓，但因并未广泛使用，故无需在此一一介绍。

第二，有关开封犹太人的来源问题。对于开封犹太人，许多文献中只标明：在北宋时期，一批犹太人随着阿拉伯人、突厥人、波斯人等跟从西亚游牧民族经丝绸之路进入当时的都城东京（今开封）①。但是，关于这批犹太人的来源，学界仍有颇多争议。在大多数学者看来，这批犹太人的祖先最有可能来自波斯，但是并不排除当时有少部分犹太人经由印度进入中国的可能②。

第三，关于开封犹太社团的演化问题。开封的犹太社团之所以会走向繁荣，并逐步融入中国古代的文化传统，是因为得到了中国统治者的宽容、保护和优待。不同于犹太人在西方基督教国家遭遇的悲惨命运，进入中国的犹太人不仅获准“加入中国国籍”，定居开封，而且可以自由地保持其本民族的风俗传统和宗教信仰。在社会生活的方方面面，他们不仅享有和汉族完全同等的权利，而且在某些时候还会得到一定的优待和照顾。由于这些优惠政策，犹太人逐渐在开封定居下来。他们发展商业，兴建会堂，过着安宁祥和的生活。在北宋灭亡之后，金、元、明等历代王朝的统治者都对犹太人采取了宽容和优待政策，从而让开封犹太人社区得以延续下来。在漫长的岁月里，开封犹太人逐渐分化为不同的社会阶层，而且其中的大部分都处于当时中国社会的中上阶层：有的犹太人通过科举入仕，也有的成为富甲一方的商贾，有的四处行医，有的从事专门的神职工作。到了明代，犹太社团进入其发展的鼎盛时期。当时在开封的犹太家庭的数量达到500余户，有4400~5000人，被视为开封犹太人发展史上人口最多的时期。然而，伴随开封犹太社团的全面繁荣，犹太人的汉化也逐渐深入到生活的各个方面。犹太人开始全面融入中国文化，汉语逐渐取代希伯来语成为犹太人的日常语言，而希伯来语则沦为少数神职人员在宗教仪式中使用的语言。犹太人还逐渐将原有的犹太教姓氏改为汉族的姓氏。开封的犹太人一开始有70个家族，到现在只剩下七个姓氏：石姓、高姓、艾姓、李姓、张姓、赵姓、金姓。其中，除了“赵”是宋朝皇帝的赐姓之外，其他的几个都是根据原来的犹太姓氏转译而来的。例如，“李”姓是“利未”的音译，而“石”姓和“金”姓则是犹太姓氏的意译。随着时代的变迁，开封犹太人也逐渐放弃原有的“族内通婚制”，开始与外族通婚。这是因为，犹太人的传统婚姻制度中的部分内容（如弟娶寡嫂等）违背了中国传统的伦理道德，加上犹太社团的人口因为外迁而逐渐较少，导致族内婚制逐渐无法实施。开封犹太人还逐渐接受了汉族的服饰，其原有的一些民族传统习俗也逐渐淡化。

第四，关于开封犹太社团逐渐走向衰微、其民族性逐渐丧失的问题。一般认为，开封犹太人在明末清初走向衰亡是多种原因导致的结果。首先，从明朝后期开始，儒家文化繁荣，促进了“一赐乐业教”的革新。开封犹太人不断地借用儒家文化来解释自己

① 这部分证据主要来自于明弘治二年（1489）的碑记《重建清真寺记》，碑文如下：“噫！教导相传，授业有自来矣。出自天竺，奉命而来……宋孝隆兴元年癸未，列微五思达领掌其教，俺都剌始建寺焉。元至元十六年己卯，五思达重建古刹清真寺。”

② 参阅潘光、王健：《犹太人与中国》，北京：时事出版社，2010年，第8页。

的经典和教义，又不断地以本教的教义来诠释儒家经典。在这一过程中，开封犹太人宗教信仰的个性逐渐淹没在儒家传统文明的浩瀚汪洋中。其次，发生在1642年的黄河决堤，冲毁了开封城墙，造成半数犹太人死亡，犹太会堂也被冲毁，许多经书也就此遗失，犹太社团由此日渐衰落。此后数年，开封城不复往日繁华，许多犹太人辗转流亡到其他城市，而少数遗留下来的犹太人则以老弱妇孺及体力劳动者为主。此后，由于朝代更迭，开封地区战祸不断，天灾连年，从而进一步加速了犹太社团的没落。至清朝初年，统治者长期实行闭关锁国政策，导致开封犹太社团与海外犹太人和传教士之间的联系被彻底切断。到了19世纪初期，“一赐乐业教”的最后一位掌教（拉比）谢世之后，再无专职的拉比出现，以至当地犹太人连最基本的宗教仪式都无法延续下去。最终，开封犹太社团的独特宗教观念日渐淡薄，直至消亡。

学者们在探讨开封犹太人“消亡”的原因时，有这样一个问题常常引起他们的思考：为何世界其他地方的犹太人能够在夹缝中生存下来，而来到中国的犹太人却最终被强大的中华文明所同化？针对这一问题，中国学者潘光旦在《中国境内犹太人的若干历史问题——开封的中国犹太人》作出了较为合理的解释。按照他的解释，开封犹太人最终被同化的主要原因有四个。其一，中国历代统治者均对犹太人采取怀柔政策，尊重犹太人信仰，从而赢得了他们对中国文化的好感。例如，北宋时期的统治者就允许犹太人保有自己的宗教信仰和风俗习惯，宣称犹太人是“出自天竺，奉命而来……进贡西洋布于宋。帝曰：‘归我华夏，遵守祖风，留遗汴梁……’”。当时，开封犹太人被赋予了根据犹太法典恪守宗教礼仪的自由，从而消除了犹太人与中国本土居民之间的心理猜疑和隔膜。在宽容自由的氛围中，犹太人反而同周围的居民相互影响，彼此渗透，其民族性自然逐渐削弱。相较于西方犹太人的保守传统，开封犹太人对其他宗教和文化的态度也要开放得多。天长日久，他们中的一些人开始同信奉伊斯兰教的回族人民相互融合，并逐渐丧失了宗教仪式上的独特性。其二，在“学而优则仕”的汉文化影响下，开封犹太人热衷于通过科举考试，来获得参与国家政治生活的权利。自14世纪开始，开封犹太人中的部分商人和知识分子考中了秀才、举人和进士等功名。而当时的中国统治者为防止腐败，禁止官员在本省为官，所以犹太人一旦步入仕途，就需要带着家人背井离乡，宦游天下，从而逐渐与本民族传统疏远。其三，异族通婚的影响。犹太人在中国的历史并不是很长，但是他们在语言上、生活上、体质上与当地人已无二致。这一事实足以表明，犹太人与当地人的通婚不是个例，而是较为普遍的现象。通婚无疑是同化过程中至关重要的一个因素。最后，犹太人被同化也是基于经济状况的考虑。起初，犹太人在当地主要是商人、医生和工匠，但他们不可能永久保持原有的经营方式。在与当地人的相互竞争中，他们逐渐因袭当地的生活方式、文化语言，甚至汉人的姓氏，最终丧失了民族特性，完全被同化了。早在19世纪，开封犹太人的后裔已经完全丧失了犹太人的特征，变得与当地汉人没有明显区别。他们没有希伯来文的名字，不通希伯来文，更没有犹太拉比的指教，所以无法阅读《塔纳赫》和《密西拿》等犹太教经典，甚至连象征性的宗教仪式也没有。1867年，美国圣公会主教施约瑟在访问开封之后，曾经全面阐述了他对开封犹太人信仰状况的真实感受。他写道：“他们已完全丧失了自己的宗教，从任何方面看都几乎难以与异教徒区分开来，他们的家里供着偶像，并留着祖先的牌位，一人还当了和尚。他们与当地人通婚，并不再行割礼，衣着、习惯、宗教诸方面已如同汉人……虽然还保留着一些希伯来文经卷，但已不能认读。”①

第五，尝试恢复开封犹太社团的种种努力及其现状。由于利玛窦的原因，西方教会出于各自的目的，开始派驻传教士来华探访开封犹太社团的情况。一时之间，开封犹太社团与西方世界恢复了长期中断的联系。然而，由于清雍正皇帝于1724年颁布了一道禁止传播基督教的圣旨，基督教传教士在华的自由活动受到了极大限制，开封犹太社团与世界逐渐处于隔绝状态。此后，由于两名中国新教徒的努力，开封犹太人再次与西方传教士取得联系，并进行了恢复书信往来的尝试②。来自西方的传教士撰写了一些有关开封犹太社团走向瓦解的报告，并为救助开封的犹太人社团奔走呼号，但效果并不理想。随着最后一位掌教（拉比）的谢世、《妥拉》的流失、会堂的外卖，开封犹太人终于成为一个被淹没的历史名词。因此，我们必须承认这样一个事实：无论从宗教意义还是社团意义上看，开封的犹太人群体都已不复存在。

第二节　近现代之后的来华犹太人概况

在开封犹太社团逐渐走向消亡的同时，自19世纪中叶开始，又有新的犹太移民因各式各样的理由来到中国。他们分别在中国境内的香港、上海以及东北和华北地区建立起新的犹太社团。对于犹太人零散来华的情况，我们无法进行全面考证，所以也知之甚少。目前较为明确的情况下，自中国的国门因为鸦片战争而被迫再次开启之后，曾有不少犹太人来华发展。这些犹太人大多以个人的方式来华，但也有三个较为集中的犹太人来华时期。第一次是鸦片战争之后来华经商的犹太人，他们大多来自英属的中东、南亚和东南亚地区，其来华的主要目的是经商、办实业；第二次是19世纪末的数十年内来华的犹太人，他们以俄罗斯犹太人为主，来华的主要目的是躲避国内的反犹运动以及俄罗斯内战；第三次则是1933—1941年，主要是一些逃避纳粹残杀的犹太人。基于他们来华的时间和主要目的，我们对此进行了粗线条的划分，并由此对这三个阶段来华的犹太人以及他们在华的状况进行简要叙述。

首先，让我们谈一谈那些在鸦片战争之后来华追求财富的赛法迪犹太人。赛法迪犹太人一词可以泛指从地中海沿岸（尤其是从西亚和北非）移民到世界各地的犹太人。鸦片战争后，一些赛法迪犹太人借助英国对华贸易优势，来到中国居住，并以香港和上海为中心在华经商，主营西方的纺织品和鸦片等。随着犹太人在华经营的利好形势，犹太商人不断扩大经营规模，雇员人数不断增加。在香港和上海逐渐形成了犹太居民聚集的群体③，更是造就了有“东方的罗斯柴尔德”家族之称的犹太商贾家族——沙逊家

① White, W. C.. *Chinese Jews*. Toronto: University of Toronto Press, 1966, p. 184.

② 耿昇、李渡南、荣振华：《中国的犹太人》，郑州：大象出版社，2005年，第295~308页。

③ 1958年，第一个犹太公墓在香港跑马地建立。由此足见，当时香港至少已形成了一个小型的犹太社团。

族，甚至出现了犹太裔的香港总督——马修·弥敦爵士①。

其次，为躲避俄国内战和反犹浪潮来华的俄罗斯犹太人。19世纪末的俄国无疑是世界上犹太人最多的国家。截至1897年，生活在俄罗斯栅栏区以内的犹太人约有500万人，生活在栅栏区以外的则为32万人②。然而，从19世纪80年代起，不少俄罗斯犹太人开始穿过西伯利亚，进入中国的东北和内蒙古地区。其间，一部分来华犹太人又以此为通道，辗转到达天津、青岛和上海等通商口岸，经商发展。这些俄罗斯犹太人之所以选择来华，是由多种原因导致的结果。首先，生活在俄国境内的犹太人原本就受到歧视，而1881年之后，发生在一些东欧国家的反犹活动开始蔓延到俄国境内，有人趁机指责犹太人参与了谋杀沙皇亚历山大二世的阴谋，从而导致犹太人受到沙俄政府的迫害，生活变得日益艰难。为逃避迫害，很多犹太人选择逃往中国境内。值得注意的是，沙俄政府非但不阻止本国犹太人来华，反而对其采取鼓励政策。这种政策主要是出于两方面的考虑。一方面，沙俄政府当时正在全力修建中国境内的东方铁路，而鼓励本国犹太人来华，不断可以增加人手，还能扩大沙俄的在华势力。另一方面，由于来华的犹太人可以在沙俄治外法权的保护下，过上比原来更好的生活，包括维护自己的信仰、保留自己的经济权益等，所以他们大都对沙俄在中国东北的殖民统治持支持态度，从而有助于巩固沙俄在中国东北的既得利益。为了实现上述目的，沙俄政府将“满洲”比喻为“天堂”，极力鼓吹包括犹太人在内的本国人前往当地定居，并许诺任何俄来华移民“都将得到宗教自由、无限制的商业权利和进入没有限额的学校”③。沙俄在中国东北的扩张，引起了日本的嫉妒和不满，并最终引发了1905年日俄战争，而这场战争成为推动犹太人来华的又一重要动因。在日俄战争和随后的一战期间，沙俄政府大量强征国内犹太人入伍，致使大量犹太人逃离，并有一部分犹太人来到中国。战后，部分来华的犹太人不愿回国，选择继续留在东北等地生活。直到1917年，沙俄政府被推翻之后，仍有不少俄国犹太人为了逃避战祸，而不断地逃亡到中国东北的哈尔滨、齐齐哈尔、满洲里、海拉尔、沈阳、大连等城市。散居在这些中国城市里的犹太人中，有不少成为了富有的实业家和商人，有的还把生意做到了上海、天津和香港等其他中国城市。随着来华的俄罗斯犹太人的增加，各种犹太人协会和犹太社团也相继在中国的哈尔滨等城市建立起来。1903年，哈尔滨分别设立第一个哈尔滨犹太人协会和第一座犹太人会堂，哈尔滨由此成为继香港和上海之后的第三个拥有犹太人社团的城市。海拉尔和满洲里的犹太人则分别在1910年和1912年开设了犹太教祈祷所。直到苏联成立之后，俄罗斯犹太人的来华潮才逐渐退去。

最后，为逃避纳粹屠杀而逃到中国上海的犹太人。早在二战爆发之前，已经有一些

---

① 马修·弥敦（Sir Matthew Nathan，1862—1939年）是英国犹太人，曾于1904—1907年任英国驻香港总督。今香港九龙主干道弥敦道，就是以他的名字命名。参阅罗狮谷：《香港犹太团简介》，香港犹太历史学会，1988年，第3页。

② ［英］马丁·吉尔伯特：《犹太史图录》，徐新译，上海：上海人民出版社，2000年，第72页。

③ ［美］马文·托克耶、玛丽·斯沃茨：《河豚鱼计划：第二次世界大战期间日本人与犹太人的秘密交往史》，龚方震、张乐天、卢海生译，上海：上海三联书店，1992年，第35页。

犹太人从欧美各国来到中国的上海等通商口岸，在那里经商和生活，但尚未形成犹太人大规模移民中国的潮流。二战爆发前夕，欧洲犹太人的处境日益恶化。德国的国会甚至通过“纽伦堡种族纯洁法”，公开为屠杀犹太人提供法律依据。然而，面对蜂拥而至的犹太难民，以美、英为代表的世界大国罔顾道义，百般推卸自己对犹太人施以援手的责任。1938 年，美国终于提议召开一次旨在解决犹太难民问题的埃维昂会议，但与会各国代表仅仅对流亡的犹太人表示同情，却没有明确表示救济和收留他们的意愿。一时之间，犹太人感到自己似乎被全世界遗弃了。在走投无路的情况下，成千上万的欧洲犹太人开始设法前往中国，并把中国的上海等城市当作他们理想的避风港。后来的事实证明，他们的这一选择是相当正确的。因为首先，在中国历史上，没有出现过大规模的反犹排犹的事件，而且历代中国政府曾经给予来华的犹太人以各种优待，让他们享受高度的宗教自由和平等权利。其次，当时中国的上海、香港、哈尔滨、天津等通商口岸已有大批犹太人居住，当地的犹太社团建立了多个基金会和慈善组织，为逃往中国的犹太难民提供必要的救助①。最后，当时中国积贫积弱的特殊国情，也为犹太人在中国立足创造了条件。上海的公共租界原本就是一个可以允许外国人自由进出的地方。即使在日本侵占上海的初期（1938—1939 年），进入上海的外国人依然无需出示任何签证，而且日本占领军出于经济上和政治上的考虑，对来华犹太人的态度也时有缓和，从而在一定程度上为犹太难民的涌入提供了契机。

当日本正式加入德意法西斯阵营之后，尽管在华犹太人的处境有所恶化，但并未像欧洲境内的犹太人那样，遭到大规模的遣返和监禁。因此，来自欧洲各国的犹太难民仍然在源源不断地涌入上海，令当地的租界和犹太社团倍感压力，以致要求日本占领当局采取适当措施限制犹太难民来华。不过，还是有些犹太难民以各种方式来到上海，或者经由上海转移至其他国家避难。直到 1941 年，在苏德战争和太平洋战争陆续爆发之后，犹太难民从欧洲进入中国的海上和陆上路线才逐渐被完全切断。至此，在华犹太难民的数量才开始日益回落。

到达中国之后，大多数犹太人都直接前往难民营居住，但其中也有部分犹太难民或投奔亲友，或自行安顿，暂居上海。上海本地的犹太社团为犹太难民的生存权积极奔走，成立救助基金，帮助他们通过再就业的方式实现自救。此外，美国等其他国家的犹太人团体也纷纷捐资帮助上海的犹太难民。1938 年，世界犹太难民救济组织在上海设立办事处，为滞留上海的犹太难民提供多种服务和帮助。随着战争的延续，外来的资金援助日益削减，上海的犹太社团在救助犹太难民的资金上面临重重困境，导致犹太难民的处境愈发艰难。尤其是太平洋战争的爆发，让上海的犹太难民处境更加危急。首先，由于英美与日本开战，日军占领了公共租界，导致援助犹太难民的海外资金链被切断；

① 1934 年，早期来沪的德国犹太人成立了一个“救济基金会”；1938 年 8 月，以赛法迪犹太人为主的相关人士又组成了“国际救助欧洲难民委员会”；1938 年 10 月，上海成立了“援助欧洲来沪犹太难民委员会”；1939 年 1 月，维克多·沙逊爵士捐助 15 万美元作为上海犹太人的“复兴基金”；1939 年 1 月起，欧洲来沪犹太难民委员会相继在爱尔考克路、兆丰路、熙华德路、华德路、汇山路等地建立起多个犹太难民营。

其次，上海的犹太商人被日军视为“敌侨”集中监禁，产业被没收，从而再难以筹集资金来帮助犹太难民；再次，日本占领当局逐渐调整对犹太人的策略，放弃先前制定的利用犹太人构建“大东亚共荣圈”的“河豚鱼计划”①，转而压制犹太人，甚至一度在德国法西斯的唆使下，企图执行消灭和屠杀全部犹太难民的“梅辛格计划”，以彻底解决上海的犹太人问题②。尽管这项残忍的计划最终被搁置，但日本占领当局还是在上海建立了针对犹太人的“无国籍难民隔离区”。

二战结束之后，上海作为犹太人避风港的职责终于结束，滞留在上海的大多数犹太难民也纷纷选择离开，前往世界各地定居。这些背井离乡的犹太难民，怀着他们对战后新世界的美好憧憬，一批批地走出难民营，移民到美国、加拿大、澳大利亚和以色列等西方国家定居。此后，由于中国内战和新政府的成立，英美籍的犹太商人被迫逐渐撤出中国内地，转到香港谋求发展。至新中国成立之初，中国境内的犹太人数量已经从高峰时的 2 万多人锐减到了 5000~6000 人，其中还包含一些持有苏联国籍的犹太人。在 20 世纪 60 年代之后，由于中苏关系的恶化、三年自然灾害、“文化大革命”等诸多大环境因素的影响，在华犹太人几乎全部离开中国，而他们建立的犹太社团也相继解散。然而，中国作为犹太人避难所的这段特殊历史，并不会被时间的车轮所磨灭，而必将成为中国人民和以色列人民所共有的一段美好记忆。

---

① 河豚鱼计划是 1934 年至 1940 年间，日本政府设立的一项秘密计划，其主要内容是：以募集有才能的欧洲犹太人及美国犹太人的资本、以影响和同情等为手段，来构筑 20 世纪的日本帝国，即所谓的“大东亚共荣圈”。

② “梅辛格计划”是二战期间，侵华日军为了解决上海的犹太难民问题制订的计划，其实施步骤有两步：第一步，利用上海犹太人在 1942 年犹太新年的团聚，以突袭方式围捕所有在上海的犹太人；第二步，用果断措施彻底解决掉这些犹太人。解决的方案有三个：第一，用旧船将犹太人运到东海，任其随波逐流，最终饥渴而死；第二，强迫犹太人到黄浦江上游废弃的盐矿做苦力，最终劳累而死；第三，在上海崇明岛设立犹太人集中营，对犹太人进行医学实验。

经典篇

第七章　犹太人的信仰

第一节　教义之争

人们常常把犹太人的传统宗教信仰称为犹太教，但对于后者的教义，学者们又没有形成完全一致和非常明确的意见，而往往只是基于他们自身的研究立场，对其教义作出概括性的说明。更有甚者，一些学者甚至认为，犹太教在本质上是一个以律法而非教义为中心的宗教，因为人们在介绍犹太教时所津津乐道的一神论、选民观、契约论、安息日等教义，其实都是从犹太教的律法条文中归纳出来的。

应该承认，犹太教的教义与律法之间确实有着密切的关联，而且其中一些教义确实是从律法中推论出来的，但这并不意味着犹太教没有其自身的教义体系。在犹太教的教义体系中，最为重要的一个核心教义便是关于雅赫威的一神论教义。不过，这条教义并非是一蹴而就的结果，而是首先萌芽于古代中东自然宗教的沃土，后经由迦南多神崇拜的干扰以及埃及一神教的熏陶，再结合犹太民族的特殊背景（增强民族凝聚力的实际需求），历经列王时代的约西亚改革和归国时期的尼西米运动等多次事件的洗礼，才逐步得以完善化和系统化，并形成犹太教特有的一神论教义。

犹太教的几乎所有教义都可以在其律法中找到对应的条文，所以学者们在探究犹太教的教义体系时，常常是从犹太教的律法体系入手的。然而，关于犹太教究竟有多少条律法以及与之对应的教义，不仅学者们的说法不一，即使在犹太教内部亦存在不同看法。犹太教的律法和教义都起源于2000多年前的摩西时代，所以后来的犹太知识分子曾经根据《妥拉》中记载的摩西律法，将它们归结为613条最基本的诫命，并在犹太民族内部加以贯彻和训导。由于这613条诫命的内容过于庞杂，其中多有重复乃至矛盾之处，所以经过历史的涤荡、实践的打磨，它们又被后世犹太人逐渐简化为大卫王在其所作的第15篇诗歌中提出的11条基本准则。再后来，这11条基本准则又逐渐被先知以赛亚提出的6条准则和先知弥迦提出的3条准则取而代之。最后，一些犹太先贤又提出，犹太教的全部信条可以概括为先知阿摩司的一句话："你们要寻找我（上帝），就必存活。"此外，还有人借先知哈巴谷之口将这句话进一步简化为"唯义人因信得生"。不过在犹太人内部，这种对教义和律法的简化理解并未得到普遍接受。在一些犹太人看来，对犹太教的全部信条加以总结实际上一项不可能完成的任务，因为一方面，这些信条本身就是神圣的和奥秘的；另一方面，历代先知并未对它们的意义作出详尽而明确的解释。因此，每一个犹太人都可以根据自己对犹太教的认识，去理解和解释他们所信仰的犹太教的“全部信条”。

实际上，作为世界上现存的最古老的宗教之一，犹太教在其庞杂的教义和律法中，既包含着大量发端于远古时代的原始宗教的古老内容，也包含着众多源自犹太民族史上不同发展时期的先知教导和宗教改革的更新内容。正是由于这一原因，犹太教很难像基督教和伊斯兰教等很久之后才出现的创建型宗教那样，具有一个相对严密的和逻辑连贯的教义和教规的体系，以至于容易让人产生犹太教其实没有教义体系的感觉。也正是由于这一原因，在犹太民族史上，也曾有不少犹太教人士以不同方式承认，犹太教实际上是没有完整的教义体系的宗教，而且即使有这种教义体系，也不能将其视为犹太人获得个人拯救的基础。在启蒙运动之后，持有此类观点的犹太思想家逐渐增多，不过他们这么说的目的并非是要贬低犹太教，而是希望犹太人能够摆脱对某些权威人士或权威学说的盲目信赖，以便更好地融入他们现在所生活的国家和文化。关于犹太教到底有没有完整的教义或教义体系这个问题，著名犹太学者利奥·拜克在《犹太教的本质》中作出过一段非常有说服力的回答。他指出：“如果我们从严格意义上把握‘教义’（dogma）一词，甚至可以说犹太教没有教义……只有当观念的特定公则被形式化，并且只有当这个公则被公认的权威宣布具有约束力，是获救的基础，一种教义才得以显现。犹太教不具备这些前提中的任何一个。在犹太教中不存在对一贯的、不可违背的公则的需求，这种需求只有在那些其核心部分存在一种神秘的、圣化了的信仰行为——一种可以独自打开拯救之门的行为，所以这种行为要求在一种能世代相传的特定的概念化的摹本的宗教中才是必然的。这种拯救行为以及神恩的赐予与犹太教格格不入；犹太教并不乞求在地上建立天堂。”① 利奥·拜克写作此书的一个重要动机就是为犹太教辩护。他着眼于厘清犹太教与其对手基督教的区别，并从对教义的需求上区分犹太教和基督教，以显示犹太教是更加注重实践与律法的宗教。

对于犹太教究竟有无完整的教义或教义体系，近现代的犹太教思想家之间尽管意见不一致，但还是在某些方面达成了共识。他们一致认为，在犹太教中，教义或信条的作用不像它们在基督教和伊斯兰教中的作用那么重要，而这一特征最突出表现为：犹太教的教义并不构成其追求的拯救的基石。事实上，尽管教义在犹太教中的重要性次于其在基督教和伊斯兰教的重要性，但并不能因此而轻易断言犹太教是一个没有教义的宗教。事实上，早在12世纪，伟大的犹太思想家迈蒙尼德为了确保当时居住在北非的犹太同胞既能安然生活在穆斯林的统治下，又能获得雅赫威上帝的最终拯救，曾经为他们制定过13条最基本的原则，并将之表述为最严格意义上的教义。这13条原则最终形成了一个在犹太社团内部获得最广泛接受的信仰声明。它们的主要内容是：（1）上帝存在；（2）上帝独一无二；（3）上帝无形体；（4）上帝先于宇宙，从虚无中创世；（5）上帝是唯一可受敬拜的；（6）先知的预言是真实的；（7）摩西是最大的先知；（8）妥拉来自天启；（9）妥拉恒久不变，不可增减；（10）上帝对人无所不知；（11）上帝会奖赏

---

① ［德］利奥·拜克：《犹太教的本质》，傅永军、于健译，济南：山东大学出版社，2002年，第6~7页。

义人而惩罚恶人；(12) 弥赛亚必将降临；(13) 死者必将复活。

在深入探究犹太教的教义及其与基督教和伊斯兰教的教义之间的区别后，我们发现，犹太教同基督教和伊斯兰教有一个共同关注的焦点，那就是上帝与人的关系。无论犹太教的教义是多么的庞杂，它们都在试图回答三个与此相关的重要问题：第一，“上帝是什么？人对上帝的认识是怎样的？”；第二，“人是什么？人与上帝的关系是怎样的？”；第三，“人与人之间的关系是怎样的？上帝对此是如何安排的？”。由于犹太民族极其特殊的历史遭遇，加之其他历史因素的发酵，犹太教在两千多年前刚刚诞生的时候，就曾经是一个政教合一的宗教，而非像诞生之初的基督教和伊斯兰教那样直到很久后才得以成为“统治阶级的宗教”，所以犹太教的教义自然会更多地涉及犹太人的内部管理和婚姻家庭生活等现实问题，从而更多地表现为名目繁多的法律条文和道德规约。后来，犹太人逐渐从这些法律条文和道德规约中归纳出一神论、契约观、选民观和救赎观四个主要方面，并以此凸显出犹太教不同于其他宗教的特质。

第二节　一神观念

一神论是犹太教不同于当时其他宗教的最重要特征，故而犹太民族史上曾有“凡摒弃偶像崇拜者，均被视为犹太人”的说法。传统观点认为，犹太教源于古代东方世界，是历史最悠久的一神教。然而，追溯其一神信仰的渊源，不难发现犹太人的一神信仰同样是在漫长的历史过程中逐渐形成的。人类的宗教信仰经历了一个从自然崇拜到多神崇拜，再到一神崇拜的历史进程，犹太人的宗教信仰也不例外。在宗教的演进过程中，一神崇拜是高层次的宗教形式，所以它并非人类宗教的诞生之始就存在。犹太人对“雅赫威”的一神崇拜是漫长演化过程的产物。

在公元前 20 世纪至公元前 18 世纪，犹太人的先祖古希伯来人曾游牧于两河流域到巴勒斯坦之间的广阔地带。他们的宗教形态与当地其他民族一样，均具有原始宗教信仰的性质。远古的希伯来人也曾信奉石头、山峦、树木、河流以及其他通过自然力量所形成的物体。此外，《塔纳赫》也记载了有关犹太人崇拜“金牛犊”等动物的历史，而这种崇拜非常接近其他民族历史上曾经有过的图腾崇拜。火、风、雷、电等自然力量也曾经被古希伯来人视为神灵，并受到他们的顶礼膜拜。即使当以色列的十二个支派共同确立雅赫威神的至高地位，并将其作为共同的民族神来崇拜的时候，这种原始的自然崇拜也没有从他们之中彻底消失。《塔纳赫》中频繁提及的约柜，以及镌刻着“十诫”的石碑，都曾经在犹太人的信仰中占据重要地位。即使在现代犹太人中，也残留着不少远古时代的宗教遗风。例如，现代犹太人在逾越节上宰杀羔羊献祭的行为，很可能是游牧民族的古老畜牧崇拜的遗风①。犹太人的先祖古希伯来人曾经同西亚地区的许多其他民族一样崇拜月神。每逢新月升起，他们必会在高处燃火迎接，而犹太人至今奉行的安息日

① ［苏联］谢·亚·托卡列夫：《世界民族历史上的宗教》，魏庆征译，中国社会科学出版社，1985 年，第 389 页。

仪俗，也很有可能是起源于这样的祭祀月神的活动。此外，崇拜民族守护神（多为祖先）的风俗在古希伯来人和当时的其他民族中都曾大为盛行。在很多时候，崇拜者都认为自己同被崇拜的对象之间具有血缘关系，祖先之灵被转化为地方守护神。希伯来民族乃至每个希伯来家族都有自己的守护神，并称之为“提拉菲姆”①。古希伯来人在迁入巴勒斯坦之前，曾经居住在多神教盛行的两河流域，那里的各种神祇多达100多种。移民至迦南（巴勒斯坦）之后，多神崇拜的氛围依然存在——迦南的各大城池都供奉着它们各自的地方神，而且不少迦南城市都直接以其保护神的名字来命名。在迦南人眼里，各个城市的守护神既是一方之主，也是居住在这一地区民族和部落的保护者。直到公元前5世纪，多神信仰的氛围对古希伯来人的影响仍未被彻底根除。纵观犹太民族的历史，我们不难发现，在相当长的历史时期内，这个民族一直处在支持偶像崇拜与反对偶像崇拜、支持多神教和主张一神教这两种倾向的相互斗争中，过程曲折反复。因此，在古代犹太人的宗教演化史上，原始的偶像崇拜和多神崇拜是无法抹去的一个重要阶段。

对雅赫威的一神崇拜在犹太教中的确立，事实上是相对晚的事情。犹太人的宗教完成从多神信仰向一神信仰的过渡，将雅赫威确立为犹太民族的独一神，是一个漫长的历史过程。从总体上看，这个历史过程大致上可以分为以下几个主要阶段：前摩西时期，巴勒斯坦时期，“巴比伦之囚”至重修圣殿时期②。在此，我们将就各个阶段的犹太人有关雅赫威神的信仰作出简要分析。

最初，雅赫威只是希伯来人崇拜的众多部落神中的一位，并且地位并不突出。因此，在某种意义上，我们与其说是雅赫威拣选了犹太民族作为他的“选民”，倒不如说是犹太民族从众多神祇中选中雅赫威作为主神，并逐渐赋予其犹太民族的唯一神的冠冕。依据《塔纳赫》记载，在亚伯拉罕时代，他们的祖先就已经同崇拜偶像的多神教决裂，独尊雅赫威了。但当时亚伯拉罕所敬拜的雅赫威神，还只是属于自己家族的上帝，甚至都不是他父亲的神，更谈不上是全体希伯来人的上帝。雅赫威的地位在当时充其量也只是亚伯拉罕家族的保护神。直至摩西时代，当以色列人摆脱埃及的奴役并独立之后，才开始通过摩西颁布的十诫，逐渐接受独尊雅赫威的宗教。

摩西出身于以色列十二支派之一的利未支派。他常常被犹太人视为犹太一神观的确立者与犹太律法的宣讲者，所以有人曾经把犹太教称为摩西教。据说，当摩西在西奈半岛（今阿拉伯半岛）的米甸部落放牧时，雅赫威神在何烈山上首次向他显现。根据这个传说，有人大胆地推测，雅赫威神最初也许只被视为西奈半岛的米甸部落之神。后来，雅赫威神的祭司和神职人员大多来自于以色列的利未支派，这也在一定程度上说明，雅赫威在成为犹太人共同敬拜的民族神之前，似乎与以色列的利未支派有过更为直

① 古希伯来人对家族的守护神十分看重。在犹太圣典《妥拉》的第一卷，就讲述了希伯来人的第三任族长雅各在带妻子拉结离开岳父拉班家时，因拉结曾偷偷将家神的偶像带走，导致拉班大怒，日夜兼程追赶索还。

② 参阅沈坚：《古代犹太教一神观的演进》，载《华东师范大学学报》1994年第3期。

接和密切的关联。然而，自摩西始，犹太人对雅赫威神的理解开始发生了质的变化。摩西完成了对上帝（雅赫威）观念的抽象化，使之成为全知、全能、全在、自有永有的，凌驾于自然和人类之上的至高者，全宇宙的创造者。这样的界定，使摩西的上帝同原始宗教中的那些具有自然力的神祇彻底区分了开来。然而，摩西时代的犹太人仍然明确地把雅赫威称为“以色列的神”。这说明，在当时的很多犹太人心中，雅赫威仍是作为一个民族神而存在的。此外，那时的犹太人仍保留一些具有原始宗教色彩的观念。例如，不同于后来成熟时期的犹太教，当时的犹太教更重视对神的献祭和祭祀礼仪。他们经常带着约柜出行并认为约柜可以保护自己，就是这样的例子。

当犹太人定居迦南地区之后，雅赫威在他们心目中的地位得到进一步提升，并一跃成为他们心目中的主神。这一事件发生在公元前12世纪前后。当时，以色列人辗转进入巴勒斯坦，也就是《塔纳赫》所说的迦南美地，并且为了同迦南本地人抢夺土地，而陷入了针对当地居民的常年混战。在长期的战争中，雅赫威以及象征雅赫威的约柜得到以色列人的日益重视，被他们视为克敌制胜的神秘武器，成为保佑他们无往不利、战无不胜的战争之神。当以色列人在巴勒斯坦定居下来，从一个不断迁徙的游牧民族转变为定居务农的民族，从氏族社会过渡到奴隶社会之后，他们的一神信仰再次陷入危机。对地方守护神巴力和女神亚斯他录的崇拜，一度弥漫到以色列全境。公元前571年，耶路撒冷陷落，民族的衰亡、异教的崇拜再一次打击了很多犹太人对雅赫威神的信仰。这一时期的以色列，正处在内忧外患之中。在内部，以色列各支派之间的利益冲突加剧，相互争斗不休；在外部，以色列人同当地的迦南人和外来的非利士人相互争夺土地，陷入连年的苦战的泥潭不能自拔。为了摆脱困境，以色列的有识之士试图将分崩离析的以色列人统一在雅赫威信仰的旗帜下，对内团结以色列的各个支派，对外抗击迦南人的反扑和非利士人的入侵。然而与此同时，他们也把当地的某些宗教元素纳入了自身的宗教礼仪之中，并且设立了除酵节、五旬节、住棚节等农业民族的宗教节日。当大卫和所罗门父子建立起统一的以色列王国之后，为了强化王权和巩固统一，他们曾经试图统一民众的宗教信仰，并首开政权与宗教结盟的先河。大卫父子奉雅赫威为以色列国家和王权的保护者，并为其建立了宏伟的圣殿。圣殿成为犹太教最庄严的礼拜场所和崇拜中心，也成为后来犹太民族永远的精神家园。故此，大卫和所罗门统治时期是犹太一神观发展的一个至关重要的阶段。然而，这个时期的犹太教依然算不上纯粹的独一神教（Monotheism），而只能说是单一主神教（Henotheism）。因为在当时的以色列，虽然举国上下都宣称要独尊雅赫威，但他们并没有因此而完全否认其他神的存在。受其影响，崇拜偶像和其他神灵的事件在社会上屡见不鲜，并经常引起民众之间的冲突。所罗门本人在晚年由于受到众多信奉异教的妃嫔的影响，也在耶路撒冷的圣殿中设立了多处崇拜异教神灵的偶像祭坛。

伴随着所罗门的离世，统一的王国一分为二，北部的以色列王国以撒玛利亚作为首都，并另立伯特利和但城为北国的宗教中心，以便与南国犹大的宗教中心耶路撒冷分庭抗礼。政治上的分裂，使得本已危机四伏的犹太一神信仰遭到沉重打击。由于北国以色列的宗教情况非常混乱，而留在当地的迦南人与腓尼基人又常常以他们信奉的原始宗教来影响以色列人，所以在北国君主耶罗波安、亚哈当政时期，北国的偶像崇拜之风盛行。亚哈王的王后甚至在首都撒玛利亚公然修建巴力神庙，并屡次迫害和驱逐雅赫威神的祭司。在南国犹大的居民中，对雅赫威的一神崇拜似乎更加虔诚，但依然不时受到多神教徒和偶像崇拜者的骚扰，双方冲突不断，情况几经逆转①。好在南国犹大的大多数国王都积极扶植雅赫威神信仰，所以最终克服了异教的侵袭，强化了雅赫威一神信仰权威。除了得到国王在政治上的大力扶植，这一时期的犹太先知也对一神信仰的强化起到了至关重要的作用。可以说，犹太一神观念的逐步强化，与先知时代的到来是相伴相生的。犹太先知痛陈时弊、呼唤正义、劝谕世人，不遗余力维护雅赫威在犹太民众中的独尊地位，并不断完善相关的神学理论。在这个先知辈出的时代之前，雅赫威通常被以色列人视为本民族的神，而与其他民族无关，但先知们逐渐打破这一观念，将雅赫威描述为全人类共有的至高主宰，具有万物创造者的至高地位。通过这种方式，先知们凸显出了雅赫威神的独一性——“除他之外，别无真神”。在以色列人的心目中，雅赫威终于不再仅仅被视为本民族的神，而是一跃成为全世界独一无二的真神。在犹太一神观念的发展史上，这是一次质的飞跃。

公元前722年和公元前586年，北国以色列和南国犹大王国相继覆灭。北国的民众后来逐渐融合进周边民族，丧失了作为选民的身份（后世犹太人认为，北国居民的后裔血统不纯，因而不再承认他们是犹太人，而称为撒玛利亚人），而南国的王族、祭司和文士等精英阶层则被掳往巴比伦，沦为奴隶。这就是犹太民族史上著名的“巴比伦之囚”时期。然而，亡国之恨和为奴之耻辱非但没有让这个民族放弃祖先的信仰，反而让他们的民族宗教得到了再一次提升和复兴。在这一痛苦而屈辱的时期，犹太人的宗教思想主要集中在这样一个难题上：既然雅赫威是全能的神，他为什么不庇佑自己的选民，让他们免遭横祸？对于这个难题，犹太的先知和祭司们作出了巧妙的回答。他们宣称：全能的上帝之所以让选民遭遇痛苦和屈辱，是为了惩罚他们的不义，净化他们的信仰，以便为未来更大的拯救创造条件。因此，周边国家的君主之所以能够征服上帝的选民，既非因为他们自身的强大，亦非因为雅赫威上帝的无能，而只是因为上帝需要利用他们充当教训选民的鞭子和工具。这种解释让犹太人的上帝观得到了又一次提升，使雅赫威从犹太人的上帝进一步变成所有民族的上帝，成为真正的“万王之王”。在这种上帝观的激励和鼓舞下，犹太民族的向心力和凝聚力变得越发强劲。他们虽然长期客居在异国他乡，却一直反对异族通婚和异教崇拜。当波斯击败巴比伦并允许他们返回故国的时候，他们已经变成了一个完全信奉一神教的民族。从那时起，犹太人对雅赫威的一神信仰已经走向成熟，并成为维系犹太民族共同体的至关重要的精神纽带。无论是历史上的苦难，还是今天的犹太人和以色列国的现状，都可以让我们切切实实地感受到雅赫威一神信仰对塑造犹太民族精神的重要作用。

① 在犹太圣典《塔纳赫》中，一共列出了八位偶像崇拜的犹大王。例如，犹大王约阿施杀害斥责其偶像崇拜的犹太祭司。犹大王马拿西在位时，祭祀亚述和迦南的神祇，并杀害了著名的先知以赛亚。

第三节　“契约”意识

“契约”是犹太人的另一个传统信仰。犹太人坚信，他们是上帝雅赫威从万民中拣选出来的一个特殊民族，是与上帝订立契约的特殊“选民”。按照犹太拉比的解释，这一契约代表了犹太民族对上帝的集体承诺，故而对每一个犹太人都具有约束力，并且这种约束力具有永久的效力。身为上帝选民的犹太人必须遵守这一契约，履行上帝赋予选民的职责。因为只有如此，他们才能享有雅赫威赋予选民的一切应许。反之，如果他们违背这一契约，则必然招致上帝的惩罚，导致整个民族陷入危难。这种契约观成为千百年来维系犹太民族流而不亡、散而不灭的最重要纽带。鉴于契约观在犹太民族史上起到的重要作用，我们无论在探讨犹太人的宗教生活和日常生活，还是在谈论犹太人的金钱观和生意经时，都不能脱离他们所特有的契约观的影响。

在《塔纳赫》的第一卷，就非常详细地描述了雅赫威上帝与犹太人的祖先立约的故事。脱胎于犹太教的基督教之所以把源于犹太教的那部分经卷称为旧约，正是因为这些经卷记载了上帝不断地与人类（尤其是与上帝的选民犹太人）“立约”的历史。按照上帝与人类的祖先所立的约，只要人能够遵守上帝的命令，便可以获得上帝的保佑和祝福，反之则会遭到惩罚和诅咒。然而，由于人类的祖先一再违抗上帝的命令并毁约，所以上帝只得不断地与后来的人类重新立约。据统计，“约”字在旧约中共出现 250 多次，其中比较著名的约有亚当之约、挪亚之约、亚伯拉罕之约、摩西之约、大卫之约、耶利米之约等。在耶利米之约中，上帝承诺将派一个弥赛亚（救世主）降临人间，以带领他的选民重建圣殿，并另立新约。在基督教看来，上帝的这一诺言已在耶稣基督的身上得到了应验。然而，犹太人却不同意这种看法，他们认为，上帝向耶利米先知许下的这一诺言仍未应验，所以当他们在 1947 年成功地实现复国之梦后，并未立即着手重建圣殿，而是在继续等待弥赛亚的降临。当然，也有很多虔诚的犹太人通过各种不同的方式来表达自己对弥赛亚的盼望。例如，他们在建造房屋时常常故意留出一块不加装修的空间，以纪念尚未修好的圣殿。在举行婚礼时常常故意打碎一只杯子，以提醒新人和亲友们在圣殿未建好之前不宜过于贪图享乐①。

对于犹太人来说，契约既是一种获得上帝祝福的权利，更是一种遵守上帝律法的责任。在著名的“亚伯拉罕之约”中，上帝首次赐予了亚伯拉罕的后裔以选民的身份，并要求他们以“割礼”为标记，来表明自己与上帝之间的特殊关系。在“摩西之约”中，上帝借着先知摩西之口，再次要求犹太人以“受安息日”来标记他们的选民身份，并以“摩西十诫”作为律法的总纲，来规范他们的信仰和生活。十诫不仅是犹太教律法的总纲，而且对后来的基督教乃至整个西方的法律和伦理观念产生了巨大影响。从内容上看，它主要包括两方面的诫命。首先是信仰方面的诫命，其目的在于强化以色列人对上帝的信仰。它们是十诫的前四条：一，除耶和华外，不可有别的神；二，不可制作和敬拜偶像；三，不可妄称耶和华的名；四，当纪念安息日，守为圣日。其次是社会伦

① 参阅徐弢：《基督教文化概览》，武汉：武汉大学出版社，2013 年，第 121 页。

理方面的内容，其目的是调整部落内部的人际关系。它们是十诫的后六条：五，孝敬父母；六，不可杀人；七，不可偷盗；八，不可奸淫；九，不可作假见证陷害人；十，不可贪念别人的一切。在被罗马人逐出耶路撒冷和巴勒斯坦之后的大流散期间，犹太的祭司和拉比们一方面继续强调原有的契约观，另一方面又不断对其作出与时俱进的解释，从而提出了非犹太的“外邦人”在遵守犹太律法的背景下得到拯救的可能。拉比们指出，外邦人虽然不是亚伯拉罕的后裔，也无需遵守摩西所传的全部律法，但他们只要能够遵守相对简单的“挪亚七诫”，就同样有可能被上帝视为“义人”，而在未来的天国里获得适当的位置。按照他们的解释，所谓“挪亚七诫”就是上帝当年以洪水灭世之时，与人类三大族系（雅利安、闪米特、图兰）的共同祖先挪亚所立的契约，其内容是对挪亚及其后裔提出的七项禁令，即崇拜偶像、亵渎神明、谋杀、偷盗、不孝、通奸、虐待动物。此外，犹太的祭司和拉比们还借助“各路特”（希伯来文 Galut 的音译，意为放逐、流散）观念，来强调犹太人通过祖先与上帝建立起来的契约不会随着犹太人单方面的背信弃义而解除①。通过这些解释，他们把契约观同每个犹太人和整个犹太民族的命运紧紧联系在了一起。

契约观的影响不仅仅限于犹太文化，而且对整个人类历史尤其是西方文化的发展也具有积极的意义和价值。可以说，西方文化中的契约精神正是在犹太契约观的基础上发展出来的。在本书中，我们将主要介绍这一观念对犹太文化的深远影响。

首先，契约观强化了犹太人的民族意识和集体观念。犹太人深信，由于上帝与选民之间有着特殊的契约关系，所以上帝永远不会抛弃他的选民，而是不断地在选民的历史上显现自己的存在和意志，并赋予他们拯救全人类的历史使命。契约使每一个犹太人的言行都与上帝发生了关联。每一个犹太人作为上帝的选民，都必须严格遵守契约所规定的律法，履行上帝赋予其选民的特殊职责。即使有个别的犹太人违反了契约的规定，也不意味着他们可以单方面解除自己与上帝之间的约定。每当犹太民族面临重大的灾难乃至亡国灭种的危机时，犹太的祭司和拉比就会以此来解释他们的苦难，鼓励他们在灾难和危机面前保持团结，流而不散。可见，契约观对犹太民族的维系和延续有着不可替代的作用。同很多其他民族相比，犹太人之所以具有更强的民族意识和集体观念，不仅仅是由于其长期的流亡生活，而主要是源于其独特的契约意识。在犹太人的契约观中，上帝是通过挪亚、亚伯拉罕、摩西和其他先知等个体作为中间人，来与他的选民立约的。然而，这些契约的约束力并非只是限于中间人，而是延展至整个犹太民族。在契约精神的支撑下，犹太人一直比较强调民族的整体性和利益的一致性，并以契约为纽带，来维系民族的生存和发展，使其在历史的涤荡中保留下来。因此，有学者认为，在犹太人的契约观中，上帝成为犹太人群体意志的最高体现，成为犹太民族和犹太个体的命运的最高主宰。由于在契约中，立约双方都给予了对方以承诺，所以犹太人的契约观在一定程度上突破了原始宗教的宿命论。可惜后来的犹太祭司和拉比在解释上帝与选民之间的契

① 各路特（Galut）的意思是“放逐”“流散”，主要用来泛指犹太人在以色列本土之外的民族史。有时候，它也可以用来特指犹太人在公元前 6 世纪被迫流亡巴比伦的那段“巴比伦之囚”时期的历史。

约关系时，往往有意无意地淡化上帝对人的责任和承诺，而是单方面地强调人对上帝的义务和责任。

其次，契约观念促成了近现代金融业的诞生。基于西方历史上长期存在的反犹主义，犹太人在职业选择上往往被局限在狭小的领域内①，加之彼时成为国教的基督教严禁基督徒放债，所以犹太人适时填补了繁荣的欧洲商业市场的这一空缺。在商业领域受到排挤的犹太人，开始转向放贷业。放贷业的基础就是契约的另一种形式——合同。犹太人在商业上一直提倡按章办事，按约行事，律法的威严高于一切。对契约精神的贯彻，无疑是犹太人在世界上创造商业奇迹、打造商业帝国的成功秘诀之一。在商业领域，犹太民族对契约精神的贯彻最为彻底。在中国，人们对犹太人的契约精神的最初了解，大多来源于英国文学大师莎士比亚笔下那位贪婪的商人夏洛克。尽管莎翁从文学的角度和人性的角度，生动而深刻地讽刺了那位令人鄙视的、唯利是图的犹太商人夏洛克，然而假如我们回归到商业守则本身，就会发现夏洛克其实并没有错，他只是在贯彻作为一个商人的职业操守——守约。无论文化怎样扭曲犹太人经商的本质，犹太人的放债活动都为西方的教会、国家和民众提供了他们所急需的资金款项，并以其自身特有的方式推动了欧洲社会的发展，促成了金融业的到来。

最后，契约观强化了犹太人的交换意识，促成犹太民族发展成为一个商业民族。犹太人的交换意识深植于其宗教信仰中，而契约则是交换的基础和保证。按照犹太人的观点，当雅赫威与他们的祖先签订了契约之后，只要他们能够信守契约中的规定，就必然能够得到雅赫威的庇佑和祝福。显而易见，犹太人与雅赫威之间的契约也是以交换作为条件的。在这种契约观的影响下，犹太人对交换有着天然的好感。无论是经商还是放贷，实际上都离不开契约和交换。契约精神和交换意识渗透到了犹太人的全部经济活动之中，使得他们在经济活动中大放异彩，取得空前的成功。由于犹太人在经济活动中能够更积极地遵守法律和契约的规定，所以其他民族的商人虽然不认同他们的信仰，却往往更乐于把犹太人视为最佳的合作伙伴。对于犹太人在商业活动中的表现，德国学者韦尔纳·桑巴特曾经给出高度的评价。他认为，犹太人的契约精神及其导致的交换意识非常有利于资本主义的发展。正是在这种精神和意识的作用下，犹太商人成为第一个把现代商业的大宗商品投入世界市场的群体。

契约观是犹太人在商海游刃有余的重要基础。犹太人在商业活动中极为重视契约。由于历史原因，犹太人在流散生活中常常遭遇严重的打压和不公正待遇，所以他们唯有依靠契约，才能在一定程度上约束人们的经济行为并取得所在国法律的保护，以防止他人随意侵犯其正当的商业利益。也正是出于这种考虑，犹太人商人在签订契约合同之前，可谓斤斤计较、谨小慎微。他们往往对合同的每一条款、细节、字眼都会仔细推敲，认真思量。不过一旦签约之后，他们大多会坚决执行。即使可能遭到重大损失或失

① 从公元5世纪末开始，欧洲一些地区就颁布了禁止犹太人拥有土地的法令，从而使农业成为犹太人最早被限制进入的经济领域；到公元11世纪，欧洲一些城市的手工业者出于垄断经营的需要，纷纷成立行会，并试图把犹太人排挤出手工业。此后，欧洲商业日渐繁荣，通往东方的商道被打开，但各种针对犹太的经商限制仍长期存在。

去更大的发财机会，也绝不轻易毁约。

另外值得一提的是，契约观念还意外导致了犹太人在律师行业的兴盛。有人指出，律师这一职业是可以被视为犹太人的家传手艺。犹太律师在各种社会形态中均得心应手，业务兴隆。在今日的以色列国，律师在总人口中所占的比例之高，是世界上其他任何一个国家都望尘莫及的。据统计，在今天的每405个以色列人中，就有1个是律师。由于数千年以来，犹太人一直坚持对其宗教圣典和律法进行持续不断的钻研，所以犹太人对法律具有天然的亲近性和天生的敬畏感。

第四节 "先知"的地位

在过去的四千年中，有无数的民族国家兴起和消亡，然而除了犹太人建立的国家之外，还没有哪个其他国家在彻底亡国千年之后，其国民仍然以一个民族的形式保持着原来的信仰和文化。曾经辉煌灿烂的大卫所罗门王朝，早已成为遗落在人类文明中的一粒金沙，但这个王国的子民却在历经磨难之后，依然自信地屹立在世界民族之林，并最终在耶路撒冷重建了新的以色列国。犹太民族和宗教精神的顽强延续是多种原因导致的结果，而犹太先知的地位和作用便是其中的主要原因之一。可以说，如果不是因为先知从雅赫威信仰的视角对历史作出解读，那么我们在翻阅这个民族的历史时，将会发现它与其他民族的历史没有什么实质性的不同。

从词源学的意义上看，犹太人的"先知"一词起源于希伯来语"navi"（复数形式为"nebiim"）。这个词在汉语中的直译便是"嘴唇的果实"，因为在古代以色列，人们认为嘴唇与说话紧密相关，而嘴唇的主要"果实"就是"话语"。由此可见，先知在希伯来语中的字面意思是指那些善于言谈的人。在公元前323年到公元前146年的"希腊化时代"，一些犹太人（包括首批犹太裔的基督徒）亦曾用希腊语的合成词"prophets"来称呼先知。其中的"pro"在希腊语中的意思是"为了"，而"phetes"的意思则是"说"。可见，"先知"在希腊语中的最初含义是指，某人为另一个人"说话"（后来才进一步衍生出"预言"等新的含义）。在当代的英文版《犹太教百科全书》中，曾经对犹太民族史上的"先知"下过这样一个定义："先知是克里斯玛式的人物，他们拥有一种可以接受并传达上帝启示给他们的信息的神性禀赋。先知的预言是对这种信息的传达，而不仅仅是一种预见未来的能力。先知是上帝的意志和人之间的中介。"① 这个定义非常简明扼要地指出了先知的身份和地位：他们是处于上帝和普通人之间的中间人。尽管他们具有神性禀赋，能够接受神的启示，并作为中介向众人传达神的指示，但他们依然是人而不是神。先知不同于其他人之处在于，他们的心灵、他们的语言甚至他们的身体，都可以成为神对人的当下历史情况发言的管道②。依据《塔纳赫》的记载可知，先知不仅仅被犹太人视为上帝在尘世的代言人，而且是代表社会良

---

① Wigoder, G. ed.. *The Encyclopedia of Judaism*, Jerusalem: The Jerusalem Publishing House, 1989, p. 571.

② ［美］休斯敦·史密斯：《人的宗教》，刘安云译，海口：海南出版社，2013年，第272页。

知的改革家和批评家。

生活在公元前 13 世纪左右的摩西被犹太人称为最伟大的先知，但犹太民族史上的“先知时代”则首先指的是公元前 8 世纪至公元前 7 世纪的南北国时期。因为从这个时期开始，先知及其追随者开始把自己传达的信息以书面形式完整地记录并保存下来，从而被后人形象地称为“著述的先知”。然而在他们之前的先知，由于缺少必要的文献记载，所以除了摩西、以利亚和以利沙等少数几个伟大人物之外，其中绝大多数的名字和事迹都已经随着时光的流逝，而逐渐湮没在历史的年轮之中。下面，就让我们通过《塔纳赫》中的相关记载，来挖掘有关犹太先知的历史遗珠。

在源远流长的犹太民族史上，曾经出现过无数的先知，而带领犹太人的祖先摆脱埃及法老的奴役并率先颁布十诫和律法的摩西，无疑是他们中最伟大的一位。在摩西死后的犹太民族史上的不同时期，又涌现出许多杰出的先知。这些先知的相继出现以及他们的活动构成了以色列历史上的“先知运动”。当代宗教史学家休斯敦·史密斯将摩西之后的先知运动划分为三个主要阶段：先知行会阶段、前书写时期的个别先知阶段、伟大的书写先知阶段。在第一阶段（先知行会阶段），先知的最典型代表是协助大卫成为以色列首位国君的撒母耳。之所以把这个阶段的先知群体称为“先知行会”，是因为他们大多以群体的形式存在，而他们的才能也以整体的形式显现，“预言对于他们乃是一种需要一群关键性的大众才能产生的田野现象”①。在第二阶段（前书写时期的个别先知阶段），最有代表性的先知是以利亚、以利沙、拿单、米该亚、亚希亚等人。虽然这些先知们同样有一个群体作为活动基础，但是他们已然能够单独一人接受和传达上帝的启示，而且在这一阶段，他们得到和传播的启示也比以前的先知显得更为具体和更加明晰。在第三阶段（伟大的书写先知阶段），从公元前 8 世纪至公元前 5 世纪中叶，涌现了更多以个人形式接受、传达和记录启示的先知。其中最为著名的几个人物有阿摩司、何西阿、以赛亚、弥迦、那鸿、哈巴谷、耶利米、以西结、俄巴底亚、哈该、撒加利亚、约拿等。同以往的先知相比，这一时期的先知更加热衷于批评社会秩序中的腐败和压迫人的制度，强调神的公义。

犹太人的先知虽然以男性为主，但并非仅限于男性。在犹太人的祖先尚未建立国家之前，他们中就曾经出现过一个叫作底波拉（Deborah）的女先知。此外，先知的身份也不一定来自于高贵的血统和地位，他们既可以是手握重权的朝臣或严肃的祭司，也可以是朴实的牧羊人或一无所有的庄稼汉，不过，犹太人对先知的道德水平却有极高的要求。所有的先知无一不是依靠其道德力量，才得到犹太民众的普遍认可。

从某种意义上说，犹太人的宗教是先知性的宗教。先知被视为上帝的代言人，活跃于犹太人之间。乍看起来，先知的作用似乎只是宗教意义上的，但彼时的宗教不同于后来的宗教，而是包含了生活的全部意义。因此，先知对犹太民族起到的作用和影响并不仅仅体现在他们的信仰问题上，而主要体现在他们的生活上。先知不仅在古代以色列的宗教中发挥重要作用，而且对古代以色列的政治生活、经济生活和道德生活影响深远，

① ［美］休斯敦·史密斯：《人的宗教》，刘安云译，海口：海南出版社，2013 年，第 272~273 页。

并且是促使古老的希伯来文明延续至今的主要因素之一。每当犹太民族面临危机，就会有先知挺身而出。他们或者责骂民族的倒退，鼓励人民奋起反抗，或者指责当权者的错误行为，告知人们规避灾难的方法。他们承载了他们之前的各个民族、各个历史阶段的改革家所秉持的社会正义理想，并以散文和诗歌的形式，在字里行间借助图解、暗喻等手法传达他们的社会理想，抨击时弊。在最本真的意义上，犹太人心目中的先知并不是未来事件的预言者，而是现在生活的监察者。他们来自社会的各个阶层，以各自的方式宣扬神的慈爱、捍卫神的公义。例如，先知阿摩司是一个来自沙漠的牧人，他以激情澎湃的诗歌赞美上帝的公义和指责上层统治者的贪婪；先知以赛亚则来自城市，他以华贵而文雅的散文讴歌上帝的全能，向统治者指明正确的方向；先知耶利米则出身王族，他以哀痛的语气和悲伤的诗歌，向犹太人宣告即将到来的审判，并预言上帝未来的拯救。从先知们留下的信息来分析，他们“代表了君主制时期的特点，他们的言论无疑是使犹太民族意识得以形成和展现出来，并在此后犹太一代代的后人中不时得以恢复的号角”①。

这些先知不仅在犹太民族史上拥有卓越的地位，而且赢得了西方思想界的极大关注。20 世纪德国著名哲学家雅斯贝尔斯曾经把他们与希腊的苏格拉底和柏拉图，印度的释迦牟尼，中国的老子和孔子等伟大思想家相提并论，认为他们共同开创了人类思想发展史上的一个奠基性的繁荣时代——轴心时代。

第五节 末世观的形成与发展

犹太人的末世观（eschatology）也称为末日观。它是一个与古代犹太人信奉的弥赛亚、来生、复活等观念紧密联系在一起的古老观念。简单地说，末世观就是古代犹太人关于世界最终结局的一种宗教哲学观念，其主要内容是关于世界历史终结之前的最后一个事件以及人类最终命运的学说。

按照犹太人的传统观点，现在的这个世界总有一天会成为过去，而那些得救的人类将在雅赫威上帝的安排下，最终进入一个完美的理想世界。在宗教哲学的意义上，犹太人的末世观包含着两个不同层面：一个是人类或民族的最终命运；另一个则是个人的最终命运。不过，古代的犹太人更为关注的是第一个层面的意义，即民族和人类的最终命运，而后来的基督徒和穆斯林更为关注的则是第二个层面的意义，即个人在末日来临之时的最终归宿（天堂或者地狱）。犹太人认为，在末世来临的时候，上帝派遣的救世主弥赛亚将首先降临人间，拯救在流亡和苦难中挣扎的选民，带领他们重返以色列地，建立符合上帝旨意的地上王国。在那里，选民将得以永享和平、友爱和正义，世界范围内的各民族也将不再纷争，世间万物也都将和睦相处。

犹太人的末世观大约形成于公元前 8 世纪左右。末世观的出现与犹太先知的活动密切相关。先知被视为犹太末世观的主要奠基者。阿摩司是第一个将末日审判称为“主

① ［英］塞西尔·罗斯：《简明犹太民族史》，黄福武、王丽丽等译，济南：山东大学出版社，2005 年，第 47 页。

日”的先知；何西阿先知则提出，末世完全不同于未来；以赛亚先知提出了更加系统全面的末世理论。在《以赛亚书》中，这位先知完整地描绘了末世之后的新时代的样貌：巴比伦被摧毁、巴比伦之囚获释、万民皈依雅赫维等（以赛亚书第 11 章第 6—9 节）。在漫长的犹太思想史上，末世观经历了多次的演变和发展。从总体上看，我们可以这样梳理末世观在犹太思想史上的发展轨迹：末世观萌芽于公元前 8 世纪到公元前 7 世纪的王国时期；在公元前 6 世纪到公元前 5 世纪的归国时期得以发展，在此后的拉比犹太教时期得以日臻成熟；在 19 世纪以后，随着犹太人处境的改变，又有着新的发展。经过长期的发展，犹太人的末世观逐渐形成了一种以弥赛亚、审判、报应、复活、天堂、地狱、余民等观念为线索的神学思想体系。末世观使犹太人在任何时候都坚信，死亡并非一切价值和意义的终结，在末日来临的时刻，所有的死人都将复活，而救世主弥赛亚将为他们展开未来世界的美好画卷，带领他们享受永远的和平。

关于犹太人的末世观形成的原因，我们可以归结为以下几个主要方面。第一，犹太人的一神论信仰是末世观形成的根本原因。犹太人所信仰的雅赫威神被视为一个全知、全能、全在、至善的最高主宰。犹太人把个人和民族的一切历史境遇都归因于这个独一神的旨意。他们相信，在冥冥之中有一种神秘力量在决定他们和人类的历史，而这种神秘的力量是善意的、信实的、以拯救人类为目的的，所以它最终将把人类（尤其是选民）带到一个最美好的地方。第二，犹太民族坎坷的历史境遇是犹太教末世观得以形成的酵素。犹太人的民族史就是一部血泪史。犹太民族自从失去自己的祖国之后，一直势单力薄，遭遇了无尽的痛苦和灾难。犹太人急需从自身的信仰中寻求一丝精神的抚慰并明了今世苦难的原因。这一切促使他们中的精英阶层不断地发展和完善末世观，以便用美好的未来世界来安慰苦难的同胞，维系犹太民族的信仰和整个民族的团结。第三，犹太先知的努力是犹太末世观得以形成和发展的重要因素。先知们不仅是犹太信仰的坚决捍卫者，更是犹太社会的良心。先知们针砭时弊，批判昏庸无能的国主，批判社会乱象，逐渐在犹太教中树立起正义的观念，在亡国之后，又不断用上帝所应许的未来美好世界的蓝图来激励犹太民众。正是在他们的努力下，末世观在一代代的犹太人中得到广泛的传播，并流传至今。

长期以来，以弥赛亚期盼作为基本内容的末世观，一直是饱受颠沛流离之苦的犹太人的精神寄托，并反映了历代犹太人对实现公平正义的理想社会的精神追求。同时，犹太人的末世观也对后来的基督教和伊斯兰教产生了重要影响，在后者中衍生出了同根异质的末世论思想，并在它们各自的宗教文化和信仰体系中发挥着重要作用。

第六节　弥赛亚观念及其影响

“弥赛亚”一词是希伯来文“受膏者”（Messiah）的音译，其最初的含义来自古代以色列君王的一种授职礼仪。在古代的以色列国，君王和祭司在任职之前，人们会在其额头上涂以名贵的膏油，以此表明这位受膏的君王的权柄来自于雅赫威上帝的拣选。由于这种授职礼仪同中国古代君王的登基典礼一样，都带有“君权神授”的宗教意义，所以在英文中，“弥赛亚”或“受膏者”也常常被意译为“被拣选者”（The Anointed

One)，即被上帝所拣选的统治者。不过，“弥赛亚”在古希伯来文中不仅仅可以用来表示以色列的君王，还可以用来泛指其他被上帝拣选并赋予神圣使命的祭司和先知。在某些特殊情况下，它甚至可以被用来称呼某一位曾经对犹太人施恩的外国统治者。例如，波斯帝国的开国之君居鲁士在攻克巴比伦之后，曾下诏允许在当地为奴的犹太人重返家园，并帮助犹太人重建圣殿，所以也曾被感恩戴德的犹太人视为上帝所拣选的弥赛亚。由此可见，“弥赛亚”一词的最初含义并非是表示一位将在末世来临时拯救选民的救世主，而是可以泛指一切被上帝赋予神圣使命的人。

在犹太文化中，“弥赛亚”的意义并不是一以贯之的，而是经历了不断的发展，并最终随着同末世观和拯救观的结合，而衍生出“救世主”的意义。在肇始于大卫所罗门王朝的第一圣殿时期，由于犹太人的先祖尚未产生明确的末世观和拯救观，所以当时的“弥赛亚”一词尚不包含“救世主”的意思。关于带有“救世主”这一含义的弥赛亚观念的最初起源，可以追溯到亡国之后的犹太人重返耶路撒冷并重建圣殿的第二圣殿时期（从公元前515年犹太人重建圣殿开始，到公元70年罗马军队摧毁第二圣殿为止）。这一时期的犹太民众饱受巴比伦人、马其顿人和罗马人等外族统治者的压榨，生活极端痛苦，所以迫切希望雅赫威上帝为他们拣选一位以色列王族的后裔，充当全体犹太人的弥赛亚，并带领他们驱逐残暴的外族统治者，使人民得以重享大卫所罗门王朝时期的太平生活。尽管由于种种原因，犹太人的这一美好愿望未能实现，但雅赫威上帝必将派遣一位弥赛亚来拯救其选民的观念，却就此深植于犹太人心中。

当第二圣殿被罗马军队摧毁之后，犹太人又发动过多次反对罗马殖民统治的起义，但均以失败结束，并最终被罗马统治者逐出耶路撒冷和巴勒斯坦，开始了漫长的大流散时期。在罗马皇帝的统治下，犹太民族被视为低等的贱民，不仅失去了宝贵的独立和自由，甚至连最基本的生命权和财产权也时刻面临威胁。随着民族压迫的日益深重，他们对弥赛亚救世主的渴望也变得日益强烈。他们相信，上帝拣选的弥赛亚总有一天会降临人间，带领上帝的选民结束现世的苦难，并进入一个没有痛苦、没有剥削、没有战争的新世界。正是在这种盼望的驱动下，“弥赛亚”一词在犹太人心目中的意义终于发生了彻底的转变。它不再被用来泛指一切被上帝所拣选的君王、祭司或先知，而是被用来特指一位未来的救世主。按照犹太先知、祭司和拉比的解释，这位被称为“弥赛亚”的救世主必须降生于大卫王的家族，并承担起拯救全人类，建立永恒的新耶路撒冷、新圣殿和新以色列的使命。在犹太人撰写的宗教作品中，充斥着各种关于这位理想君王的预言，而其中最著名的一段预言便是：“必有童女怀孕生子，给他起名叫以马内利。”（《塔纳赫·以赛亚书》第7章第14节）“以马内利”的意思就是“上帝与我们同在”（后来这个词被基督教借用，成为基督的代名词）。值得注意的是，在罗马统治时期，尽管“弥赛亚”一词在犹太人心目中的意义已经发生了根本转变，但它尚未像后来那样变成一个纯粹的宗教名词，而是依然保留着一定的现实意义和政治色彩。犹太人相信，作为大卫王后裔的弥赛亚将开创以色列和人类历史上的一个新时代。在他的统治下，全人类都将承认雅赫威的唯一神地位，各个民族将和睦相处，不再相互争战和仇恨，真正的和平和正义将在人间实现。

公元476年，最后一位罗马皇帝罗慕路斯被日耳曼雇佣军首领废除。至此，罗马帝国灭亡，欧洲历史迈入了中世纪早期的“黑暗时代”。进入中世纪之后，犹太人又逐渐为弥赛亚观赋予新的时代意义，并最终使它演变为了一个纯粹的宗教名词。在中世纪早期，由于战乱频仍，犹太人的生活困苦，朝不保夕，所以催生了诸多描述弥赛亚和末世拯救的文献著作，其中最有代表性的一部是撰写于公元6—7世纪的《柴路巴贝尔书》。该书的作者柴路巴贝尔自称大卫王的后裔，他在书中以梦境中看到的预言故事的形式，描述了自己对弥赛亚及其使命的看法。他宣称，自己在梦中看到了弥赛亚在末日降临的景象：当上帝拣选的弥赛亚降临人间之前，撒旦之子魔王阿勒斯（Armilus）将首先降临在罗马境内。这位魔王的容貌极其丑陋，其两眼一大一小，两腿一长一短，而且有点耳聋，但世人都匍匐在他脚下，把他视为君王和上帝的化身，只有犹太人敢于奋起反抗。然而，由于犹太人一开始没有真弥赛亚的领导，所以一度遭到惨败和魔王军队的杀戮。直到真正的弥赛亚降临之后，犹太人才开始反败为胜，并最终推翻魔王的统治，迎来公平正义的弥赛亚时代①。虽然这类关于弥赛亚的文献反映了战乱中的犹太人对和平安宁的弥赛亚时代的渴望，但其中的内容带有神话传说的性质，而且并不完全符合犹太教的正统观念。因此，当蛮族入侵的浪潮基本结束，封建制度在欧洲各国普遍建立之后，随着和平的恢复和文化的发展，中世纪犹太人又开始从犹太教的正统观念出发，对弥赛亚观念加以更加系统的论述。在公元11世纪之后的犹太思想家中，以出生于西班牙的迈蒙尼德对弥赛亚观的论述最为重要。迈蒙尼德首先向犹太人指出：弥赛亚必须是大卫王的嫡系后裔，而且除了上帝本身，没有人能够预知其降临人间的确切时间。这显然是为了防止有人动辄以弥赛亚降临的名义，煽动犹太人起来造反，从而导致不必要的灾难。他还进一步指出，弥赛亚时代的和平与正义都是针对犹太人而非针对其他民族而言的。弥赛亚时代的到来并不一定意味着世界的终结，而主要以犹太人摆脱外邦人的奴役并重返故国作为标志。同时，为了防止犹太人把弥赛亚理解为一个像耶稣基督那样的“神人”，他还进一步宣称：弥赛亚本身是一个人不是一位神。弥赛亚在给人类带来真正的和平、正义、健康和幸福的生活之后，其本人也会像其他世俗的君主一样老死，并由其子继承王位。

迈蒙尼德的弥赛亚理论在中世纪的犹太世界产生了巨大而深远的影响。无论是当时生活在欧洲基督教世界的犹太人中，还是当时生活在北非伊斯兰世界的犹太人中，他的弥赛亚理论都得到了广泛的传播。然而，这并不意味着他的弥赛亚理论得到了全体犹太人的一致接受和认可，更不意味着犹太人的弥赛亚观在其之后停止了发展。尤其是近现代之后，随着犹太人内部的不同宗派的产生，他们在弥赛亚观上的分歧也日益加大，各种新观点和新理论不断出现。一般说来，近现代犹太人中的改革派继承了迈蒙尼德的弥赛亚理论中的温和色彩，而且在很多方面，他们对弥赛亚观念的解释比迈蒙尼德表现得更加世俗化。例如，他们虽然没有公开放弃对弥赛亚的盼望，但更为强调现世的生活和福利，而且反对犹太人对弥赛亚个人的过度崇拜，同时也不像以往那样把重返以色列、重建耶路撒冷和圣殿看作弥赛亚的首要使命。此外，以美国犹太人卡普兰等人为代表的

① 参阅傅有德：《犹太教的弥赛亚观及其与基督教的分歧》，载《世界宗教研究》1997年第2期。

重建派则对传统的弥赛亚观作出了颠覆性的解释。他们认为，弥赛亚和弥赛亚王国的观念都是象征性的宗教语言，故而不能按照字面意义将其理解为必然发生的预言，而应该认识到："弥赛亚的观念可以象征性地表示这样的信念：在这个世界上存在着比已经知道的人更为高级的人。"① 然而，犹太人中的正统派则依然坚持着传统的弥赛亚观念，他们坚持把弥赛亚看作一位由上帝拣选的救世主，并相信这位救世主将在末日降临到犹太人当中，带领他们重返巴勒斯坦的应许之地，在那里建立新以色列、新耶路撒冷和新圣殿。

回顾犹太弥赛亚观的发展历程，我们可以梳理出两个基本事实：首先，犹太人心目中的弥赛亚是肩负神圣使命的人；其次，弥赛亚王国是一个地上王国，而非天上之国。犹太弥赛亚观体现了犹太民族朴素的民族复兴希望，以及对人类美好社会的向往。从某种意义上讲，这与古代中国人的大同社会理想有异曲同工之妙。

犹太思想家为了适应犹太民族特殊的政治需求与精神诉求，不仅对古老的弥赛亚观不断加以发展，而且进一步通过其他神哲学观念，来逐渐消解弥赛亚观与犹太民族的现实处境之间的张力。例如，他们通过把弥赛亚观与来世观相结合，来消解犹太人因为不能在有生之年得见弥赛亚的失望，又通过引入肉体复活的观念，来解释弥赛亚到来的时间的不确定性。不过，由于早期基督教吸收了犹太人的弥赛亚观，并且将其改造成自己的基督论，所以一些犹太思想家为了在弥赛亚与耶稣基督之间划清界限，不仅更加强调弥赛亚的人格性及其国度的现世性，而且常常对来世观和复活观作出不同于基督教的解释。通过梳理犹太弥赛亚观的发展史，我们发现，在对弥赛亚的理解上，犹太人和基督徒之间的争论主要集中于以下三点：第一，弥赛亚是否已然降临？第二，弥赛亚是人还是神？第三，耶稣是不是弥赛亚？对于这三个问题，基督徒的回答是，弥赛亚已经降临，他就是耶稣基督，他是完全的神，又是完全的人。然而，犹太人则对此予以坚决否认，他们宣称：弥赛亚尚未降临，耶稣基督不是弥赛亚，而且他们也不承认耶稣是雅赫威上帝的儿子。

犹太民族曾建立过辉煌灿烂的古希伯来文明，亦曾经历屈辱而漫长的流亡生活，但他们始终保留着弥赛亚的观念，并将其作为民族复兴的希望和象征。对于这个历经磨难的古老民族来说，弥赛亚既是他们对未来美好生活的一种期盼，也是他们维系民族团结、追求民族独立和解放的力量之源。

第七节　死而复活观念的历史演变

众所周知，死而复活的观念是基督教神哲学的核心命题之一，但这一观念并非是基督教所特有的，而是首先伴随着犹太人的弥赛亚观念产生的。犹太人一直在期盼着弥赛亚的降临，但他们也深知自己在有生之年几乎不可能等到那个辉煌的时刻。因此，为了

① 转引自傅有德：《犹太教的弥赛亚观及其与基督教的分歧》，载《世界宗教研究》1997 年第 2 期。

不让犹太人对自身的命运感到失望，历代的犹太贤哲在解释弥赛亚的时候，常常会特意强调死人复活的观念，来说明弥赛亚不仅能够解放未来的犹太人，而且能够拯救那些已经逝去的和即将逝去的犹太人，因为“当弥赛亚降临，为完美的世界揭开序幕的那刻，自古以来所有已经过世的人都会肉体复活，并且重返耶路撒冷”①。这一观念不仅丰富了犹太弥赛亚观的内容，而且极大地安慰了苦难中的犹太人。

在古代犹太人的文献中，有关死人复活的论述并不多见，仅有《撒母耳记》《约拿书》《但以理书》等少数几卷著作提到了上帝有让人死而复生的权能。一般认为，这一观念主要起源于公元前6世纪的“巴比伦之囚”时期，其目的是为了安慰那些被掳到巴比伦为奴的犹太先民，让他们相信自己即便不能活着回归故土，也依然有机会在末世得到拯救。从那时起，死而复活与末世的观念开始进入犹太先知的启示，并促使犹太人对死亡的理解发生了变化。到了犹太人终于得以返回故土的第二圣殿时期，死者复活、末日审判等观念已深入人心，成为大多数犹太人的信仰②。在此后的罗马统治时期和中世纪的欧洲，犹太拉比们不仅公开宣称所有死去的犹太人都将在未来依靠上帝的能力而复活，而且在日常的宗教礼仪中加入了颂扬上帝让人死而复活并加以拯救的内容。他们试图以此来强调上帝的全能和慈爱，教导犹太人坚定他们对雅赫威的依赖和盼望。在中世纪犹太公会颁布的十三大信条中，最后一条就是“相信死者会复活”。中世纪最伟大的犹太思想家迈蒙尼德的“两次死亡说”，实际上就是对死而复活观念的确认和补充。迈蒙尼德认为，人在第一次死亡之后，不会永远沉睡下去，而是会在弥赛亚降临的时候复活；此后，义人将因着上帝的奖赏而不朽，而其他人则将面临永久性的二次死亡。在启蒙运动之后，开始有犹太思想家对死而复活的观念提出怀疑，甚至将其当作没有根据的妄想和笑料。与此同时，越来越多的犹太人开始把来世的希望寄托于灵魂的不朽，而非死人的复活。在20世纪初期，犹太人中的改革派、重建派都纷纷表示希望放弃死而复活的观念，并声称精神的不朽比肉体的复活更为重要。不过，最近几十年来，随着犹太人中的保守派势力的增强，又有一些犹太思想家开始关注死后复活的观念，并且认为它对于论证弥赛亚观和末世观是必不可少的。一些当代犹太思想家认为，仅仅灵魂得救是不够的，只有肉身的复活才能真正彰显上帝的权能。因此，他们认为上帝必将在末世实现死人复活的奇迹，并借着弥赛亚实现对全人类（不仅包括活着的人，也包括所有已经死去的人）的拯救。

死而复活的观念在犹太思想史上的发展几经波折，但迄今仍然是很多犹太人恪守的宗教信念之一，并且以各种方式反映在他们的礼仪和习俗中。例如，在犹太人最常使用的祈祷词“阿米达”中，就有“叫人从死里复活”这样的祷词来颂赞上帝的权能。同时，犹太人非常忌讳一切伤害身体的行为。按照犹太习俗，即使一个人因为疾病或受伤等原因而不得不选择截肢，也必须将截下的残肢埋入祖先的墓园，以便等残肢的主人死

---

① ［美］魏道思：《犹太文化之旅》，刘幸枝译，南昌：江西人民出版社，2009年，第58页。

② Cohn-Sherbok, L. and Cohn-Sherbok, D.. *A Popular Dictionary of Judaism*, Richmond: Curzon Press, 1995, p. 35.

后，重新埋葬在一起。此外，犹太人历来不主张火葬，而主张以土葬的方式来保持死者身体的完整，以便迎接死而复活的时刻。更有甚者，在欧洲犹太人的传统葬礼中，需要按照东西方向埋葬死者，并且将死者的脚朝向东方，以便当弥赛亚来临之时，死而复活的犹太人可以准确地找到返回耶路撒冷的方向。

第八章　犹太人的经典

第一节　《塔纳赫》

“塔纳赫”（Tanakh）是希伯来文“圣经”的音译（亦可译为“他那赫”“泰纳克”或“泰那克”等）。据犹太传说，《塔纳赫》的希伯来文名称来自于它的三个部分——《妥拉》《先知书》《圣文集》的首字母的组合。《塔纳赫》不仅是犹太人的经典，也是基督教的经典，后者将其称为《旧约》，以区别于基督教所特有的《新约》。尽管基督教的《旧约》与犹太人的《塔纳赫》在内容上基本一致，但在章节次序和诵读方法上则有所区别。《塔纳赫》主要由古希伯来文写成（只有极少一部分是用古亚兰语写成），其成书时间跨越数个世纪。一般认为，《塔纳赫》中虽然包含着许多非常古老的内容，但将其编辑成为一部经典的过程则是在公元前5世纪的下半叶才开始。《塔纳赫》是由众多的犹太祭司和文士整理编纂而成的，其主要内容来自古代希伯来人的各种典籍和律法文献。在《塔纳赫》的三个部分中，最先完成正典化的是《妥拉》，大约成书于公元前400年。其次是《先知书》，约在公元前250—前200年完成。最后是《圣文集》，大约在公元前1世纪下半叶完成。在公元100年前后，经犹太教拉比在加姆尼亚（Jamnia）举行的宗教会议决定，正式确立《塔纳赫》定本①。

《塔纳赫》不仅是犹太人最重要的一部经典，也是一部有关犹太人的先祖——古希伯来人生活的百科全书，其内容涉及古希伯来人生活的方方面面。它向我们铺开了犹太民族早期发展的历程，展示了犹太人的道德观、价值观和礼仪规范的起源。

在《塔纳赫》的三个部分（《妥拉》《先知书》《圣文集》）中，又以《妥拉》（Torah）最为重要。“妥拉”在希伯来文中的意思是“教导、训诲、指示、律法”。它不仅记录了古希伯来人关于宇宙和人类起源的传说，而且叙述了犹太人成为“选民”的过程及其世代遵行的道德观念和律法的来源。《妥拉》本身又包括五卷经文，分别称为《创世记》《出埃及记》《利未记》《民数记》《申命记》。因为这五卷书的主题不仅仅是在叙述宇宙和人类的起源，还是在记录上帝赐予选民的律法，所以犹太人和基督徒又常常将其称为“律法书”。此外，由于犹太人相信，它们的真实作者是最伟大的先知摩西，所以它们有时候又被称为《摩西五经》。尽管《妥拉》涉及的内容繁多，但通常

---

① 在当时的犹太社会，出现了不少假冒犹太历史上的著名先知或重要人物撰写的“伪经”。因此，为了避免造成信仰上的混乱，犹太拉比在巴勒斯坦西部的犹太中心加姆尼亚举行宗教会议，确立了《塔纳赫》正典的内容。

认为这部分讲述了创造、救赎和启示三个重点内容。首先，上帝创造了宇宙及世间万物，并通过犹太人的祖先与人类订立契约；其次，上帝呼召先知摩西带领以色列民众逃离埃及的为奴之地，并赐予他们新的启示；最后，上帝借着摩西，向以色列人启示他的诫命和律法，从而规范人的行为。

《妥拉》是犹太教的根本经典，是犹太律法的源头，是所有犹太经卷的基础，是所有犹太教仪的基础，是犹太文化的核心。《妥拉》为犹太人规定了 613 条戒律条文。犹太人认为，这些戒律都是上帝在阿拉伯半岛的西奈山上向摩西启示的。按照犹太拉比的看法，这些戒律可以分为两大类——训令类和禁令类，其内容涉及犹太人生活的方方面面。例如，神职人员的职责与特权，平民的法律地位、权利与义务、财产所有权、债务处理、婚姻与家庭、生活习惯、起居饮食、犯罪与刑罚、审判机构与诉讼，等等。对于犹太人来说，这些戒律是最基本的立法依据和道德准则，所以任何人都不得违背。犹太人历来重视这些戒律。在中世纪的犹太社会，有专人负责抄写《妥拉》中的律法。他们用翎毛笔和墨水将《妥拉》抄写在羊皮卷上，再加工成《妥拉》的卷轴。在每个周一的早晨、周四的上午以及周六的早上和下午，犹太人都要在会堂的崇拜仪式中诵读《妥拉》的卷轴。此外，在犹太新年、赎罪日、住棚节、逾越节、五旬节、修殿节、新月日及禁食的日子，他们也会诵读《妥拉》中与之相关的经文。

《塔纳赫》的第二部分是《先知书》（Navim），其在希伯来文中的意思是“众先知”，因为它们记录了古代犹太民族史上的一批重要先知的言行。《先知书》又可以分为前后两个部分。前先知书共有四卷，分别称为《约书亚记》《士师记》《撒母耳记》《列王纪》。它们描述了犹太人的先祖在迦南争战、定居、生活、建国、分裂的历史，以及早期先知约书亚、底波拉、撒母耳、以利亚、以利沙等人的事迹，其时间跨度长达 7 个世纪（上迄公元前 13 世纪，下至公元前 6 世纪）。后先知书共有四卷，分别称为《以赛亚书》《耶利米书》《以西结书》《十二小先知书》，其中的前三卷因为篇幅较长，又被称为大先知书，而后面的《十二小先知书》在基督教的旧约中则被分为篇幅相对较短的十二卷书（《何西阿书》《约珥书》《阿摩司书》《俄巴底亚书》《约拿书》《弥迦书》《那鸿书》《哈巴谷书》《西番雅书》《哈该书》《撒迦利亚书》《玛拉基书》），但这种分法并未得到犹太人的认可。后先知书主要记录了公元前 8 世纪至公元前 5 世纪之间的十五位著名先知的故事。他们以上帝代言人的身份，向当时以色列的统治者和普通民众传达上帝的旨意。一方面，申斥他们破坏律法和道德的言行，并警告他们必将为此遭到严厉的惩罚；另一方面，又呼吁他们遵行律法和诫命，建立公平正义的社会，并等待上帝的救赎。关于《先知书》的作者，研究者们历来有不同的观点。现代的部分研究者们认为，《先知书》的大部分内容并非当时的先知们所写，而是出于后来的犹太祭司和文士们的搜集、记录和整理。不过，也有不少现代学者反对这种说法。例如，当代美国学者魏道思就认为：“后先知们是一群文人，他们会记录并保存自己的著述，或者指示缮写者去做这样的事。”①

大约在希腊人和罗马人占领巴勒斯坦的那段时期，犹太人形成了在安息日和礼拜仪

① ［美］魏道思：《犹太文化之旅》，刘幸枝译，南昌：江西人民出版社，2009 年，第 90 页。

式中诵读《先知书》的传统，并逐渐演化成一种称为“哈费他拉”（Haftarah）的宗教礼仪。关于“哈费他拉”一词的确切含义，现代的研究者并没有共同意见，而导致分歧的原因是他们对这一仪式的形成原因有着不同看法。有部分学者认为，这段历史时期的犹太人开始诵读《先知书》的原因在于，外来的希腊和罗马统治者禁止犹太人在安息日和宗教仪式中诵读《妥拉》，所以犹太人为了保留读经的仪式，只好选择诵读《先知书》。基于这一原因，“哈费他拉”在希伯来文中的原始意义应该是“添加”。另有部分学者则认为，这一历史时期的犹太人之所以选择在礼拜仪式即将结束的时候诵读《先知书》，是为了以其中的预言鼓舞人心。基于这一理由，他们认为该词在希伯来文中的原始意义是“散会”或“结束”。后来，犹太人在每周的崇拜中都会首先诵读《妥拉》的相关章节，再从《先知书》中寻找并诵读与之相匹配的主题章节。

作为《塔纳赫》第三部分的《圣文集》（Ketuvim）的题材比较广泛，其内容涉及崇拜、诗歌、文学、历史、伦理等方面。《圣文集》由12篇风格各异、不同题材的书卷组成，它们分别是《诗篇》《箴言》《约伯记》《雅歌》《路得记》《耶利米哀歌》《传道书》《以斯帖记》《但以理书》《以斯拉记》《尼希米记》《历代志》。这些书卷不仅是希伯来文学作品中的瑰丽篇章，而且深刻影响着犹太人的精神生活。犹太人在不同的节日里，会选择其中的一些著名篇章来加以诵读。例如，在最大的犹太节日逾越节，他们会阅读《雅歌》中的情诗来表达雅赫威与选民之间的亲密关系。在五旬节的时候，他们会阅读《路得记》来回顾上帝的恩典。在亚布月（犹太历的五月，相当于中国农历的十一月）的第九日诵读《耶利米哀歌》① 来纪念圣殿的被毁，在住棚节诵读《传道书》来赞美上帝的权能并思考人生的意义，在普珥节诵读《以斯帖记》来纪念犹太少女以斯帖借助波斯王的势力保全民族的故事②。值得一提的是，《圣文集》中的《但以理书》《以斯拉记》《尼希米记》和《历代志》中包含着不少历史内容，并相对连贯地记录了公元前6世纪到公元前4世纪的犹太民族史上的重大事件。它们一方面继承了前先知书中宣扬的“遵神命则兴，违神命则亡”的神学史观，另一方面又进一步削弱了前先知书中的历史色彩，而代之以更浓郁的宗教气息。因此，它们很大程度上不是真正的史书，而更像是一些借着以色列王朝的更迭史来宣讲教义的讲道集。例如，对不太重视雅赫威信仰的北国以色列诸王，它们很少提及。对南国犹大诸王的记载，也以少数几位特别注重圣殿和祭司地位的君主（大卫王、所罗门王、希西家王、约西亚王）为核心，并特别关注这些王对圣殿的贡献及其与祭司的关系。因此，学术界普遍认为它们大多出自公元前350—前250年的犹太祭司和文士之手，并且将它们归于《圣文集》，而非归于《历史书》或《先知书》。这种观点不无道理。

① 《耶利米哀歌》记载了公元前586年圣殿和耶路撒冷被毁，犹太百姓被掳的悲惨历史，所以犹太人每到犹太历亚布月的第九天（相传是当年耶路撒冷沦陷的日了），都会在会堂里诵读《耶利米哀歌》来纪念。

② 据犹太传说，波斯帝国的大臣哈曼密谋消灭犹太民族，但美丽的犹太少女以斯帖在上帝的帮助下，利用其作为波斯王后的身份，说服波斯王处死哈曼并阻止了这一阴谋，所以后来将哈曼被处死的这一天称为普珥节。每当这一节日，他们都会集体诵读《以斯帖记》，来纪念这一故事。

第二节 《塔木德》

“塔木德”（Talmud）在希伯来文中的意思是“教导”。在犹太人眼中，《塔木德》是权威性仅次于《塔纳赫》的另一部重要经典。由于其中包含着众多的口传律法，所以犹太人又常常将其称为“口传《妥拉》”，以区别于《塔纳赫》中的成文《妥拉》。关于《塔木德》的来历，学者们同样没有达成完全一致的意见。一般认为，它们是公元前3世纪至公元6世纪的几百年间，流传于巴勒斯坦和巴比伦等地的犹太人中的律法及其注解的汇编。虽然其中的很多律法都是口耳相传下来的，但大多数犹太人仍然将其视为生活的准则和解经的依据。对于犹太人来说，《塔木德》的重要性绝不仅仅是学术上的。它是犹太民族智慧的结晶，包含了希伯来思想的每一方面、人类精神的每一话题。

《塔木德》主要由两个部分组成。其中，第一部分《密西拿》（Mishnah）在希伯来文的意思为“重述”，因为它的主要内容是对《妥拉》中包含的律法进行系统的梳理和具体的解释。《密西拿》成书于公元2世纪左右，是由当时的著名拉比犹大·哈纳西主持编撰，并最终以文字形式确立下来的一批被称为“坦拿”的犹太学者的言论。《密西拿》的编写者按照律法所涉及的不同主题，将其分为6卷，在每卷的下面又分设多个不同论题，并在每个论题的下面又分为若干章节，加以系统的探讨。纵观全书，《密西拿》共设有6大主题①，63个论题，523章，4184节。

《密西拿》的内容包罗万千，涉及当时犹太人生活的方方面面，包括节日、庆典、礼仪、农事、祈祷、婚姻、刑事、借贷、赔偿、继承、献祭、捐献、饮食、洁净、圣事等。《密西拿》不仅将犹太学者对同一事情的不同看法归纳在一个论题中，而且将所有相关的论题联系在一起讨论。有学者认为，《密西拿》不单单是一部关于律法的典籍，因为它不仅仅是在罗列各种已知的犹太律法和条例，而是详细地记录了这些律法和条例得以产生的判断和裁决过程，以及当时裁定该律法和条例的理由、不同的观点和看法、参与决断的拉比的名字等。这么做显然是为了方便犹太人对律法和条例学习、讨论和执行。这种编撰方式，也为此后犹太信仰的延续和犹太律法的实施提供了极大便利，并为犹太法律体系的形成提供了范本。

在《密西拿》出现之后不久，一些拉比就发现，它实际上并没有囊括所有其试图包含的律法材料，并且在实际操作中，有些律法和条例还需要有更为明确的诠释与补充，才有可能实施。为了弥补这一局限，在巴勒斯坦和巴比伦的犹太学院里，一些拉比分别从各自的研究和理解出发，开始整理《密西拿》的遗漏部分，并对已经梳理和阐述的部分加以重新诠释和编撰，从而形成了《密西拿》之外的又一部律法和释义汇编，

① 每个主题分为一卷。第1卷“种子”，讲述那些与农业生产有关的法律和祭典；第2卷“节期”，讲述那些关于犹太节日、斋日的律法和条例；第3卷“妇女”，讲述那些与婚姻相关的律法；第4卷“损害”，涉及民法、刑法和伦理；第5卷“圣物”，讲述祭祀、献祭方面的条例；第6卷“洁净”，讲述生活和饮食等方面的禁忌。

并将其取名《革马拉》，作为《塔木德》的第二部分。

“革马拉”（Gemara）一词在希伯来文中的意思是“补全”或“完成”，因为其编撰者的本意是对《密西拿》中没有涉及的问题进行补充。如果把《密西拿》称为犹太律法的论题的合集，那么《革马拉》则可以称为犹太律法的评注的合集。两者共同组成的释经大典《塔木德》，是我们了解犹太文化的一个重要窗口。在具体内容的编排方面，《革马拉》没有自己的体系，其内容完全围绕着《密西拿》的论题展开，但又没有涉及《密西拿》的全部63个论题，而只涉及其中的30多个论题。同时，《革马拉》也不是用纯正的古希伯来语编写的，而是由当时犹太民众使用的日常语言——阿拉米语书写的，其目的显然是便于普通犹太民众阅读。

此外，《革马拉》也不像《密西拿》一样，是由某位著名的犹太拉比负责编写的，而是由当时分住在巴勒斯坦和巴比伦等地的犹太拉比，在不同的年代分别完成的。因此，现存的《革马拉》有两个版本，即《巴勒斯坦革马拉》和《巴比伦革马拉》。受其影响，在犹太人中出现了两个版本的《塔木德》，即巴勒斯坦版的《塔木德》和巴比伦版的《塔木德》。前者的编辑工作最初由巴勒斯坦地区的太巴列犹太学院院长纳帕哈（Jochananb Nappacha，199—279年）发起，至公元4世纪下半叶完成。后者的编辑工作则最初由巴比伦地区的苏拉犹太学院院长阿什（Ashe，352—427年）拉比发起，至公元499年，才由苏拉学院院长的继任者拉必那（Rabina）拉比完成。两者比较起来，巴比伦版的《塔木德》的内容更为完整（共35卷，250多万字，是巴勒斯坦版的《塔木德》的7倍以上）。巴比伦版的《塔木德》针对巴比伦犹太人的实际情况，对《密西拿》进行补充和评注，所以其涵盖的内容比巴勒斯坦版的《塔木德》更广泛，也更具权威性。后来的犹太人在律法的解释上发生争论或遇到难题时，往往以巴比伦版的《塔木德》作为衡量标准，犹太学校也大都将其作为《塔木德》的标准本。

《塔木德》是犹太人智慧的结晶，它真实反映了犹太人的思想、习俗和语言的变化，成为研究犹太文化的必备素材，然而关于它的历史地位，不同时期、不同阶层和不同宗派的犹太人则有各自的看法。犹太民族史上，有的团体曾经拒绝接受《塔木德》。历史上的撒都该派犹太人只承认《妥拉》中的成文律法，而拒不承认《塔木德》中的口传律法的权威，除非后者可以找到成文律法作为根据。公元8世纪的卡拉派和撒马利亚派犹太人也认为，只要忠实地遵守成文律法就可以，并且不同意对成文律法做出任何进一步的解释。近现代以来，一些改革派的犹太人又提出：《塔木德》中的口传律法并不是强制性的，所以人们既可以选择遵守，也可以选择不遵守。甚至一些保守派的犹太人在裁决民族内部的纠纷时，也主张首先以成文律法而非口传律法作为依据和标准。在当今犹太世界，一种较为普遍的思想趋势是把口传律法视为一种指导准则，而不是必须遵循的律法。一部分犹太人之所以反对把口传律法与成文律法同等看待，也并非完全没有缘由。首先，口传律法中不仅包括犹太学者对《妥拉》文本的诠释，而且包括许多并非直接来自《妥拉》文本的诠释。按照犹太人的传统观点，这些诠释是由学者根据《妥拉》的精神而增补的律法条款，而非直接出自上帝的诫命。例如，在《塔木德》的口传律法中，有关于普珥节和哈努卡节的规定，以及在安息日如何处理蜡烛等问题的规定，但由于这些规定没有《妥拉》中的成文律法作为根据，所以有不少犹太人认为，它们并不是每个犹太人都必须遵守的强制性规定。

然而，无论犹太历史如何发展，律法在犹太人心目中的地位如何变化，《塔木德》都无疑是犹太人继《塔纳赫》之后的另一部经典，也是我们窥见犹太人超凡智慧的一把钥匙，是“犹太智慧的羊皮卷”“犹太五千年文明的智慧基因库”。

第三节 《米德拉什》

《米德拉什》(Midrash，复数为 Midrashim，也可被译为《米大示》)是犹太拉比用来讲解《塔纳赫》的布道书，其主要内容是一些有关《塔纳赫》的典故、轶事、传说、解释、训诫和教导，以及某些著名拉比在各种场合的布道。《米德拉什》出现的原因，与犹太拉比地位的提升和解经学的发展有关。随着时代发展，犹太拉比关于律法和教义的解释、说明和教诲也越来越多。犹太人为了记住一些著名拉比的相关言论，而萌生了将其整理成册，以便私下研读的想法。这种想法导致了《米德拉什》的产生。

《米德拉什》的成书时间极为漫长，从公元前 5 世纪开始萌芽，直至公元 16 世纪中叶才算编撰完成，前后历时近两千年。由于成书时间过长，涉及人物过多，所以《米德拉什》的内容来源十分广泛，包含着各式各样的文献材料。像《塔木德》一样，《米德拉什》也有两种，分别称为《米德拉什哈拉卡》(Midrash Halachah)和《米德拉什亚卡达》(Midrash Aggadah)。前者是用来诠释律法的一些训导和典故，以及如何在实际生活中运用律法条文和礼仪规范的说明；后者则是历代拉比就《塔纳赫》的内容提出的教导与典故，包括他们对《塔纳赫》中的传奇、轶事、历史、民俗、礼仪传统的意义分析和神学辩论，以及他们自身的心得体会和布道文。因为《米德拉什》的题材丰富，加上其中的很多典故和故事非常生动有趣，所以逐渐成为犹太人的传统文化读本，也是犹太人向少年儿童进行历史传统教育的教材。

从编排结构上看，《米德拉什》是完全按照《塔纳赫》的结构编写的。例如，《米德拉什哈拉卡》对《塔纳赫》的最初部分(《妥拉》)进行了逐卷的注释和讲解。《米德拉什亚卡达》则对《妥拉》和《圣文集》中的每卷书都进行了专册讨论。其中比较有影响力的篇章包括《坦楚麻》(Tanchuma)、《卡拉那拉比解经集》(Pesikta d’Rav Kahana)、《大解经集》(Pesikta Rabbati)、《以利以撒拉比的伦理观》(Pirkae d’Rabbi Eliezer)、《诗篇米德拉什》(Midrash Tehillim on Psalms)等。随着犹太人处境的不断变化，思想的不断发展，经验的不断更新，各种关于《塔纳赫》内容的说明、典故和寓言也日益丰富。可以说，每个时代和地区的犹太作者都能从现实生活中发现新的内容，创造出新的《米德拉什》。例如，《西门的遥库特》(Yalkut Shemoni)和《伟大的米德拉什》(Midrash Hagadol)就是中世纪的欧洲犹太人编写的《米德拉什》专集。

《米德拉什》以其丰富的内容、生动的表达以及别样的方式记录了犹太文化和历史，以最“接地气”的方式来宣扬和表达犹太人的信仰和律法。它们与犹太人的其他经典一样，随着犹太历史的发展缓缓流淌，不断积淀。也许就在今天，犹太作者们正在酝酿着再次更新《米德拉什》的篇章，向人们展现更多更有趣的犹太文化宝藏。

第四节　其他重要经典

在历史的长河中，犹太人创造出了浩如烟海的经典文献。除了前面提到的《塔纳赫》《塔木德》《米德拉什》之外，值得一提的重要经典还有以下几部。

第一，犹太神秘主义思想的巅峰之作《光辉之书》（Zohar，亦可译为“佐哈尔”）。该书的真实作者是公元 13 世纪晚期西班牙格林纳达王国的神秘主义思想家摩西·德莱昂，但由于书中的内容反映了另一位更加著名的犹太神秘主义者西蒙·本·约海的思想，所以常常有人误认为它出自于西蒙·本·约海之手。《光辉之书》是随后兴起的犹太卡巴拉神秘主义思潮的圭臬。该书的作者用神秘主义的方法来解释《妥拉》，认为《妥拉》的真正意义隐含在其字面意义之下，所以读者需要透过《妥拉》的字面意义，去追寻其背后隐藏的真理。该书的作者同时强调，人类的最高目标是对终极奥秘的探索，所有的人类行为都是相互关联的，并将最终影响到整个宇宙的演变和命运。

第二，最重要的犹太祈祷文汇编《希杜尔》（Siddur）。《希杜尔》收录了历代犹太人在日常生活和宗教仪式上吟诵的经典祷词，并且在历史上多次改版和再版。早在公元 870 年，巴比伦的书拉学院的著名拉比——阿姆兰·班·谢什纳就整理汇编了第一本希伯来文的《希杜尔》。随后，另一位著名的犹太拉比撒狄亚又在此基础上，编撰出了另一部更为完整和更加系统的《希杜尔》。后者作为犹太人祈祷文的范本，一直被沿用至今。在犹太人的眼中，祈祷是他们与雅赫威上帝进行沟通的主要渠道，而《希杜尔》则为他们的祷告提供了正式的标准和规范。因此，《希杜尔》受到历代犹太人的重视，曾被翻译成多种语言，在世界各地的犹太社团中广泛流传。随着时代的变迁和处境的变化，《希杜尔》的内容也在不断发展和演变，从而成为一部展现犹太人的祷告形式的起源和发展的历史书。在《希杜尔》中，既有直接取材于《塔纳赫》的古老祷文，也有后来犹太历史上的一些著名拉比和学者的祷文，以及各个时代、各个地区的犹太人按照自身的需要添加的新祷文。因此，每次《希杜尔》的再版，其内容都会有所增添，古今的祷文被按照内容归类整理，收录其中。

在犹太人所创作的重要经典中，有一部分因为各种历史原因，未能在犹太人内部得到普遍的重视，然而却对人类文化作出了重要贡献，对其他宗教和文化产生过重要影响。在此类经典中，最值得一提的便是所谓的《次经》和《伪经》。

第三，《次经》（Apocrypha），常被犹太人称为“不经之书”。顾名思义，就是被隐藏起来的、不为人所知的经典文献。《次经》收录了古代犹太人创作的一系列经典文献，包括《以斯拉》《托比传》《犹滴传》《以斯帖补篇》《所罗门智训》《便西拉智训》《巴录书》《耶利米书信》《三童歌》《苏撒拿传》《彼勒和龙》《玛拿西祷文》《马卡比传》等。它们与《塔纳赫》的写作风格和形式基本一致，也可以按照其内容分为历史书、智慧文学、启示文学、书信等，因而可以看作是对《塔纳赫》正典的补充和发展。但不同于《塔纳赫》正典的是，这些经卷只有希腊文译本，而无法找到其希伯来文原本，以至有些犹太学者怀疑，它们原本就是不知名的作者用希腊文撰写出来的。由于后来的犹太学者对这些书卷的成书年代、作者身份、内容等存在很大争议，加上这些书卷的成书年代较晚等原因，所以它们最终未能被编入《塔纳赫》的正典。据说，早期犹太人对这些经卷的态度并不一致，而是分为两派。一派是居住在亚历山大城的希腊化犹太人，他们大多承认这些经卷的正典地位；另一派则是居住在巴勒斯坦的本土犹太人，他们大多否认其正典地位。在公元前3世纪到公元前2世纪，亚历山大的犹太学者在翻译《塔纳赫》时，曾经将其收录其中。可是到了公元90年左右，在巴勒斯坦西部的雅麦尼亚（Jamnia）召开的拉比会议上，这些经卷的正典地位没有得到承认，并被正式从《塔纳赫》正典中移除。

不过，早期基督教没有受到犹太人的雅麦尼亚会议的影响，而是继续将它们与《塔纳赫》的其他经卷同等对待。在公元2世纪和3世纪，基督教曾经翻译过38种以上的拉丁文《旧约》译本，其中大都包含着《次经》。公元4世纪末，罗马教皇因为觉得老版的拉丁文《圣经》不够规范，下令著名《圣经》学者哲罗姆（Jerome）重新组织翻译。为完成这一使命，学风严谨的哲罗姆离开罗马，来到巴勒斯坦定居。在那里，他一边向犹太人学习《旧约》的原文希伯来语，一边潜心研究《塔纳赫》原典，结果令他大吃一惊：原来被基督教广泛使用的《旧约》拉丁文译本居然比巴勒斯坦犹太人保留的《旧约》希伯来原典多出十几卷。于是他便将这些多出的经卷单独置于新旧约之间，并加上序言指出：它们的地位虽次于正典，但同样有权威性。16世纪的宗教改革爆发后，马丁·路德和加尔文等新教改革家再一次提出了次经问题。他们认为，次经虽然可以作为有益的读物和生活的指南，但却不能像《旧约》的正典那样作为教义的依据。但天主教则针锋相对地在1546年召开的特兰托公会议上宣布，《次经》的地位虽然低于正典，但同样可以作为教义的依据，而对于那些不承认《次经》的人，将一律处以“绝罚”（开除教籍）。

第四，《伪经》（Pseude-Pigrapha）本身是一个贬称，指的是某些不知名的犹太作者假冒《塔纳赫》中的著名人物的名义，并仿照《塔纳赫》的风格和方式撰写的宗教文献。一般认为，这些经卷大约成书于公元前3世纪至公元1世纪之间。关于《伪经》的具体数量，学术界一直没有定论。目前流传下来的《伪经》大多是残篇，而且篇目不一。为了便于研究，学者们常常将这些经卷分为两大类：《巴勒斯坦伪经》和《亚历山大伪经》。前者是不知名的犹太作者用希伯来文或亚兰文撰写的冒名作品，共有《十二族长遗训》《禧年书》《以赛亚殉道记》《亚当与夏娃》《所罗门诗篇》《耶利米的其他语录》《先知列传》《约伯遗命》《圣颂》《以诺书》《巴录启示录》《摩西升天记》《阿西加尔的故事》13卷书。这些书卷的题材各异，大都是以传记体的野史、诗歌、小说和启示文学的形式出现，其内容是对《塔纳赫》正典的补充和改写。《亚历山大伪经》则是用希腊文或斯拉夫文撰写的冒名作品，共有《亚里斯提亚书信》《西比路巫语》《马卡比传三书》《马卡比传四书》《以诺二书》《巴录三书》6卷书，其题材分为宗教、历史、哲学和文学等。由于《伪经》产生于犹太人发动对罗马帝国的起义并招致惨败的时期，所以它们的内容都涉及罪恶、受难、救世、审判和天国。尽管它们都是托名之作，而且犹太人和基督徒都拒绝承认其权威性，但是它们真实反映了犹太民族在那个时期的历史处境和思想状况，所以是我们研究早期犹太历史的重要文献。

宗派篇

第九章　犹太宗派的萌芽

第一节　宗派产生的背景

自从南国犹大在公元前6世纪亡于巴比伦之手后，犹太人除了在公元前2世纪的“马喀比起义”时期建立过昙花一现的哈斯蒙尼王朝外，几乎再未实现过完全的政治独立。在漫长的2500多年里，他们一直生活在异族君主的统治下，连正常的宗教生活也要仰赖于统治者的宽容。不过，在某些相对开明的异族君主的统治下，犹太人依然保有一定的信仰自由和内部事务的自治权。在大多数情况下，犹太人被允许保留其祖先的信仰，组建本民族的行政机构来处理内部事务。在欧洲各地的犹太社团，曾组建过多种行政机构来管理其内部事务，如犹太公会和族政团（Politeuma）等。与此同时，各种相关的民间犹太团体，如学派和学园等也不断出现。由于失去了自己的祖国，犹太人再没有一致抗击外敌的必要，其内部不同群体之间的矛盾，逐渐上升为主要矛盾，并常常因此引发分裂，催生出犹太宗派的萌芽。

在犹太人尚未失去祖国的“前囚虏时代”，其民族内部的团结是通过血缘和信仰来共同维系的。那时，每个犹太人从一出生就决定了自己作为雅赫威的选民的身份，而无需以皈依的形式来获得这一身份。然而，当犹太人失去自己的祖国后，他们的宗教从全体国民的国教变成了少数族群的宗教，而且至少在法律上，每个犹太人都有权放弃其祖先的信仰并转而皈依在社会上居于统治地位的基督教或伊斯兰教。在这种形势下，对一个犹太人的选民身份的认定便越来越多地取决于他的信仰，而不仅仅是他的出身和血缘。如果一个犹太人放弃了雅赫威信仰，也就等于放弃了他的选民身份，而变成了一个信奉其他宗教的非犹太人。久而久之，在一部分犹太人中逐渐产生了这样一种观念：“先天犹太人（出生在犹太家庭的人）如果没有正确践行犹太教，就已经丧失了作为犹太人的地位；他们再也不是‘以色列’。”① 当犹太人的身份主要取决于信仰而非血缘和出身之时，宗派也开始在犹太人内部滋长起来。

在“前囚虏时代”的犹太社会，一个人的身份主要是通过其家族出身和血缘关系来决定的。然而，在亡国之后，家族对家庭和个人的控制力也逐渐削弱。公元前538年，在波斯王居鲁士的宽厚政策下，犹太人得以重返家园，进入祭司领导下的“第二圣殿时期”。然而，此时重建的犹太社会已不是过去的犹太社会。随着家族的控制力下

---

① ［美］沙亚·科亨：《古典时代犹太教导论》，郑阳译，北京：中国社会科学出版社，2012年，第157页。

降至家庭，而家庭的控制力又下降至个人，犹太人的思维方式也逐渐发生转变。他们在祈求雅赫威的拯救时，所想到的不再只是整个民族和家族的得救，而常常是个人的得救。对于很多犹太人来说，末世的赏罚主要针对的不是全民族的群体行为，而是每个犹太人的个人行为。随着个人开始被赋予独立的价值，各种由个人组成的新团体——协会、公会、俱乐部也在犹太人中应运而生。这些组织为犹太人提供了寻求个人友谊和个人利益的场所，也为宗派的产生创造了条件。

除了上述原因之外，还有其他一些因素为犹太宗派的产生创造了条件。例如，从公元前 4 世纪的希腊化时代开始，希腊罗马哲学和其他外来思想对犹太人产生了越来越大的影响，并由此导致了犹太人在思想上的分化。同时，犹太人因为经济地位和社会地位的不同，对传统信仰和异族统治者的态度自然也各不相同。长此以往，必然导致他们在思想和行动上出现分化，并逐渐形成不同的宗派。在大多数情况下，犹太人内部的宗派之争都是从各种各样的思想分歧和争论开始的。一部分犹太人拒绝接受其他犹太人所认可的礼仪习俗或管理体制，并且对后者展开严厉的批评，从而导致争论双方的日渐疏离，并最终形成相互对立的宗派。现在，就让我们沿着历史的足迹，去探寻那些曾经引起犹太人内部的思想分歧并导致他们分道扬镳的争论焦点。

总的来说，犹太人内部的宗派之争主要是围绕着五大主题展开的。

第一，关于婚姻的合法性之争。在一些保守的犹太人看来，犹太社会的精英阶层（或整个犹太社会）没有严格遵守摩西律法关于婚姻问题的规定，并缔结了无效的非法婚姻。他们愤怒地谴责其他犹太人对《妥拉》中颁布的复杂婚姻条例作出了错误的解释，宣称后者没有按照传统的犹太礼仪举行婚礼，甚至公然娶“外邦”女子为妻，从而导致其本人和后裔丧失了作为上帝选民的身份。然而，一些思想相对开明的犹太人则拒绝上述指责，并坚持对婚姻方面的律法作出更加温和的解释。

第二，关于犹太节期和庆祝方式的争论。一部分思想激进的犹太人按照自己认为正确的方式庆祝传统犹太节日，并且参照其他的非犹太历法来确定节日的日期，从而在犹太社会内部引发激烈的争论，并逐渐演化为宗派之争。

第三，关于洁净的律法之争。一部分犹太人认为，其他犹太人因为不遵守律法而受到了玷污，所以他们需要严格按照律法中关于洁净的条例，拒绝与这些不洁净的同胞分享餐桌、器皿或食物，甚至杜绝与其进行任何程度的身体接触，哪怕是握手都不行。在这种思想的影响下，他们组成了自己的小宗派，并在宗派内部制定了有关洁净的规章制度，排斥并拒绝接触本宗派之外的其他犹太人。

第四，关于第二圣殿和祭司身份的争论。正如一位美国学者所说：“犹太宗派主义发展的重要阶段与第二圣殿历史的重要阶段相一致……波斯时代，新建的圣殿试图建立其合法性时，宗派的萌芽形式开始出现。公元前 2 世纪，圣殿被伊皮法纽玷污，而后又被马喀比家族洁净，这些事件之后，宗派萌芽得到了充分的发展。宗派于公元 70 年之后消失，原因在于，圣殿被毁之后，宗派主义的一个主要焦点——圣殿之争，也随着消失。”①

---

① ［美］沙亚·科亨：《古典时代犹太教导论》，郑阳译，北京：中国社会科学出版社，2012 年，第 151 页。

在亡国之后建立的第二圣殿及其中的敬拜仪式都不再受犹太君主的控制，也不再有其他神殿和神庙对其构成严重的挑战，所以圣殿逐渐在犹太人心中获得了从未有过的中心地位。相应地，掌管圣殿的祭司逐渐上升为新的统治精英，大祭司更是成为犹太民族的领袖。第二圣殿成为世界各地犹太人朝觐的圣地。然而，当第二圣殿在犹太人心目中的地位不断提高之时，它又开始遭到其他方面的威胁，而且同第一圣殿相比，它面临的威胁甚至更加严重。第一圣殿是由大卫家族的国王下旨建造的，并且被先知们赋予了崇高的地位，被视为上帝展现其全能和神迹的中心。相较之下，第二圣殿在这些方面则明显底气不足。第二圣殿是基于外邦君王的恩典建立的，它也没有任何彰显其核心地位的上帝启示。因此，对于一部分犹太人来说，第二圣殿永远无法取代第一圣殿的地位，充其量也就是个替代品而已。到公元前 2 世纪，由于高级祭司的严重腐败，加上外族统治者对圣殿的蓄意亵渎，犹太人内部关于第二圣殿的地位之争终于全面爆发。尽管在犹太民众的支持下，祭司们从外族统治者的手中夺回了第二圣殿的控制权，但第二圣殿在犹太人心中无疑又蒙上了一层阴影。马喀比起义的成功带来了昙花一现的哈斯蒙尼王朝，同时也导致一些血统不纯的人在王室支持下成为祭司，从而违反了摩西律法中有关祭司血统的规定（按照摩西律法，祭司必须是摩西所在的利未支派的人，而大祭司必须是摩西之兄亚伦的后裔）。更加糟糕的是，罗马将军庞培的部队于公元 63 年征服耶路撒冷，并闯入圣殿禁地寻欢作乐。此后，罗马扶植的傀儡王大希律又公然违反摩西律法，将大祭司的职位授予一名并非亚伦后裔的犹太人，从而导致第二圣殿和祭司在犹太人心目中的合法性大打折扣。一些拒绝接受其权威的犹太人结成新的宗派，指责这样的圣殿非但不蒙上帝的喜悦，反而是藏污纳垢的污秽之地，因此必须得到彻底的洁净，才能重获上帝的恩典①。

第五，关于圣典的地位和解释之争。当犹太人从巴比伦回归之后，祭司和文士取代昔日的王族和先知，成为民众的管理者和上帝的代言人，他们不仅处理现实宗教和民族事务，还热心编订古代的神圣经典，以便教化民众，防止他们遭到周边民族的同化。然而，在这一过程中，也出现了两个问题。首先，哪些作品更有资格被编入正典？其次，应该如何解释这些古代的经典？在第一个问题上，犹太人虽然最终达成了一定程度的共识，但同时也留下了一系列的问题，因为在经过长期的争论之后，“所有犹太人都承认了《妥拉》的权威；除了撒马利亚人，所有的犹太人也都认为先知的作品具有权威。然而，这些作品被赋予权威的性质和程度，以及对其他被视为权威作品的认证，在不同的社团中差异极大”②。在第二个问题上，犹太人却始终未能达成一致意见，并且逐渐演变为了后来宗派之争的焦点之一。从《妥拉》等圣典中寻求真理是犹太社会的一种风气，这种风气使犹太民众热衷于对《妥拉》的学习。因此，当犹太社会内部的拉比和文士们凭借其丰富的神哲学知识，把自己对圣典的解释宣布为最权威的解释时，常常

① ［美］沙亚·科亨著，郑阳译《古典时代犹太教导论》，北京：中国社会科学出版社，2012 年，第 150 页。

② ［美］沙亚·科亨著，郑阳译《古典时代犹太教导论》，北京：中国社会科学出版社，2012，第 152 页。

遭到一些持有不同意见的民众的反对。后者拒绝放弃自己对圣典的解释权和发言权，并且宣称自己的解释才真正符合圣典的原意。由于犹太人在圣典的解释上争执不下，互不相让，而又不可能像基督教那样借助皇帝或教皇的权威来平息争论，所以久而久之，便演化成了不同的宗派。

第二节 利甲族人

我们已经谈到了古典时代犹太宗派的萌芽，分析犹太宗派产生的社会背景以及各方力量的整合，而这些事情大都发生在第二圣殿之后的一段历史时期。不过，早在第一圣殿时期，犹太人内部已是纷争不断，并由此出现了宗派的萌芽。事实上，在“巴比伦之囚”之前的北国以色列，就曾经有过一个类似宗派的群体——利甲族人（House of Rechabites)。利甲族人坚持雅赫威信仰，遵守律法和祖先的教导，同时又把一部分信仰不纯的犹太人视为背离神恩的罪人，并尽可能避免与之交往。

按照犹太圣典的记载，利甲族人的祖先似乎是摩西的岳父基尼（参阅《士师记》第 1 章第 16 节，《历代志》第 2 章第 55 节)。他们虽然没有列为以色列的十二支派之一，却因为摩西的缘故，而得以成为以色列的国民。无论是摩西带领以色列人出埃及的时候，还是约书亚带领以色列人攻占迦南的战争中，都可以看到他们的身影。在定居迦南之后的岁月里，他们继续在以色列历史上发挥着重要作用。他们的领袖约拿达曾协助北国以色列的将军耶户，一起铲除亵渎雅赫威信仰的亚哈王室，并禁止崇拜巴力神。在犹太圣典《塔纳赫》中，有多处关于他们的记载（参见《创世记》第 15 章第 19 节，《士师记》第 1 章第 16 节和第 5 章第 24 节，《撒母耳记上》第 15 章第 6 节和第 30 章第 29 节等)。利甲族人的主要聚居地在北国以色列，可是当北国在公元前 722 年亡于亚述后，他们为避免亚述人的迫害，而南迁到以耶路撒冷为首都的南国犹大。在南国境内，他们除了像其他国民一样遵守摩西律法外，还一直恪守着约拿达为他们订立的典章，保持不盖屋、不种植、不喝酒的传统。关于约拿达制定这些额外规矩的初衷，已经不得而知，但有学者猜测，这可能是他担心繁华的都市生活、商业活动和饮酒可能腐化人们的心灵，从而导致他们难以享受更多的“属灵”福祉。有关利甲族人的信息，散落在《塔纳赫》的各个角落，其中以“哀哭的先知”耶利米的记载最为生动：“我们不喝酒；因为我们先祖利甲的儿子约拿达曾吩咐我们说：‘你们与你们的子孙永不可喝酒，也不可盖房、撒种、栽种葡萄园，但一生的年日要住帐棚，使你们的日子在寄居之地得以延长。’凡我们先祖利甲的儿子约拿达所吩咐我们的话，我们都听从了。我们和我们的妻子儿女，一生的年日都不喝酒，也不盖房居住，也没有葡萄园、田地和种子，但住帐棚，听从我们先祖约拿达的话，照他所吩咐我们的去行。”（《耶利米书》第 35 章第 6~10 节)

从耶利米的上述记载不难看出，当时利甲族人在宗教禁忌、生活方式和行为举止上有很多不同于犹大国其他国民的特征，从而表现出了一定程度的隔离性和排他性。在那个时代，南国犹大的统治者和大多数国民都过着定居的农耕生活并经常饮酒作乐，而他们则拒绝定居生活，禁止饮酒，不盖房屋，不耕地。这种宗教禁忌、生活方式和行为举止容易让人联想到后来的犹太裔基督徒团体——艾赛尼派（Essenes），所以中世纪的一些经院哲学家和犹太学者曾将他们认定为早期基督教的艾赛尼派的来源之一。然而事实上，尽管古代利甲族人在很多方面与后来的基督教艾赛尼派有近似处，但他们显然不是以耶稣基督作为救世主的基督徒，而仍然是犹太教的信徒。同时，他们在思想和行为上表现出的一系列不同于其他犹太人的独特性，也与后来的犹太宗派对其他宗派表现出的隔离性和排他性有一定差异。因此，利甲族人只是古代以色列社会内部产生的一个类似宗派的群体，而其本身还算不上真正的宗派。

第三节　原宗派主义

在公元前 6 世纪到公元前 4 世纪的波斯帝国时代，分居在巴比伦与巴勒斯坦的犹太社团内部纷争不断，并由此形成了一些由秉持相同观点的犹太人组成的小团体。这些小团体之间就律法、圣殿和圣典等问题展开论争，试图凸显自身才是真正蒙神悦纳的选民。这些团体在许多方面都与其后形成的犹太宗派相似，但仅凭现有的这些信息，又不足以认定它们就是宗派。更困难的是，学者们无法从犹太教的典籍中发现他们作为团体所应具有的名称。因此，当代犹太学者沙亚·科亨等人在论及古典时代的犹太历史时，没有轻易断言它们是否属于严格意义上的宗派，而是将其冠名为“原宗派主义”。不过，在犹太圣典《塔纳赫》中，依然可以窥见它们存在的蛛丝马迹，其中最为典型的两个分别是“被掳归回的会众”和“缔约人”。有关这两个群体的情况，分别记载于《以斯拉记》和《尼西米记》（这两卷书在《塔纳赫》中原为一卷，称为“以斯拉·尼西米记”，但后来的基督教学者则将其分为两卷来加以研究）。

在《以斯拉记》中曾屡次提到一个称为“被掳归回的会众”的犹太人群体。这一群体的不少成员都是当时犹太社会中的精英阶层。在巴比伦军队于公元前 586 年攻陷耶路撒冷时，曾经将他们的祖先掳往巴比伦城为奴，直到波斯王下诏允许犹太人返回故国之后，他们才在前王室成员舍巴撒、犹大省长所罗巴伯和著名文士以斯拉等人的带领下，从巴比伦返回到南国犹大的故地。据载，当时返乡的犹太人总数超过 4 万人，其中的祭司大约有 4000 人。这批人在返回故国的同时，随身带回了此前被巴比伦军队从耶路撒冷圣殿中抢走的部分物品。他们有组织地回到耶路撒冷之后，立即建立祭坛，全面修复圣殿，并在回归后的数百年内，每天定时举行献祭活动，不曾中断。在《以斯拉记》的作者看来，这群人是有组织、有纪律的团体，他们是真正的选民的代表。他们把周边的一些民族视为“犹大与便雅悯的仇敌”（犹大与便雅悯是古以色列的十二支派中的两个，当其他的十个支派逐渐被异族同化之后，他们依然坚持雅赫威信仰，并成为现代犹太人的祖先），拒绝这些民族参与重建圣殿的工作。他们不欢迎外邦人介入他们的民族复兴与信仰重建计划，以防止刚刚得到净化的一神教遭到这些外邦人的污染。此外，“一切除掉所染外邦人污秽、归附他们、要寻求雅赫威以色列神的人”（《以斯拉记》第 6 章第 21 节）也加入了他们的群体。至于这些后来加入他们群体的犹太人是否可以被算作是“皈依者”，我们已经不得而知，但是很显然，这部分后来加入他们群体的犹太人曾经举行过一定意义上的“皈依”仪式。此外，通过《以斯拉记》的记载可以看出，当时的人们常常将这些“被掳归回的会众”当作一个整体来看待。当以斯拉听说某些被掳归回的人与异教女子通婚的消息后，曾向所有被掳归回的人发布了一份公告：“他们通告犹大和耶路撒冷被掳归回的人，叫他们到耶路撒冷聚集。凡不遵首领和长老所议定三日内不来的，就必抄他的家，使他离开被掳归回之人的会。”（《以斯拉记》第10章第7~8节）。这显然是把被掳归回的人作为一个整体，而与异教通婚的禁忌则类似宗派内部的规制。据说，以斯拉最终发现，有超过100名被掳归回的人与异族通婚，并下令这些人抛弃自己的异族妻子和儿女，否则将被逐出群体。

《尼希米记》中提到了另一个与“被掳归回的会众”相类似的群体——“缔约人”。迄今为止，尚无充分的证据来证明这两个群体究竟是同一群体，还是两个有先后承继关系的群体。按照《尼希米记》第10章的记载，在这个以联名签署的方式组成的“缔约人”群体中，尼希米是一位灵魂人物。尼希米在公元前432年第二次担任波斯帝国的耶路撒冷省长期间，重申了犹太律法的权威，并严厉禁止异族通婚（违者将被赶出圣殿）。他还设立了什一税来供养圣殿及其神职人员，并且禁止在安息日从事商业活动。对于这些规定，一批犹太人以联署签名的形式表示了支持。当时，尼希米的合作伙伴以斯拉正在向一群犹太人宣读《妥拉》。这群人受到感动并开始禁食祷告，随后又在悔罪书上写下自己的誓言，保证自己将永远遵守尼希米和以斯拉所立下的四条规矩：第一，不与异族人通婚；第二，不在安息日进行牟利活动；第三，遵守安息年的律法；第四，通过各种方式奉献支援圣殿和祭司。这群人的身份各异，但大都从事着某种与圣殿有关的职业，如“祭司、利未人、圣殿守卫、圣殿歌手、圣殿仆役，以及一切隔绝邻邦居民、归服上帝律法的人”。为了确保盟约的有效性，他们的名字都被记载在《塔纳赫》中，并流传至今（《尼希米记》第10章第1~28节）。尤其值得一提的是，他们并非都有纯正的犹太血统，其中也包括某些来自其他民族的雅赫威崇拜者。

以斯拉与尼希米对于“被掳归回的人”与“缔约人”的活动进行了规范，以确保其信仰的纯正性。他们制定了针对异族通婚的禁令，强化了守安息日和安息年的律法，并重新安排了什一税制度和圣殿献祭的程序。他们的种种作为与之后的犹太宗派极为相似。他们都将自己所在的这一群体视为雅赫威的真正信徒，并通过遵守内部的规章来进行自我界定。此外，他们关注的问题与后来的犹太宗派基本一致，都是以律法、圣殿和圣典作为关注的焦点。因此，他们在某种程度上可以被称为古典时代的犹太宗派之雏形，为此后犹太宗派的出现奠定了基础。

第十章　古典时代的犹太宗派

从公元前323年马其顿王亚历山大去世到公元67年罗马将军庞培征服耶路撒冷的这段时期，是犹太民族史上的古典时代。在这段时期，由于受到异族统治者推行的希腊化政策的影响，犹太人内部发生了激烈的思想冲突。尤其是在反对希腊化的马喀比起义取得胜利之后，犹太人内部的矛盾更是日益激化。犹太社会的祭司阶层和文士阶层在诸多问题上产生了分歧，并开始形成不同的宗派。此前，祭司阶层一直是《妥拉》的权威解释者，而且有权对复杂的律法问题进行裁决。然而，文士以斯拉打破了祭司在解释《妥拉》方面的权威。《妥拉》成为全体犹太人研读的圣典，而不再仅仅是祭司才能阅读和解释的东西。原本集中在祭司集团内部的权威，开始被善于解释《妥拉》的文士所分享。后者逐渐形成了一套用来解释《妥拉》的新体系，并大有取代祭司而成为犹太社会的领导阶层的趋势。在如何解释《妥拉》和实施律法的问题上，这两大集团之间的矛盾日益尖锐。在马喀比起义取得胜利后，随着外部压力的减轻，祭司阶层和文士阶层的矛盾更加激化，并最终形成两个对立的教派：撒都该派（祭司阶层）和法利赛派（文士）。此后，从法利赛派中又逐渐分化出奋锐党人和艾赛尼派。至此，古典时代犹太教宗派的格局初步形成。由于这些宗派最终因为罗马帝国对犹太人的放逐而走向了消亡，所以关于它们的文献资料也相对较少。在本书中，我们将尽可能利用有限的相关文献，并结合目前学界的主流观点，对它们加以简单介绍。

第一节　撒都该派

“撒都该”（Sadducce）这一名称在希伯来文中的意思是“祭司撒都的后裔或追随者”。按照犹太人的传说，该宗派的创始人是第一圣殿的大祭司撒都之子。该宗派主要活跃在公元前2世纪至公元2世纪的四百年之间。在第二圣殿毁于罗马人之手后，才渐渐消失在犹太民族的历史舞台上。撒都该派的成员将自己视为大祭司撒都的后裔，认为只有自己才有权主导圣殿的事务。他们虽然尊奉《妥拉》，但不相信口传的律法，也不相信灵魂的永生和肉体的复活。他们是犹太人中的保守势力，主要来自祭司阶层，代表着拥有土地的希腊化贵族和富商阶层的利益，并由此得到他们的支持和拥护。撒都该派将圣殿视为教育和敬拜的唯一中心，神圣不可侵犯。在政治上，撒都该派为了确保自己所代表的祭司贵族的利益不受损害，而一直以实用主义的态度迎合当权的执政者。在马喀比家族建立的哈斯蒙尼王朝统治时期，撒都该派公开表示他们拥护绝对的君主制，从而得以在哈斯蒙尼王朝的扶植下，对法利赛派进行了残酷镇压。在罗马人摧毁哈斯蒙尼王朝并成为巴勒斯坦的新主人之后，他们又公开要求犹太民众屈从于罗马的殖民统治，从而得以在罗马人的庇护下，继续享有管理耶路撒冷圣殿的特权。他们以圣殿作为活动中心，具有严格的组织结构，并严密监控着犹太社会内部的各种新思潮。在文化上，撒都该派的态度极为保守。他们坚持按照字面意义解释《妥拉》中的成文律法，不同意法利赛人和早期基督徒对其作出的重新解释。

然而，由于撒都该派的一切观点和立场都是以圣殿的权威作为基石的，所以当第二圣殿被罗马人摧毁之后，他们的种种观点和立场便丧失了存在的根基，最终成为历史的尘埃，消失在犹太民族的历史舞台上。

第二节 法利赛派

"法利赛"（Perushim）这一名称在希伯来文中的意思是"分离者"①。由于法利赛派与其对手撒都该派之间的分歧主要源于不同的政治观点，而非宗教观点，所以我们并不明确此种"分离"的确切意涵。这种分离究竟是与外邦人的分离，还是与支持撒都该派的统治阶层的分离？依照现有资料，我们尚无从得知确切答案。

法利赛派的活跃时期与撒都该派的活跃时期基本同步。两者都是活跃在公元前2世纪至公元2世纪的犹太宗派。不同的是，法利赛派的主要成员不是出身于上层社会的祭司，而是出身于中低阶层的犹太知识分子，即所谓的文士阶层。关于法利赛派的起源，最早可以追溯至文士以斯拉从巴比伦返回耶路撒冷之时。以斯拉率先破除了祭司阶层所垄断的《妥拉》解释权，并给予了普通犹太人以解释《妥拉》的机会。在他的鼓舞下，逐渐出现了一批以教导人们学习《妥拉》为生的文士。这些文士及其追随者为日后法利赛派的诞生提供了广泛的群众基础和民意基础。

同撒都该派相比，法利赛派虽然没有受到统治者的青睐，却在普通民众中赢得了广泛的支持。在法利赛派兴起之初，他们代表的是中下层民众。为了同祭司阶层所代表的撒都该派相对抗，他们在一切可能的地方推行对犹太民众的启蒙教育。在政治上，他们首先维护的是犹太民族的生存权。他们反对希腊化，对罗马统治者采取不合作态度，但同时也不主张以武力反抗外族的统治，因为他们把希望寄托于弥赛亚的到来。他们既不支持也不反抗罗马人的统治。对于他们而言，宗教生活才是首位的。只要不干预他们的宗教信仰，由谁来掌握政权并没有那么重要。在生活上，他们强调维护犹太传统并遵守犹太生活礼仪，主张把犹太人与其他民族严格分离开来。"他们规定了一个新的节日（汲水节）并且认真推广逾越节献祭和去耶路撒冷朝圣等礼仪。他们认为，巴勒斯坦和四散异乡的犹太人迫切需要的是生动的宗教内容，而不是死板的礼仪以及必不可少的祭司、圣殿和献祭品。"② 在宗教上，他们相信灵魂不死、肉身复活、末日审判、天使和精灵的存在；他们相信，上帝赐予了摩西两部律法，其中一部是成文律法，另一部则是

---

① ［美］沙亚·科亨：《古典时代犹太教导论》，郑阳译，北京：中国社会科学出版社，2012，第182页。

② ［以色列］阿巴·埃班：《犹太史》，阎瑞松译，北京：中国社会科学出版社，1986年，第81页。

口传律法。在他们看来，《妥拉》虽然是雅赫威的启示，但也需要以口传律法来作补充，而人应该以理性去理解上帝所启示的《妥拉》。他们反对撒都该派对《妥拉》的僵化解释，反对盲目地按照字面意义去诠释《妥拉》中的律法，而主张以上帝赋予人类的理性去诠释上帝对犹太人的启示，并在更灵活的意义上理解《妥拉》。在第二圣殿被毁后，法利赛派逐渐转化为了犹太人中的拉比阶层。

第三节　艾赛尼派

关于“艾赛尼”一词的词源，学界并没有一致的意见。由于该词从未出现在希伯来文的材料之中，所以对学者们来说，它最初的发音和意义至今仍是一个未解的谜团。公元前1世纪的犹太哲学家斐洛和犹太历史学家约瑟夫斯在叙述艾赛尼派的事迹时，所使用的是“Essene”和“Essaene”这两个词。关于它们的词意，现代学者作了种种的推测，其中比较普遍的观点认为，它们的主要意思是“虔敬者”或“治愈者”。1947年，在死海附近发现的库姆兰（Qumran）古卷（也被称为“死海古卷”）被认为是研究艾赛尼派的重要史料。甚至有学者猜测，发现库姆兰古卷的地区就是古代艾赛尼派的聚居村落的遗址，是艾赛尼派当年的活动中心①。目前能够得到的有关艾赛尼派的信息，也大多来自库姆兰古卷以及约瑟夫斯撰写的《犹太古事记》。

艾赛尼派最初的领导者也是祭司，而且他们也自认为是“撒都的后裔”，是“真正的”与“合法的”祭司。不过，他们反对像撒都该派那样屈从异教君主的统治，并且主张严格执行律法，尤其是那些有关婚姻、安息日、历法、洁净等方面的律法。他们也反对像撒都该派那样，把圣殿作为信仰的中心。在他们看来，圣殿已经遭到玷污，所以在那里举行的崇拜活动不能得到神的喜悦。他们还以神秘主义的方式解释《妥拉》，认为其中包含着神秘的启示。他们相信，所有死去的人都将复活并受到审判，而一个人能否最终得救，不仅仅取决于其出身和命运，还要取决于他的自由意志。他们仇视希腊人和罗马人的统治，认为自己处在一个严酷的时代，邪恶的力量占据了优势，但是当末日来临时，弥赛亚将涤荡世上的罪恶，罪人将遭到毁灭，光明的力量终将取得胜利，并为以色列建立一座新的圣殿。在生活上，有关他们的传闻不尽相同。一种说法是，他们属于犹太人中的温和派，为了生存和繁衍后代，他们结合成更大的社团，在其中过着世俗生活；然而也有人认为，他们过着离群索居的生活，尽量避免接触妇女、外邦人以及非本宗派内的犹太人，并且把这些都看作是不洁的根源。艾赛尼派的成员阅读、创作、抄写了大量的经典著作，并经常进行虔敬的祈祷。他们钻研伦理学，探讨社会正义，企图超脱尘世，完全委身于上帝的灵。他们将不问政治和清贫奉为自身的处世哲学。公元68年，随着罗马人的入侵，艾赛尼派最终覆灭。

---

① 古代犹太历史学家约瑟夫斯和犹太哲学家斐洛均指出，艾赛尼派遍布全国，而公元1世纪的两位罗马作家普林尼（Pliny）和狄奥·克里索斯托（Dio Chrysostom）则认为，艾赛尼派的活动中心位于死海附近。

第四节 其他宗派和团体

在古典时代的犹太宗派中，以撒都该派、法利赛派和艾赛尼派的影响最大。然而，它们并非那个时代的犹太人中的全部宗派。除了它们之外，在当时的犹太社会中还存在着其他一些规模相对较小但同样不容忽视的宗派。

奋锐党就是在这一时期出现的一个重要犹太宗派。奋锐党又称“匕首党”(Sicarii)，意思为“持匕首者”，因为这个宗派的人常常混迹于耶路撒冷的普通民众之中，专门刺杀那些与罗马统治者合作的犹太祭司、税吏、贵族和富商。奋锐党人的出现时间较晚。一般认为，他们是在公元1世纪中期出现的一批企图以武力推翻罗马统治的犹太人。公元2世纪初，在犹太人反抗罗马人的大起义爆发之后，他们一度控制了起义军的领导权，但因为观点过激，不久便被犹太同胞赶出了耶路撒冷。起义失败之后，他们中的绝大多数人由于不甘沦为罗马人的俘虏和奴隶，而选择了自杀。

在公元1世纪的犹太人中，还出现了一批最早的基督徒团体。他们的领导权掌握在十二位自称耶稣使徒的犹太人手中。这十二位使徒的名字分别是彼得、安德烈、西庇太的儿子雅各、约翰、腓力、巴多罗买、多马、马太、亚勒腓的儿子雅各、达太、奋锐党的西门、保罗（原名扫罗，原为法利赛人，后来接替卖主的犹大而成为耶稣的使徒）。在这些基督徒团体的内部，实行的是财产共有的制度。所有成员均需献出全部财产，其日常开销则由领导者统一分配。他们一同进餐、祈祷、崇拜和劳动。新成员需要通过洗礼与悔改的形式来实现“皈依”。由于所有的成员都是犹太人，所以他们仍然实行割礼，并定期前往犹太人的圣殿参加活动，只是拒绝承认祭司的权威。在公元49年之后，随着加入团体的非犹太人的增多，这些团体在耶路撒冷召开了基督教历史上的第一次重要会议。在这次会议上，各团体的代表经过激烈争论，最终达成了一个决议：新加入的外邦人不必再遵守摩西律法，也不必再接受割礼。从此，这些团体开始废弃犹太人的宗教观念和繁文缛节，并逐渐发展为一个以非犹太人为主体的新宗教。

在第二圣殿被毁后，代表犹太社会中的上层保守势力的撒都该派逐渐丧失民心，退出了历史舞台。以渊博的学识和遵守律法为特色的法利赛派逐渐赢得了广大犹太民众的支持。法利赛派开启了犹太民族史上的拉比时代。他们中的知识分子，逐渐演化成为拉比。这些拉比在犹太历史的框架内诠释《塔纳赫》，以解答犹太民族在各个历史时期所遭遇的问题，维系民族内部的团结。在后来的犹太历史上，尽管又出现了卡拉派和卡巴拉派等一些神秘主义的宗派，但它们的影响较小，无法撼动拉比在犹太人中的领导地位。直到资产阶级革命取得胜利之后，各种新的思潮和宗派之争才再一次出现在世界各地的犹太社团中。对此，我们将在下文中继续讨论。

第十一章　现代犹太人的思想分野

在近现代之前的欧洲各国，散落的犹太人遭遇着种种宗教迫害、政治歧视和经济盘剥。犹太人被禁锢在隔都的高墙之内，居住着拥挤而破败的房子，不仅难以获得公平的受教育权，甚至连最基本的生存权也常常面临威胁。直到18世纪末和19世纪初法国大革命的爆发，他们的命运才迎来了新的转机。从那个时代开始，欧洲各国的犹太民众相继取得了公民权，重获了在法律意义上作为公民的一系列权利和尊严。在犹太思想家的眼中，这一切都预示着一个新时代的到来。而法国大革命和以此为起点的犹太解放事业，无疑是决定近现代犹太思想发展方向的重要因素。对于犹太思想家而言，中世纪的彻底结束是以法国大革命为起点的。

18—19世纪的欧洲各国，正处在一个从信仰主宰转向理性主宰的时代。在这一历史阶段，一切旧有的信仰和意识形态都将经历理性法庭的审判。犹太人的传统也在理性思潮的冲击下，探求其在新时代的发展方向。对于长期与世隔绝的犹太人来说，面对突如其来的解放，他们必须调整自己，使自己适应新的社会和文化环境。在这样的背景下，轰轰烈烈的犹太启蒙运动拉开了序幕。德国犹太人摩西·门德尔松成为了这一启蒙运动的先驱。他为犹太启蒙运动指明了前进的方向和目标，那就是“冲破隔都的禁锢，把犹太人改造成真正的欧洲人”，但“他又希望犹太人继续保持自己的民族特性”①。为了实现犹太启蒙运动的目标，德国犹太人率先发起了本民族内部的思想革新和宗教改革。这些革新和改革一方面促进了犹太人的思想解放，另一方面也导致了犹太人内部的分裂和新宗派的出现。随着启蒙运动在德国以外的犹太人中的蓬勃发展，欧洲各国的犹太人因为对启蒙运动的不同态度而发生分化，并逐渐形成了改革派、保守派和正统派三大阵营。20世纪之后，从美国的保守派犹太人中，又进一步分化出更加保守的重建派。至此，现代犹太人的宗派格局才基本形成。

第一节　正　统　派

正统派是近现代犹太人中最大的宗派。该派犹太人主要分布在中东的以色列。在以色列国内的政治、经济和宗教界，均活跃着大量的正统派犹太人。他们对整个国家的发展走向有着巨大的影响力和发言权。此外，在美国犹太人中，也有一部分属于正统派犹太人，但影响力相对较小。据粗略统计，他们的人数约为美国犹太人总数的6%（美国

---

①［美］大卫·达鲁夫斯基：《近现代犹太宗教改革运动》，傅有德、李伟、刘平译，济南：山东大学出版社，2003年，第60页。

犹太人口有近600万人，仅次于以色列本土的犹太人口）。正统派犹太人大多拒绝近现代以来的犹太教改革。他们坚持认为，《妥拉》是雅赫威上帝借着摩西赐予选民的律法，是神圣的和永恒的，所以犹太人必须世代恪守摩西律法以及一切与之相关的信仰、传统和礼仪。同时，他们坚持正统的犹太末世观，坚信上帝拣选的弥赛亚将在末世降临，带领犹太人建立新以色列、新耶路撒冷和新圣殿。不过，正统派犹太人也不是铁板一块，其内部成员之间基于不同的文化背景、传统习俗和虔敬程度，而对犹太律法的践行方法以及现代社会的政治经济制度持有不同态度。根据这些不同态度，又可以将他们进一步区分为极端正统派（原教旨主义）、新正统派和哈西德派。

极端正统派的犹太人为数不多，但因为他们颇具特色的生活方式及其与现代社会的格格不入，而容易给周围的人留下深刻印象。例如，他们拒绝现代服饰，而坚持穿着传统的黑衣黑帽。在犹太会堂参加礼拜时，他们拒绝使用乐器并坚持用希伯来文祈祷，同时要求男女蒙头并分席而坐。在某种意义上，他们的思想和生活仍然停留在中世纪。虽然中世纪的隔都早已不复存在，但他们仍然生活在一种由《妥拉》和《塔木德》中的清规戒律所构成的思想隔都之内，重复着昔日隔都内的犹太生活模式。他们坚持传统的雅赫威信仰，严格遵守教规和传统习俗。他们不仅对包括现代科技在内的所有新生事物持有怀疑态度，而且认为外部世界的思想文化对犹太人的传统信仰构成了威胁，感到现代西方的生活方式与自身格格不入，并尽可能地拒斥和规避外部世界的思想文化的影响。由于现代的以色列国是一个政教分离的国家，所以他们中的一些人甚至不承认以色列国的政治制度的合法性，拒绝与其他的宗教、教派和宗派进行对话、沟通与合作。时至今日，一些极端虔敬的犹太正统派依然反对世俗化的教育制度，并拒绝让自己的男孩接受世俗化的学校教育。他们相信世俗文化是虚假而有害的装饰品，告诫自己的儿女不应沉溺于世俗的文化，而应全身心投入信仰的生活。

新正统派的犹太人亦可称为现代正统派，其思想起源于19世纪上半叶的德国。19世纪著名的德国犹太拉比参孙·拉斐尔·赫尔许（Samson Raphael Hirsch，1808—1888年）被认为是新正统派思想的主要奠基人和创立者。他虽然同情当时德国犹太人中兴起的虔敬运动，但不主张以极端的态度来反对现代社会的各种新鲜事物，并且呼吁犹太人按照时代的发展需求来适当调整传统的清规戒律。在他的影响下，新正统派犹太人在处理信仰与理性、神圣与世俗之间的关系时表现出一定程度的灵活性，而很少像极端正统派的犹太人那样强烈敌视现代科学和世俗文化。一方面，他们坚持信仰和传统的重要性，承认《塔纳赫》和《塔木德》的权威，认为犹太律法来自上帝的超自然启示并由此具有永恒的效力。在这种思想观念的支配下，他们一直恪守着犹太教关于安息日、节期、习俗和道德等方面的严格规定。另一方面，他们又不把现代科学和世俗生活视为信仰和宗教的敌人，而是承认现代科学的价值并积极参与科学文化活动，并且谋求与犹太人内部的其他宗派的交流合作，支持犹太复国主义和现代以色列国。

哈西德派犹太人也可称作虔敬派犹太人，其思想起源于18世纪中叶的东欧犹太人中出现的神秘主义思潮。18世纪的俄国犹太思想家以色列·本·以利撒（Isreal Ben Eliezer，1700—1760年）是哈西德派思想的主要创始人，并常常被该派犹太人尊称为“贝施特”（Besht，希伯来文BaalShemTov的缩写，意为“美名大师”）。他的思想核心是强调上帝之爱的无所不在及其神秘力量。按照他的观点，在全能的上帝和人类之间本应没有任何隔阂，但人类的理性和知识却让他们难以感受到无所不在的上帝之爱，从而在情感上同上帝产生了隔阂。为了打破这种隔阂，他呼吁犹太人不要企图通过理性和知识来认识上帝，而要以真实的情感来热爱上帝。受其影响，哈西德派犹太人大多强调宗教生活的情感性，试图通过虔敬的祈祷来实现自己与上帝在情感上的交流沟通。同其他的犹太人相比，他们更加重视祈祷，并把祈祷视为一个双向的进程，认为祈祷可以为人打开一条通向上帝的渠道，让上帝的神性之火得以洒落人间。他们宣称：祈祷可以净化和提升人的灵魂，使人的灵魂与上帝的神性合一；只有通过祈祷，才能给生活在尘世的人带来真正的福音。不过，他们不大喜欢繁琐复杂的传统祈祷仪式，而主张以更加简单的方式进行祈祷，以便所有人都可以随时随地进行祈祷。在他们看来，只有摆脱了繁琐复杂的祈祷仪式，才能让祈祷显示出最本真的功能和意义。为了激发祈祷者对上帝的情感，他们还主张在祈祷时以音乐歌舞相伴。在强调情感的同时，他们也不完全反对学习宗教知识，只是对传统的理性神学兴趣不大，而主要倡导对《妥拉》等圣典的学习，以便明白上帝对人类的旨意，遵守上帝的律法和诫命。

第二节 改 革 派

近现代犹太人中的改革派也被称为“开明派”或“进步派”，其主要思想起源于19世纪初期的德国。德国犹太拉比以色列·雅各布森（Israel Jacobson，1768—1822年）被视为该派思想的主要创立者。1801年，他在德国建立了第一座改革派的犹太会堂。在这所会堂里，他顺应启蒙运动的思潮和时代发展的需要，对犹太人的传统宗教礼仪进行了大刀阔斧的改革。例如，他大大地简化了犹太安息日的礼拜仪式，率先采用德语而非希伯来语来吟唱赞美诗，并大胆地使用德语为犹太人布道。这些激进的改革主张不仅在德国各地的犹太人中激起了强烈反响，而且借助犹太启蒙运动的东风，迅速蔓延到了奥地利、法国、英国、丹麦等国的犹太人中。然而，这股改革运动的浪潮并没有得到全体犹太人的一致支持，而只是一场自发性的和相对零散的社会运动。由于缺乏系统的理论支撑和具体的改革方案，到了19世纪40年代之后，这股改革思潮在欧洲犹太人中的影响力日渐衰落。然而与此同时，它却传到了大洋彼岸的美国，并在宗教和政治氛围更加自由的美国得以发展壮大，开花结果。历经一个多世纪的发展，改革派已经成为当代美国犹太人中影响最为广泛的一大宗派。

改革派运动在近现代犹太人中的兴起和发展，是西方启蒙运动和理性主义的发展在犹太社会的体现，所以改革派犹太人的主流思想中带有明显的理性主义倾向。他们认为，犹太人必须随着时代的发展而改变自身，应该逐渐摒弃那些已经过时的、不再符合社会发展需要的陈规陋俗。只有适应现代社会发展的需要，才能使犹太人和犹太教在新的环境下生存下来。他们并没有完全放弃传统的犹太教，而是把后者定义为一种能够同现代科学和理性精神实现和谐共存的道德一神教，并且奉行在全世界范围内实现和平、公正和各民族和谐统一的大同主义①。

作为这种改革思想的体现，他们大胆地革除了《妥拉》和《塔木德》等圣典中的一部分不合时宜的条文和规定。在他们看来，这些条文和规定并非完全来自上帝的直接启示，而是有着人为的成分和时代的局限，所以不能将其当作亘古不变的教条。同时，他们还把社会的现实需要当作自己看待和解决问题的出发点，提出为了适应时代需要，可以摒弃和修改部分陈旧的犹太礼仪和戒律。他们对传统的宗教礼仪和习俗进行了一系列的调整，废弃了不少产生于中世纪的陈旧礼仪和习俗。例如，他们认为，礼拜不一定非要安排在星期六举行，而可以改在星期五或星期日进行。在犹太会堂做礼拜的时候，不再要求男女分坐和蒙头，不再坚持用希伯来语读经、祈祷和布道。在吟唱赞美诗的时候，可以像基督教的教堂那样使用管风琴进行伴奏。此外，他们也取消了犹太人内部的一部分饮食禁忌和不合时宜的服饰要求。尤其值得一提的是，他们开始重视妇女在宗教和世俗生活中的地位，鼓励妇女在宗教和世俗生活中发挥更大的作用。1972 年，首位犹太妇女被改革派犹太人任命为拉比。在政治上，早期的改革派犹太人普遍反对战争，追求在世界范围内实现和平、公正和各民族和谐统一的愿望。他们还试图突破传统犹太教的种族狭隘性，认为所有人都有机会成为上帝的选民并获得拯救。因此，当犹太复国主义思潮刚刚产生的时候，他们一度持强烈反对的态度。然而在第二次世界大战中，随着德意法西斯势力的兴起及其对犹太人采取的一系列迫害和歧视政策，他们又逐渐改变了对犹太复国主义的反对态度。二战后，随着纳粹大屠杀真相的披露，他们中的绝大多数人彻底转变了对犹太复国主义的态度，并转而支持以色列建国。如今，改革派犹太人的中心已经从德国转移到了美国。据粗略统计，在今天的美国犹太人中，支持改革派的人数达到了近四成。

第三节 保 守 派

近现代犹太人中的保守派是一个相对温和的宗派，其基本的政治立场和宗教观念介于正统派和改革派之间，但是从思想来源上看，他们又更加接近改革派而非严格的正统派，并且可以被视为一个从近现代犹太人的改革派运动中分化出来的宗派。19 世纪初期，犹太宗教改革运动得到持续发展。至 19 世纪 30 年代，在改革派犹太人中出现了一些非常激进的人物。以塞缪尔·侯德海姆（Sammuel Holdheim）为代表的激进改革派提出，必须对以《塔木德》为核心的犹太教进行全面改革，而在大多数犹太人看来，这一主张无疑将对犹太教的根基产生致命打击。因此，他们的主张不仅遭到正统派犹太人的强烈抵制，也引起了改革派内部的一部分犹太人的警觉。这部分犹太人意识到，改革派的犹太领袖大多过分强调现实的需要，而没有给予犹太传统和律法以应有的地位，所以如果任其发展下去，可能会使犹太人丧失其民族和宗教特色。但是，他们又不愿意转入正统派犹太人的阵营，因为他们认为正统派过分地强调传统，而忽视了犹太人的现实

① ［美］大卫·鲁达夫斯基：《近现代犹太宗教运动》，傅有德、李伟、刘平译，济南：山东大学出版社，2003 年，第 13 页。

处境和生活需要。为了在正统派和改革派之间寻求一种平衡，他们希望在不突破犹太教的基本原则的前提下，寻找一条适度变革的温和道路。久而久之，这部分犹太人逐渐形成了一个被称为保守派的新宗派。不过从他们的思想特征和行为方式上看，还是把他们称为温和的改革派更为合适。

在通常情况下，“保守派”一词给人留下一种顽固不化的印象。然而，当我们用这个词来称谓近现代犹太人中的保守派时，不能按照字面意义将其理解为一个顽固不化的宗派，而应该看到，他们并不反对按照时代发展的需要改革犹太人的传统宗教和礼仪。在近现代犹太人中，保守派与改革派之间的主要区别仅仅在于，保守派不主张像改革派那样进行激烈的和彻底的变革，而希望能够在传统和现代之间寻求一种和谐，探求一条可以沟通犹太传统和现代社会的道路，并由此建立起犹太传统和现代社会的联系。一方面，他们坚持犹太法律和仪礼的重要性。就此而言，他们与正统派的主张没有根本冲突。另一方面，他们又强调律法的可变性和灵活性。就此而论，他们又难以同改革派划清界限。保守派的犹太思想家扎哈利亚斯·弗兰克（Zacharias Frankel）曾经把自己的学说称为“实证—历史学派”，因为一方面，他鼓励犹太人从事实证主义的科学研究，并在理性和经验的指导下接受现代主义；另一方面，他又反对抛弃犹太人的历史传统，而主张在传统宗教和礼仪的框架内，有限度地接受现代主义。如今，保守派犹太人的中心是美国的犹太神学院。这所学院自创建以来，一直是保守派犹太思想的重要基地，并且为美国犹太人培养了不少著名拉比。

从保守派犹太人对一系列重要问题的态度上，都可以看出他们试图在犹太传统与现代文明之间达成一种平衡的努力。首先，在如何看待律法的问题上，他们一方面认为，《妥拉》中的成文律法源于西奈山上的神启，因而是神圣的和永恒的；另一方面又认为，口传律法只是犹太人对成文律法的扩展和延伸，其本身并不具有神圣性和永恒性，故而可以在坚持信仰的前提下，顺应现实的需要和时代的变化，对其中的相关条款做出适当的调整和变更。不过，他们同时也指出，这种变更不是个人的随意行为，而必须事先取得犹太学者的一致同意和犹太民众的普遍接受，才可以正式实施。其次，在正统派犹太人所热衷的弥赛亚问题上，他们一方面重视《塔纳赫》等正典中的相关记载，另一方面又把希望寄托于在地球上建立公义，而非热切盼望弥赛亚的降临。再次，在如何对待犹太复国主义的问题上，他们一方面从文化角度上表示认同，认为犹太民族、犹太教、犹太文化是不可分割的统一整体，而犹太复国主义有助于让这个整体免遭其他民族、宗教和文化的同化威胁，另一方面又不赞同以过激的方式来强制推行犹太复国主义。最后，在如何对待传统节期、礼仪和习俗的问题上，他们一方面重视传统的犹太节期、礼仪和习俗，另一方面又调整了一部分难以适应时代要求的规定。例如，他们在犹太会堂中举行礼拜仪式时，允许男女混坐，并混合使用希伯来语和当地语言。同时，不再坚持要求男子剃须和妇女的洁身礼，甚至不反对任命女性为拉比等。在目前的美国犹太人中，支持保守派的人数约占40%，略高于支持改革派的人数。

第四节 重 建 派

从20世纪20年代起，在保守派犹太人的内部又出现了一股称为重建主义的思潮。支持这股思潮的犹太人以犹太人的现实处境为基础，主张从现代主义出发来重建犹太宗教及其文化，从而逐渐形成了一个称为重建派的新宗派。

重建派的精神导师是美国犹太思想家摩迪凯·开普兰（Mordecai M. Kaplan，1881—1983年）。他出身于立陶宛的一个正统派犹太人家庭，其父亲是当地有名的拉比，后于1889年带领全家移民美国。开普兰本人曾在纽约城市大学、哥伦比亚大学和纽约犹太神学院接受教育，毕业后长期担任纽约犹太神学院的教授，直到退休。尽管开普兰本人曾经多次表示，他不希望建立一个新的宗派，但是他的思想对重建派产生了巨大的影响，而他成名作《作为一种文明的犹太教》也被公认为重建派的宣言。

在他看来，犹太人所世代信奉的犹太教在现代社会面临着重重的危机，但无论是正统派、改革派还是保守派的主张，都既不能应对理性主义和现代主义的挑战，亦难以满足犹太人的现实生活的需要。因此，犹太人必须重建自己的宗教，把犹太教改造为一个自然主义的和民主型的宗教。唯有如此，才能重新唤醒犹太人对传统信仰和民族文化的忠诚，从而加强犹太人的民族认同感，以共同抵制世界范围内的各种反犹活动。为了论证这一目标的可行性，他对犹太教加以了重新定义。他指出，犹太教不是一个僵死的宗教，而是一种处在不断进化中的宗教，而上帝、《妥拉》、犹太人是它的三个同等重要的要素。犹太人所信仰的雅赫威并非是一个超自然的人格神，而是一种内在于宇宙万物中的、促使人类寻求自我拯救和自我完善的动力。《妥拉》则是对历代犹太人的经验的记录，其中所记载的戒律和礼仪并非是来自雅赫威的戒律，而只是古代犹太人的风俗习惯。因此，律法和礼仪都不是一成不变的，也不可能要求每个犹太人都必须依照犹太礼仪和律法来行事。真正的犹太教应该把犹太人的个人需求与整个犹太民族的命运相结合，并且与他们所在的社会的文化环境相协调。

从这种思想出发，他认为，犹太人所盼望的拯救不应该只是来世的永生，而首先应该是现世的道德满足。犹太人应立足于现实社会，首先确保自己在此世过上一种有道德的生活，而非一味地沉迷于弥赛亚的拯救或来世的永生。

在对待传统礼仪的态度上，以开普兰为代表的重建派犹太人表现出了两重性。在实践层面上，他们没有对传统礼仪加以激烈的变革，而是更加接近保守派的礼仪形式。而在理论层面上，他们对传统礼仪的解释比改革派的犹太人还要激进。他们主张对传统礼仪加以自由主义的解释，把会堂变成民主活动的中心。

在如何对待犹太复国主义的问题上，以开普兰为代表的重建派的态度与保守派基本一致。他们也将犹太教、犹太文化和犹太民族主义视为不可分割的统一整体，并认为犹太复国主义有助于让这个整体免遭其他民族、宗教和文化的同化。在开普兰思想的影响下，重建派在理论和实践上都显示出更加强烈的民主和自由色彩。他们主张实行政教分离，鼓励对犹太传统作出自由主义的解释，要求实行宗教生活的民主化，允许实行计划生育和避孕，维护妇女权益，保障社会公平，维护世界和平①。

重建派在犹太人中的影响力相对较小。到目前为止，支持其观点的犹太人只占北美犹太人总数的2%左右。它对犹太人的影响主要体现在意识形态的层面。现在，美国是犹太重建派的大本营，而其在今天的以色列也有一定影响力。

除上述几大宗派的犹太人之外，在现今世界上，还存在着大量没有任何宗教信仰的犹太人，而且这个队伍仍然在不断扩大。这一现象在欧洲十分普遍，就是在现今的以色列，世俗犹太人的数量也不断攀升。他们或公开宣称自己是无神论者，或权且委身于某个犹太公会或会堂，但同时又不参与任何宗教活动，不再遵从任何的犹太教法规和习惯。事实上，犹太人的世俗化进程早在18—19世纪已然开始。当时，一部分犹太人在取得了所在国家的公民权之后，自愿地放弃了原来的宗教信仰，并且被所在国的其他民族同化了。第二次世界大战结束之后，随着德国法西斯势力的覆灭，欧洲各国的反犹势力也逐渐瓦解。这在某种程度上为犹太人融入其所生活的各个国家提供了良好的外部环境，为犹太人的世俗化提供了条件。因此，二战后，世俗犹太人的数量也有大幅度上扬。千百年来，雅赫威信仰以及由此形成的独特犹太文化和生活方式是犹太民族得以流而不散、散而不亡的最主要原因。然而，在宗教日益多元化和世俗化的当今世界，它们在很多犹太人的眼中似乎已经变得不再像以往那么重要。

① 参阅潘光、陈超南、余建华：《犹太文明》，北京：中国社会科学出版社，1999年，第316页。

生活篇

第十二章　犹太节期

第一节　犹　太　历

早期犹太人并没有明确的纪年和历法，而是常常以重大的历史事件来推算他们所在的时日。在《塔纳赫》上所载的重大事件，往往是被他们用作估算时日的标志性事件。例如，亚伯拉罕一生的时日是175年，以色列人在旷野漂泊的时间是40年，扫罗王一共统治了20年，等等。直到基督教开始以耶稣诞生之年为公元纪年的起点，按照编年法的顺序来估算日期之后，犹太拉比才在此基础上，构思出了另一套记载犹太年份的纪年法。他们将上帝创世的日子作为起点，以此来确立犹太历史的准确时间轴。拉比们依照《塔纳赫》和其他犹太文献中的历史记录和口传信息，向前推算上帝创世的时间，然后再以此为基点，确认犹太历史上的重大事件的确切发生时间。例如，他们曾经利用这种方法，率先把第二圣殿被毁的时间确认为上帝创世之后的第3830年。如果按这种算法来推定，那么耶稣诞生的年代则应该是犹太历的第3760年。因此，当我们要计算犹太历的年份，只要在公元历的前面加上3760年即可。成文的犹太历制定于公元359年。然而犹太人相信，他们的历法早在此前已基本定型。

由于犹太新年的日期在公历的9月到10月间，所以在公元历法中属于同一年的两个月份，在犹太历法中有可能分别属于两个不同的年份。例如：公历2014年10月是犹太历的5774年12月，而2014年11月则是犹太历的5775年1月。

犹太历法与中国历法一样，并不是简单的太阳历或者太阴历，而是一套由太阳历和太阴历结合在一起计算的复杂历法系统，因而可以被称为“阳阴历”（soli-lunar calendar）。犹太历法主要是根据月球环绕地球运动的周期制定的，同时又按照地球围绕太阳公转的周期，对其加以了修正。

犹太历法在时间计算上，充分考虑了宇宙万物循环的自然现象，例如地心引力、洋流及潮汐的变化等。按照犹太历法，每一天都从日落时分开始和结束。据说，这种计算方法是为了纪念上帝对世界的创造，因为在犹太人的《塔纳赫》中写道：“起初，神创造天地……神看光是好的，就把光暗分开了。神称光为昼，称暗为夜。有晚上，有早晨，这是头一日。”（《创世记》第1章第1~5节）然而，由于日落的时间每天都不同，所以按照犹太历，每日的起止时间也不同。这种计算方法在平时可能影响不大，但到了庆祝犹太节期的时候，则可能带来困扰和麻烦。按照摩西所传的律法，犹太人需要在节日那一天开始的时候就进行庆祝活动。后来，一些犹太人为了避免搞错节日的日期，不得不参照公历的办法，以午夜12点作为每天的开始，并从午夜开始庆祝他们的节期。

为了方便民众的生活，在目前以色列国印制的犹太历上，已经将每天日落的时间标明，当地的犹太媒体也会随时刊登或发布这方面的信息。

“星期”或“周”的概念并不是古代犹太人的独创，而是在两河流域的文明中已经出现，但真正将其作为一个时间单元来使用，并将其发扬光大到全世界的，却是犹太人。周的划分在犹太文化中具有宗教意义。对于犹太人而言，一周有七天的原因在于上帝创世用了六天，而第七天是神休息的日子，并把这一天称为“安息日”。

犹太历的单月份和双月份有不同的天数。如果这一个月是 29 天，那么下个月必然是 30 天。犹太历的 12 个月都有不同的名称，分别是：“提示黎月”（Tishri，对应公历的 9—10 月）；“赫舍弯月”（Cheshvan，对应公历的 10—11 月），“基思流月”（Kislev，对应公历的 11—12 月），“提别月”（Tevet，对应公历的 12 月—次年 1 月），“细罢特月”（Shevat，对应公历的 1—2 月），“亚达月”（Adar，对应公历的 2—3 月），“尼散月”（Nisan，对应公历的 3—4 月），依雅尔月（Iyar，对应公历的 4—5 月），“西弯月”（Sivan，对应公历的 5—6 月），“塔模斯月”（Tammuz，对应公历的 6—7 月），“亚布月”（Av，对应公历的 7—8 月），“以禄月”（Elul，对应公历的 8—9 月）。

按照犹太历，一个标准年共有 354 天。这比阳历年少了足足 11 天又 1/4 天。为了调和这一差距，并保持每年的季节时间的平衡，犹太历的制定者采取了 19 年一次循环的方法，使其中的 12 年有 12 个月，而另外的 7 年则每年有 13 个月，后面这 7 年均被称为闰年。作为第十三个月的闰月，被称为亚达示尼（Adar Sheni）。这个月通常被规定在冬季（公历 2—3 月的时候），以便确保每年的逾越节（犹太历的新年）庆典都能够在春季举行。犹太人的节日也是按照犹太历而非公历来计算的，这与我们中国人按照农历来过传统节日的做法是基本一致的。

第二节 安 息 日

安息日（Shabbat）是犹太人最常见的也是最重要的节期。犹太人将其称为“圣日”，认为它是一周一次让身体得到休息、让精神重获力量的日子。

安息日制度源于上帝创世的故事。按照《妥拉》的记载，上帝用六天创世，在第七天休息，并吩咐人类也要遵守安息日不工作的规定，以便使自己的身体休息，让自己的精神重新得力。先知摩西所公布的“十诫”，为犹太人的安息日制度带来了神圣的光环和法律的效力。在十诫中的第四诫规定，一切犹太人必须守安息日：“要谨守安息日为圣日。你有六日可以工作；第七日是单独归我的安息日。这一日，无论是你、你的儿女、奴婢、牲畜，或侨居的外族人，都不可工作，因为上帝在六日内造天、造地、海和其中万物，第七日便安息了。所以上帝赐福安息日，定为圣日。”（《出埃及记》第 20 章第 8~11 节）。在《妥拉》中，共有四条关于安息日的诫命。在释经大典《密西拿》的形成时期，犹太拉比一度将有关安息日的禁令衍生为三十九条。后来的犹太人根据这三十九条规定，将安息日禁令的条目进一步增多。

安息日之所以受到犹太人的重视，不仅仅因为它被视为上帝在创世之后安息的日子，而且因为犹太人认为，人类是按照上帝本身的形象创造出来的，所以也需要像上帝那样，在每周的第七天放下手头的工作，修养一下身心。此外，他们还将安息日视为上帝与以色列立约的标志和象征。按照犹太人的传说，上帝在阿拉伯旷野的西奈山上将“十诫”启示给先知摩西的时候，就曾经与犹太人的祖先立约，并且要求他们世世代代以遵守安息日作为立约的证据。从此，“守安息日”便成为犹太人作为“上帝的选民”而永远不能废除的义务。正因为如此，中世纪最伟大的犹太哲学家迈蒙尼德才在论及“守安息日”对于犹太人的重要性时指出：“一个人即便违反了《妥拉》中的所有律法，仍被认为是，但显然是有罪的犹太人。但是如果他亵渎了安息日，就不再被看作是犹太人了。安息日是犹太性的最后一个特征，不守安息日的犹太人，如果不是全然不可能，也是难以想象的。”①

按照犹太人的传统，安息日从每个星期五的日落时分开始。到了这个时候，家家户户都要点燃安息日的烛台，并无条件地放下手头的一切工作，转入对上帝的崇拜。近代以来，由于考虑到许多犹太人无法在日落之前结束当天的工作，所以大部分的犹太会堂（改革派、重建派和保守派的犹太会堂）都对安息日的开始时间作出适当调整，规定在每个星期五晚上的七点半或八点举行安息日的崇拜。可是实际上，到了晚上，在参加完犹太会堂里举行的简短崇拜仪式之后，大多数犹太人都会选择与自己的亲朋好友相聚，一起分享精美的茶点和葡萄酒。在聚会开始之前，他们通常还会诵读一篇“祝酒词”来迎接安息日，以示安息日晚宴的正式开始。在席间，一些情感丰富的犹太人还会通过诵读相关的《塔纳赫》篇章，向自己的妻子表明爱意，或为自己的子女做祝福祷告。在用餐结束后，犹太人会一起唱颂赞美上帝恩典的诗歌，并诵读“谢饭辞”，感谢上帝赐予他们的食物。在安息日的上午，虔诚的犹太人会早早来到犹太会堂，进行祈祷并再次参加崇拜仪式，而犹太拉比也会利用这段时间进行布道。安息日的下午则通常是研读《妥拉》的时间，犹太人可以自由选择留在会堂或者与家人一起学习阅读《妥拉》。在日落时，他们会进行安息日结束的仪式，并进行简短的“分别为圣礼”。安息日结束后，犹太人会点燃“四方烛”，表示他们可以再次使用灯火。

第三节　众年里的新年

犹太新年也称为“敬畏节”（The Day of Awe）。它是犹太人庆祝新的一年开始的日子。尽管在古代犹太人的圣典中，并没有关于几月几日是犹太新年的规定，但后来的犹太拉比在制定历法的时候，明确地将提示黎月（犹太历 7 月）的第一天定为新年的开始。这一天也常常被犹太人称为“众年里的新年”（Rosh Hashanah），因为在一些犹太人看来，这一天正是上帝开始创造世界的日子，从而也是后来一切年代的开始。在第二圣殿时期，绝大多数犹太人都已经把这一天看作是新年的第一天，并且举行相应的庆典来加以纪念。此后，以这一天作为新年开始的习俗便在犹太人中流传下来。

犹太人的新年不仅仅是一个欢乐的日子，也是一个祈祷和忏悔的日子。它通常是以一个为期十天的忏悔期来揭开序幕的。在每个新年节期的开头两天以及此后的八天时

① 转引自徐新：《犹太文化史》，北京：北京大学出版社，2002 年，第 212 页。

间，犹太人大都要前往会堂参加祷告仪式，而祷告的主题是通过反省和忏悔，来寻求上帝和他人的饶恕。在这十天时间里，每个犹太人都要反省自己在过去一年里的为人处世和所作所为，并为自己所犯的错误和罪行进行忏悔，寻求宽恕。之所以要在新年举行忏悔和祈祷，是因为按照犹太人的传统观点，上帝将在新年的第一天审查犹太人过去一年的所作所为，但不会马上做出判决，而要等犹太人做完忏悔之后的赎罪日那天，才会做出最终的判决。因此，对于犹太人来说，进行新年祈祷和忏悔的这十天是一年中最严肃的日子。正由于犹太人的新年是自我反省、悔改与寻求赦免的时刻，所以它有时也称为"审判日"（Yom Hadin）和"求主怜悯日"（Yom HaZikaron）。

犹太新年既是祈祷和忏悔的日子，也是开心喜庆的日子，因为犹太人坚信：上帝对罪恶的宽恕将确保幸福的到来。在新年节期开始的那天晚上，犹太会堂通常要举行隆重的崇拜仪式。有的会堂选择在新年晚宴之前举行简单的新年崇拜仪式，也有的会堂选择在其后举行更为隆重的崇拜仪式。改革派的犹太人只庆祝一天的新年，并只在当天举行特别的崇拜仪式，但正统派和保守派的犹太人则通常要庆祝两天，并接连举行两天的新年崇拜。在新年期间，犹太会堂会进行特别的布置。会堂中隔离约柜的布幔，以及装《妥拉》卷轴的布套都会被换成白色，以象征新年的来到。此外，在会堂的新年崇拜仪式中，所有祷文会以与平时不同的韵律来诵读，并且会增加新的特殊祈祷文，以丰富新年崇拜的内容。这些特殊祷文的主题通常是上帝的权柄、悔改、审判以及赦免等与新年密切相关的话题。

有趣的是，犹太人在举行新年崇拜的当天晚上，还有一个吹响"公羊角号"的特殊习俗，也是因为这一习俗，犹太的新年夜亦被称为"吹角节"。据说，早在古代犹太人还没有把提示黎月的第一天当作新年时，他们就已经有吹响"公羊角号"的习俗，但那时只不过是利用它来召集群众，或警告危险的临近。当这一天变成新年之后，吹"公羊角号"的习俗被保留，并逐渐发展为新年崇拜的一项内容。

在新年的那一天，犹太人大都会与家人团聚在一起，并分享美食。在吃饭之前，他们要点燃蜡烛，并诵读特别的祈祷文，以宣告新年的开始。与安息日一样，他们在饮酒时会诵读"祝酒词"，并一起食用一种圆形的哈拉饼。另外，他们还要在新年的晚宴上吃一种苹果蜜饯或沾了蜂蜜的苹果，以表明对来年幸福甜蜜的美好愿望。

在犹太新年的第一天下午或者日落时分，犹太人通常会参加一个特别的"扬弃仪式"①。这种仪式大多会在海洋、湖泊、河流或小溪等流动的活水旁举行。人们将面包屑、小圆石头等物品抛入水中，让它们随着水流而远去。"扬弃仪式"是一种带有象征意义的仪式。它象征着在新的一年里，犹太人把过往的罪孽统统丢弃，让它们随着流动的水而消失不见。这样，在新的一年，他们就将有新的开始。

第四节　三大朝圣节

逾越节、沙夫幼特节和住棚节是犹太人的三大朝圣节，也就是犹太人回耶路撒冷朝

① 如果这一天是安息日的话，则会延迟到第二天的下午举行"扬弃仪式"。

圣的日子。在圣殿被毁之前，犹太朝圣者往往在朝圣日到来之前许久，就动身前往耶路撒冷。在圣殿被毁之后，犹太人只能在会堂中举行仪式，来庆祝三大朝圣节。不过即使在交通不便的中世纪，也有少数的犹太人不顾关山险阻，万里迢迢地从不同国家赶往耶路撒冷，面对昔日圣殿的残垣断壁哭泣和祷告。

一、逾越节

逾越节（Pesach）堪称犹太人最古老的节日，也是最隆重的节日。逾越节的庆典从犹太历的 1 月（尼散月）的 14 日晚上开始，至 21 日晚上结束，一共持续八天。据说，这个节日的目的是为了纪念上帝借着先知摩西之手，拯救犹太人的祖先摆脱了埃及法老的奴役。按照《妥拉》的记载，当时以色列人在埃及受尽奴役，便向雅赫威上帝哭诉。上帝怜悯以色列人，便启示先知摩西，让他带领以色列人出埃及。然而，埃及法老却不同意犹太人离开。为了迫使法老放人，上帝接连向埃及降下了九大灾祸（水变血之灾、蛙灾、虱灾、蝇灾、畜疫、疮灾、雹灾、蝗灾、黑暗之灾），但埃及法老仍然坚持己见，不准犹太人离境。于是上帝决定派天使杀死埃及人所有的长子和头生的牲畜，以警醒法老。为了防止天使错杀以色列人，上帝事先让摩西告知他们：在尼散月 13 日这天，每户人家杀一只没有残疾的一岁羔羊，用牛膝草把羊血涂在各家的门框和门楣上作标记。第二天，当天使开始杀死埃及人的长子和头生的牲畜时，只要看到有这些标记的家庭，就会逾越过去而不加伤害。经此一劫，法老终于同意以色列人离开埃及。为了感激上帝的拯救，摩西和以色列人将尼散月的 14 日定为逾越节，并且将其作为上帝的命令，写在律法之中："你们要纪念这日，守为雅赫威的节，作为你们世世代代永远的定例。"（《出埃及记》第 12 章第 14 节）此后，每年的这个时候，犹太人都要连续庆祝八天，来纪念上帝的拯救和恩典。

相较于其他的犹太节日，逾越节的规矩要多得多。首先，在逾越节期间，犹太人不能吃任何发酵的食品，因为按照《妥拉》的规定："从正月十四日晚起，一直到二十一日晚上，你们要吃无酵饼。在你们各家中，七日之内不可有酵……"（《出埃及记》第 12 章第 18~19 节）这一规定与犹太人的祖先逃离埃及时的情况有关。据说，为了防止法老再次反悔，摩西是带着以色列人匆匆逃离埃及的。由于出发仓促，他们根本来不及准备发酵的饼子作为干粮，只能匆匆带上一些无酵的饼子出发。因此，为了效仿当年逃离埃及的祖先，后来的犹太人在逾越节期间也不吃任何发酵的食物，包括啤酒以及蒸馏制造的酒类。在逾越节前夕，犹太人会将家里一切发酵的食物清除。他们收起平时用的厨具和餐具，改用逾越节专用的一套餐具，以避免混入发酵的食物残渣。其次，在逾越节开始的前一天，所有犹太人家庭的长子均要在日间禁食。这是为了纪念以色列祖先出埃及时，上帝对埃及人长子的击杀。然而，这种禁食的义务在某些特殊情况下是可以免除的。例如，如果在禁食的日子里，犹太人的长子恰巧学完了《塔木德》中的一卷，便可以为了庆祝这项成就而免于禁食。如今，犹太会堂大多会做出这样刻意的安排，以免除长子禁食的义务。最后，为了庆祝逾越节的到来，犹太人会在逾越节到来的前一天或前两天晚上，举行丰盛的逾越节宴席。在席间，人们诵读《哈加达》① 并向出席者尤其是孩童讲述犹太祖先出埃及的故事。

在逾越节的家宴上，食物也颇多讲究。犹太人常常会在餐桌上摆放一个“逾越节宴席”盘，盘中包含五道象征逾越节来历的菜肴。第一道是烤蛋（betzah），象征犹太人的祖先在逾越节时献给上帝的祭品之一，也象征着生命的完整与持续；第二道是青菜（karpas），通常是芹菜或香菜，象征着春天与更新，而且青菜需要蘸着盐水吃，以象征犹太人的祖先在埃及为奴的日子里流下的眼泪；第三道烤羊骨（zaro'a），象征着逾越节献上的羔羊；第四道苦菜（maror），象征着犹太人的祖先在埃及为奴的日子里遭受的苦难；第五道果酱（Charoset），是由苹果、坚果、红枣和酒混合制成的水果泥，表征着犹太祖先在埃及为奴之地被迫为法老制作灰泥。

除了这五道菜肴之外，在犹太人的逾越节宴席上还有其他一些必备食品。首先，是作为主食的无酵饼。在古代和中世纪，大多数犹太家庭会为逾越节的宴席准备三份无酵饼，并把它们叠放在一起，以象征三类分属不同阶层的犹太人的合一。现代的犹太家庭则常常额外准备第四份无酵饼，以纪念世界各地仍然生活在奴役之中的同胞。其次，葡萄酒也是逾越节的必备之物。吃无酵饼的过程以及饮用葡萄酒的仪式都有繁琐的规定，其间还穿插着诵读赞美诗的程序。

除了食物之外，犹太人的逾越节宴席还有复杂的程序。在大多数情况下，宴席被分成十五个部分，按程序依次进行。第一，为第一杯酒祝谢，并在祝谢完喝掉葡萄酒。第二，洗手，这是正式用餐前象征性的洁净礼。第三，吃蘸有盐水的蔬菜。第四，掰开三份无酵饼中间的那一块，并留一半做“正式甜点”，而孩子们会把它藏起来。第五，讲述逾越节故事，并且固定由家中最年幼者提出“四问”②，家里人则会依照《哈加达》的解释来回答“四问”，以说明逾越节以及这些仪轨的目的。在这过程中，全家要第二次饮用葡萄酒，并吟诵赞美上帝的诗篇。第六，再次净手，并念颂词，为吃无酵饼做准备。第七，为吃无酵饼做第一次祝谢，感恩大地生长食物。第八，为吃无酵饼做第二次祝谢，感谢上帝赐下关于无酵饼的诫命，在祝谢完毕后吃掉一块无酵饼。第九，吃苦菜，以纪念为奴的苦楚。第十，把饼夹着苦菜一起吃。第十一，全席，即可以吃逾越节上的全部餐点。第十二，付“赎金”给幼童，以换回他们隐藏起来的“正式甜点”，并

---

① 《哈加达》是犹太人在逾越节宴席上用来描述和解释出埃及事件专用的书籍，其内容是《塔纳赫》中的相关章节，以及拉比对出埃及这一事件的注释。此外，书中也列出了逾越节宴席中的遵行事项，解释席间所用的各种象征物、物品以及特殊饮食的含义。书中也包含了颂赞上帝施行神迹，将以色列人从埃及解救出来的诗篇和颂歌。最早发行的《哈加达》出现在撒狄亚院长在公元 10 世纪所编写的犹太公祷书中。此后，不同时期的犹太拉比又对其内容进行重新编辑，以反映各个时代的特定议题和要求。至今，《哈加达》的版本已有 2500 多种。

② “四问”的内容分别是：在其他夜晚，我们可以吃含酵的饼，为什么今晚只能吃无酵的饼？在其他夜晚，我们可以吃任何菜，为什么今晚只吃苦菜？在其他夜晚，我们根本不将食物蘸盐水，为什么今晚要蘸两次？在其他夜晚，我们可以坐着吃或躺着吃，为什么今晚非要斜躺着吃？这四问都是有关今晚和其他夜晚有什么不同的发问，为的是让家里人了解逾越节的起源，纪念祖先出埃及的历史，并感谢雅赫维将他们从埃及解救出来。

吃掉这块无酵饼。第十三，在餐后诵读传统的颂词，感谢上帝的恩典，并饮下第三杯葡萄酒。第十四，诵读诗篇中的相关章节，并喝掉第四杯葡萄酒。第十五，结束宴席，祈祷上帝悦纳此次逾越节的宴席。

除上述仪式之外，在逾越节的时候，犹太人通常都会穿上象征着欢乐、神圣、宽容的白色亚麻布衣服，来出席崇拜仪式和参加宴会。在现代，由于交通的日益便捷，不少犹太人会选择在逾越节期间到耶路撒冷朝圣，来纪念这一古老的犹太节日。

二、五旬节

五旬节（Shavuot）在希伯来中的字面意思是“许多星期”，因为它在逾越节的七个星期之后，也就是逾越节之后的第五旬（第五十天）开始。在这一天，犹太人要将他们收获的新谷物献给上帝，所以又叫“七七节”“收割节”和“初熟节”。实际上，这是犹太人的祖先为了庆祝丰收而举行的节日，其时间一般在公历的5月底或6月初，持续一天或两天不等。后来，它与逾越节、住棚节一起，构成犹太人的三大朝圣节。

在犹太圣典《妥拉》中，可以找到关于五旬节的规定：“你要计算七七日：从你开镰收割禾稼时算起，共计七七日。你要照雅赫威你神所赐你的福，手里拿着甘心祭，献在雅赫威你的神面前，守七七节。”（《申命记》第16章第9~10节）最初，在圣殿尚未被毁的时代，犹太人的祖先每逢五旬节，都会带上两条面饼到圣殿献祭，有时还会带上自己地里生产的小麦、大麦、无花果、椰枣、葡萄、石榴、橄榄等农作物向上帝献祭，以感谢上帝对他们的眷顾，同时向上帝祷告并祈求来年的丰收。然而，随着圣殿的被毁，众多的犹太人流落外邦，而犹太历又尚未普及，所以这些流浪在外的犹太人为了不至错过正确的过节时间，开始把五旬节由一天变成两天。此外，由于圣殿被毁，犹太人没有地方可以献祭，加上他们大多丧失了土地的所有权，脱离了农耕生活并居住在城市，从而导致五旬节不再是一个庆祝丰收的节日。

一些犹太拉比担心，长此以往，五旬节注定会消失，于是便赋予了五旬节以新的意义。他们宣称，依据《妥拉》的记载可以算出，从古以色列人离开埃及的那一天到上帝在西奈山上赐给他们十诫和律法的那一天，刚巧是七个星期。因此，五旬节不仅仅是一个庆祝丰收的农业节日，更是一个纪念上帝赐给犹太人律法的宗教节日。如此一来，五旬节又开始被称为“赏赐我们《妥拉》的日子”。这个含义赋予了五旬节新的生命，使它再次成为犹太人最为重视的节日之一。

五旬节的庆祝活动没有逾越节那么丰富，其主要内容是在犹太会堂进行的崇拜仪式。在早晨的崇拜仪式中，犹太人会额外念诵一些赞美上帝的诗篇和纪念祷文。另外，由于五旬节被赋予了纪念上帝赐予《妥拉》这一意义，所以在这一天，拉比们通常要在会堂中诵读“十诫”。16世纪之后，在卡巴拉主义的影响下，犹太人中也兴起了在五旬节当晚彻夜诵读《妥拉》的风俗，有些人会彻夜诵读，但大多数人只是象征性地在晚上研读几个小时。进入20世纪以来，改革派犹太人设立的“信仰坚振礼”也要在五旬节这一天举行，其目的是鼓励犹太青少年继续学习《妥拉》。

在五旬节期间，犹太人常常用鲜花来装饰会堂和家里。他们也习惯在这一天吃乳制品和蜂蜜，以纪念自己的祖先在西奈山下像婴孩般接受上帝启示的《妥拉》。在耶路撒冷，人们会聚集在西墙边举行大规模的庆祝仪式。

三、住棚节

住棚节（Succot）又可以译为“结庐节”，其在希伯来文的字面含义是“棚子、茅草屋”。因为每逢这个节日，除了老弱病残之外，所有的犹太人都要聚集在他们临时搭建的棚舍中，庆祝丰收。按照犹太传统，这一节日从提示黎月（犹太历7月）的15日（公历9月底或10月初）开始，前后持续7—8天。像五旬节一样，住棚节起初也只是一个农业节日，是犹太人的祖先为了庆祝秋天的收获而举行的节日。因为在这个时候，田里的庄稼已经基本收割完，粮食也都运进了仓库，葡萄也已经被酿成了美酒。平时难得闲暇的百姓们便聚在一起，在果园内用葡萄、无花果等植物的枝条搭起一个临时的小棚子或茅屋，在那里度过收获季节的最后几天，以感谢上帝的恩赐。后来，住棚节的庆祝活动渐渐与犹太人的历史联系起来，成为纪念古代以色列人被上帝允许进入迦南美地之前，在旷野漂泊四十年时的帐篷生活，并感谢上帝对他们的庇佑。

关于这一节日的宗教意义，在犹太圣典《妥拉》中有明确的解释：“雅赫威对摩西说，你晓谕以色列人说，这七月十五日是住棚节，要在雅赫威面前守这节七日……你们要住在棚里七日，凡以色列家的人都要住在棚里，好叫你们世世代代知道，我领你们以色列人出埃及地的时候曾使他们住在棚里。我是雅赫威你们的神。于是，摩西将雅赫威的节期传给以色列人。”（《利未记》第23章第33~44节）

住棚节的棚子有非常特殊的规制。按照规制，棚舍必须搭成简易的和临时性的草棚，而且棚子的屋顶最好能够用树枝和叶子搭成。在棚子里要塞满各式各样的水果、蔬菜和丰收的农作物。特别需要注意的是，在棚子里还必须放上镶着柳条和桃金娘叶的棕树枝和香橼果。对此，犹太拉比有专门的解释。他们宣称，之所以要加上这种柳条和桃金娘叶的棕树枝，是为了象征犹太人坚韧的毅力，而香橼树则象征着犹太人的善良。不过另有解释说：棕树枝和香橼树都是富庶的象征，所以犹太人在丰收的季节向上帝感恩，用这两种植物来祈求上帝在来年赐下丰富的收成。

在住棚节期间，犹太人会在崇拜仪式中诵读特别的祝词，并将镶着柳条和桃金娘叶的棕树枝和香橼果捆绑在一起，不断地挥舞，然后带着它们围着会堂游行。在仪式过程中，犹太人会诵读一些赞美上帝的诗篇以及《妥拉》中的相关篇章。此外，在节期快要结束时，还要添加“求雨”的特别祷文，以祈求来年的风调雨顺。在住棚节开始和结束时，犹太人都要通过专门的祝祷，来回顾其祖先在荒野漂泊的四十年。

第五节　其他纪念日

一、转经节

转经节实际上是犹太住棚节的最后一天，也就是提示黎月（犹太历7月）的第23天。犹太人也常常将转经节称为“欢庆圣法节”或“西姆哈斯《妥拉》”，因为在这一天，他们要庆祝过去一整年的《妥拉》诵读功课的结束，并迎接新一年的《妥拉》

诵读功课的开始，如此循环往复，从不间断。

过去，虔诚的犹太人为了保证自己能够在一年内将整部《妥拉》诵读一遍，而根据犹太历法上的周数，将整部《妥拉》分成相应的若干章节。到了转经节这一天，他们将正好读完《妥拉》最后一卷（《申命记》）的最后一段，并随即进入新的一轮循环，即从头开始阅读《妥拉》第一卷（《创世记》）的第一段。因此，庆祝这个节日，就是为了提醒自己，诵读《妥拉》的功课要首尾相连、从不间断。在转经节的当天早晨，每个犹太人都会被叫到会堂的前面，念诵一段祈求《妥拉》的诵读功课永不间断的祷词。随后，大家会小心翼翼地把《妥拉》的卷轴从会堂的约柜中取出来，并在欢乐的气氛中抬起《妥拉》的卷轴，绕着会堂一圈又一圈地缓慢行进。这种绕行仪式被称为“哈卡发”（字面的意思就是“循环”和“绕行”），在绕行的过程中，孩子们会挥舞着印有“西姆哈斯《妥拉》节”的小旗子载歌载舞地绕行。对犹太人来说，转经节是一个欢快喜庆的日子。除了在会堂举行仪式外，在许多犹太人聚居地，还会在广场上举行庆祝仪式，人们或举、或抬、或抱着《妥拉》经卷，载歌载舞以示庆祝。

二、修殿节

修殿节（Chanukah）在基思流月（犹太历9月）的25日展开，持续八天，又被称为“烛光节”“哈努卡节”。据说，该节日是为了庆祝犹太人的祖先在反抗希腊塞琉古王朝的马喀比起义中的胜利。因为在公元前165年的那一天，马喀比起义军修复并洁净了他们从塞琉古王朝手中夺回的圣殿，将其重新献给了上帝。

修殿节也是唯一的一个没有在《塔纳赫》正典中提到的犹太节期。这主要是因为修殿节所纪念的事件发生在公元前2世纪，而《塔纳赫》正典中所记载的历史事件大多发生在公元前4世纪之前。不过，在被称为“次经”的《马喀比一书》和《马喀比二书》中，却可以找到有关这一节日的起源的记载。按照这两卷次经的记载可知，在公元前168年，塞琉古王朝的国王安条克四世下令，在犹太人居住的巴勒斯坦强制推行希腊化运动，宣布犹太教为非法，并采取各种强制手段来消灭犹太教。为了达到这一目的，塞琉古王朝的军队甚至在耶路撒冷圣殿里设立了希腊神衹宙斯的祭坛，并用犹太人视为不洁的猪肉向宙斯献祭。他们还以剥夺生命作为要挟，强迫犹太人进食猪肉。安条克四世及其手下的官员亵渎耶路撒冷圣殿的做法，终于激起了犹太人的激烈反抗。在老祭司马提亚的呼吁下，犹太人揭竿而起，发动了一场反抗塞琉古王朝统治的大起义，并在三年后（公元前165年）取得胜利，收复耶路撒冷和圣殿。当时马提亚已经病故，他的第三个儿子犹大·马喀比成为起义军的新领袖。犹大·马喀比下令净化圣殿，清除异教痕迹，重建雅赫威的祭坛，并于基思流月的25日举行盛大的庆祝仪式，恢复犹太人在圣殿的献祭。因为在塞琉古王朝占领圣殿期间，犹太人一直无法在那里庆祝住棚节，所以为了弥补这一损失，当年的献祭仪式一直持续了八天之久。为了纪念此事，每年的基思流月25日，犹太人都效法当年马喀比起义军的做法，一年八天举行庆祝修殿节的活动。此外，修殿节之所以要连续庆祝八天，还与一个传说有关。据传，当犹大·马喀比的儿子们准备重新点燃圣殿中的油灯，庆祝圣殿的洁净和修复之时，却发现圣殿中只剩下一瓶洁净的油没有被异教徒毁掉，而且这瓶油最多只够燃烧一天。更糟糕的是，无论是重新制作灯油，还是从外地运来洁净的灯油，都需要至少八天时间。就在他们一筹莫展的时候，发生了神迹，这瓶本来只够烧一天的灯油，却足足烧了八天，一直等到他们运来洁净的灯油。

每逢修殿节，犹太人都会在家里和会堂里摆上一个九杈的灯台（也称为“修殿节灯”或“金灯台”）。在灯台上有九支灯杈，其最上面的一支灯杈被称为“仆人”，因为犹太人将用这支灯杈上的蜡烛来点亮另外八支蜡烛。在庆祝修殿节期间，犹太人每个夜晚都要点亮灯台上的蜡烛。在第二晚，除了“仆人”灯杈上的蜡烛外，他们还要点燃两支蜡烛，其中一支蜡烛是为了当天晚上，另一支则是为了前一天晚上。接下来的每个晚上，将陆续点燃其他蜡烛，到第八晚，灯台上的全部蜡烛都被点亮。按照犹太人的规矩，插放蜡烛的顺序是从右至左，但点燃蜡烛的顺序则从左至右。每天晚上点蜡烛时，人们要聚集在一起，高声唱赞美诗歌。修殿节也有交换礼物的风俗，犹太人可以借此机会表达彼此间的爱与关怀，其中一项传统礼物是“修殿钱”（Chanukah Gelt）。为期八天的节日是一段欢乐的时光，犹太家庭多汇聚在一起玩一些传统游戏。修殿节的传统食物则是油炸马铃薯饼，以此怀念当初那个关于修殿节的灯油的神迹。

如今，修殿节在世界各地的犹太人中仍然很受重视。在美国和以色列，修殿节已经是法定的假日，并成为当地犹太人最为隆重的节日之一。由于修殿节在时间上与基督教的圣诞节比较接近，所以孩子们可以借此享受一个较长的假期。在节日当天，犹太人的学校和商店都会关门歇业，犹太社团也会举行大型的庆祝活动。虔敬的犹太教徒则会选择和家人一起去犹太会堂，重温犹太历史，吟唱圣歌。在以色列本土，为了弘扬犹太民族在马喀比起义中团结一致、共同抵御敌人的精神，通常还会在修殿节期间举行各种体育活动，其中以大型的火炬长跑最为著名。

三、果树节

果树节在细罢特月 15 日（犹太历 11 月 15 日，相当于公历 1 月底 2 月初）举行。它是犹太人传统的植树节，所以又被称为“ 犹太植树节”或“树木的新年”。在众多的犹太节日中，这是唯一一个没有特定的宗教仪式的节日。

犹太人之所以把植树节定在细罢特月的 15 日，是因为在以色列本土，树木大多在每年的这个时候开始结果，而且这个时节也是他们栽种树苗的最佳时机。犹太人认为，过冬后的树木从这一天开始重新生长，自然界将在这一天恢复生机。另据犹太圣典《塔木德》记载，犹太人之所以将这一天称为“树木的新年”，是由于以色列地区冬天的雨季将在这一天结束，树木和庄稼的命运将在这一天被注定。因此，犹太民众要在这一天举行祷告，祈求树木枝繁叶茂，来年硕果累累。

对于那些住在以色列本土之外的犹太人来说，在这个隆冬季节纪念树木的开花结果和万物的复苏，已经没有什么实际的意义。不过，他们依然热衷于这一传统节日。因为他们希望通过这个节日，将流散在外的以色列人与本土的犹太人联系起来，让远方的游子可以回想起故乡“树木的新年”。正因为如此，在以色列境外的犹太人一直以集资捐款等形式，资助以色列本土的犹太人在果树节期间栽种新树。自 1948 年以色列建国以来，境外犹太人为此募集的植树款项，足以栽种两亿棵新树。

除了到郊外栽种新树之外，一些犹太人还会借机品尝水果、坚果等农产品，特别是品尝那些生长在以色列本土的水果品种。在吃水果时，他们会诵读《诗篇》104 篇，来赞美上帝创造的大自然。犹太学校也会举行相应课程和活动，来庆祝这一节日。

四、普珥节

普珥节（Purim）在希伯来文中的字面意思是“许多的签”，其庆祝时间在亚达月的 13—14 日（犹太历 12 月 13—14 日，相当于公历的 2 月底或 3 月初）。如果遇到犹太历的闰年，则通常会推迟到第二个亚达月来庆祝。

普珥节是为了纪念波斯王亚哈随鲁统治时期，身为王后的犹太少女以斯帖凭借其机智勇敢，挫败了波斯大臣哈曼灭绝犹太民族的阴谋。在犹太圣典《塔纳赫》中，可以看到这个故事的原型（《以斯帖记》第 3 章第 1 节到第 9 章第 29 节）。据说，波斯大臣哈曼因为得到国王亚哈随鲁的宠信，得以权倾朝野，不可一世。为了作威作福，他居然强迫境内所有臣民向其行跪拜之礼。由于犹太人末底改拒绝对其跪拜，哈曼感到非常愤怒，决定屠杀波斯境内的所有犹太人。哈曼还通过掷签的方式，决定了屠杀犹太人的时间，即亚达月 13 日。为了达到这一目的，哈曼向亚哈随鲁王诬陷犹太人，说他们目无法纪，罪不可赦。糊涂的亚哈随鲁王被这些诬陷所蒙蔽，批准了哈曼的提议，决定等到哈曼选定的日子，在全国统一行动，彻底杀光波斯全境的犹太人。但波斯王后以斯帖是一位秘密信奉雅赫威的犹太女子。在得知哈曼的阴谋后，她机智地说服国王取消命令，从而保全了波斯全境的犹太人的身家性命。同时，她还说服国王，将妄图灭绝犹太人的哈曼一党全数屠灭，从而彻底消除了犹太人的灭族之祸。为了庆祝她的丰功伟绩，犹太人一改过去轻视妇女的传统，将他们按照波斯王的旨意最终消灭哈曼一党的日子，即亚达月的 13—14 日，定为欢庆胜利的普珥节，世代加以纪念。

犹太人的普珥节是一个欢庆的节日，甚至有“犹太狂欢节”之称。不过，普珥节的前奏却是在 13 日举行的“以斯帖禁食日”，其目的是为了纪念当年以斯帖为了挽救犹太人，而一连三天向雅赫威禁食祷告的经历。在 13 日这天，犹太人会停止进食，怀着感恩的心纪念其祖先的死里逃生。到 14 日的普珥节，犹太会堂要举行特别的仪式，向全体犹太人宣读《以斯帖记》，在诵读的时候，犹太人还会伴以歌唱和舞蹈。此外，犹太孩童的手里会拿着一种名为“贵格”（gregger）的噪声器，每当读到“哈曼”的名字时，大家会一起用“贵格”制造出最大的噪音，来淹没这个恶棍的名字。有趣的是，犹太孩童们在这一天都会做特殊的装扮。起初，他们是扮成《以斯帖记》中的人物的样子。在现代社会，他们则逐渐开始装扮成流行的人物或事物。美国牛仔、太空人、摇滚明星甚至当红的政治人物，都可能成为今天的犹太孩童在普珥节的装扮样式。在装扮好之后，孩子便可以进行各种关于普珥节的戏剧表演了。

在普珥节当天，犹太人之间有互赠礼物的习俗。他们习惯在这一天赠送食物、饮料或一两个小钱币给自己的亲朋好友和邻舍。在这些礼物中，至少要包含两样与众不同的东西。通过这种形式，犹太人可以互相分享节日的喜悦和祝福。此外，在普珥节当天，犹太人还有赠送食物和金钱给身边的穷苦人的惯例，因为按照《塔纳赫》的规定，“以这月的两日为犹太人脱离仇敌得平安、转忧为喜、转悲为乐的吉日。在这两日设筵欢乐，彼此馈送礼物，周济穷人”（《以斯帖记》第 9 章第 22 节）。

普珥节的庆祝活动自然少不了各种美食和佳酿。在 14 日这天，经过禁食的犹太人会首先进食一种烘焙成三角形的糕点。这种糕点被他们称为“哈曼的帽子”。同时，犹太人还要开怀畅饮，而且常常要喝到酩酊大醉，以至醉到无法分辨“哈曼与末底改”。平时谨言慎行的犹太人之所以这样做，据说有两个原因：第一，希望自己能够用最真实的情感和毫无掩饰的方式，来体会普珥节的快乐；第二，希望让自己明白，善恶均在一念之间，所以在日常生活中，不要因为醉酒而丧失道德的判断力。

总之，普珥节是犹太人在隆冬时节的一个欢快节日，其目的是纪念犹太人的祖先摆脱了死亡威胁和恶徒之手。这一目的通过欢快喜庆的节日气氛而得以实现。

五、哀悼日

犹太人的哀悼日为亚布月 9 日（犹太历 5 月 9 日），其目的是为了哀悼耶路撒冷的圣殿在公元前 586 年和公元前 70 年两次被毁的历史悲剧，所以又常常被称作“圣殿被毁日”。此外，也有犹太人认为，这一天不仅仅是在哀悼圣殿的被毁，而是要同时哀悼犹太民族史上的一系列悲惨事件。因为按照犹太传说，在历史上的这一天，犹太民族还曾经发生过其他一系列的悲惨事件。例如，公元 195 年的亚布月 9 日，犹太人发动的第二次反罗马起义遭到失败，耶路撒冷被罗马人夷为平地；公元 1492 年的阿布月 9 日，西班牙国王斐迪南签署了创立宗教裁判所的命令，下诏将一切不愿意改宗基督教的犹太人驱逐出西班牙，据说当时至少有 15 万犹太人被强制驱逐。

在哀悼日这天，犹太人要全天禁食，以表达他们的悲痛。有些特别虔诚的犹太人会提前三周就开始预备守节。在这三周内，他们会避免参与庆祝活动，尤其是婚礼。部分犹太人则会蓄须、蓄发以表达哀思。在“圣殿被毁日”的前九天，犹太人都会禁食酒肉，以表达哀思。正式的“圣殿被毁日”从亚布月 9 日的日落时分开始（若这天恰巧是安息日，则会推迟到第二天，因为安息日不能做哀悼）。悲哀的气氛将在这天达到高潮。犹太人将不吃不喝，不穿皮鞋，不洗漱，不擦油，不行房事。在当晚的宗教仪式中，最重要的环节就是诵读古代先知耶利米的“哀歌”以及中世纪流传下来的“挽歌皮犹町祷文”，来哀悼耶路撒冷圣殿的被毁。

对于今天的犹太人来说，哀悼日的气氛已经没有以往那么浓厚。一些现代犹太人因为要忙于生计，而往往不再完整地参与“圣殿被毁日”的全套纪念仪式。他们一般只在亚布月 9 日的午后或晚上，进行简短的禁食悼念。在以色列本土，犹太人会在“圣殿被毁日”的当天，自发来到圣殿残存的西墙之下，进行悼念。

需要补充指出的是，本书叙述的上述节日，基本都是犹太人的盛大传统节日，并且也是保留至今的节日。然而除了这些节日之外，历史上的犹太人还曾经有过众多不太重要并最终消失了的节日。此外，现代的犹太人也有一些新增的节日或纪念日，例如以色列独立纪念日（依雅尔月 5 日）、大屠杀纪念日（尼散月 27 日）、烈士纪念日（依雅尔月 4 日）、耶路撒冷节（依雅尔月 28 日）等。

第十三章　犹太礼仪

第一节　献祭与祷告

犹太人对上帝的敬拜方式并非是一成不变的，而是随着时代发展而不断变化的。从古至今，犹太人在敬拜方式上出现的最根本变化就是，从过去的以献祭为中心逐渐转向以祷告为中心。相应地，许多与敬拜相关的礼仪和习俗也在细节上发生了悄然变化。下面，我们将以犹太人敬拜上帝的主要方式——献祭和祷告为例，来回顾这一变化。

按照通常的理解，“献祭”是一种带有交换性质的宗教仪式，其目的是通过把属于自己的某些东西奉献给神灵作为牺牲，来祈求神灵赐给自己更好的东西。在犹太人的传统献祭仪式中，也同样包含着这样的意思。当犹太人的先祖把自己的牲畜和农作物作为祭品献给雅赫威时，他们也是为了求得雅赫威的赦免、赏赐和祝福。不过，在犹太人的先祖眼中，献祭的意思又似乎不仅仅如此。在他们使用的古希伯来文中，献祭（korban）一词还同时带有“亲近”的意思。这是因为，他们举行献祭的根本目的，不仅仅是为了求得神的赏赐和祝福，更是希望由此与上帝建立更加亲近的关系。

献祭是犹太人的先祖古希伯来人敬拜上帝的最初方式。按照《妥拉》的规定，每个希伯来人都有向上帝奉献祭品的义务：“你一切的男丁……在雅赫威你神所选择的地方朝见他，却不可空手朝见。各人要按自己的力量，照雅赫威你神所赐的福分，奉献礼物。”（《申命记》第16章第16~17节）。然而，不是每个希伯来人都可以自行向雅赫威献上祭品，而要由祭司代表他们献祭。也不是每个希伯来人都有资格成为祭司，只有摩西所属的利未支派的希伯来人才有资格。大祭司则必须由摩西的哥哥亚伦及其子孙后代来担任。古希伯来人也不能随随便便地在自己家里献祭。当他们在阿拉伯旷野漂泊的时候，需要把祭品送到一个专门为雅赫威建造的会幕中，再由那里的祭司代为奉献。在占领迦南地之后，他们曾经修筑了许多专门用来献祭的祭坛。公元前957年，大卫王的儿子所罗门王修建了以色列的第一座圣殿。此后，以色列的献祭仪式便主要改在圣殿中举行。在圣殿被毁之前，犹太人的先祖每天都会在其中举行两次集体献祭，而祭物多是谷物或面粉。如果遇到安息日或特别的节期，他们还会献上额外的祭物。此外，个人出于特别的原因，也可以请祭司为自己献上额外的祭物。从第一圣殿时期到第二圣殿时期，献祭一直是犹太人的先祖敬拜上帝的主要礼仪，并且逐渐形成了六种不同的献祭模式，即燔祭、素祭、平安祭、赎罪祭、赎愆祭、遥祭。同时，他们也发展出了一些专门用于献祭的圣器，如祭坛、约柜、灯台等。

祷告是犹太人与上帝进行交流的另一种主要方式。早在圣殿被毁之前，犹太人的先祖就已经开始向上帝祈祷，并将它视为一种让自己通往上帝的途径。不过在那个时期的犹太人中，祷告只是一种辅助性的宗教礼仪，并且常常是在献祭的过程中发生的。在第一圣殿于公元前586年遭到巴比伦军队的摧毁之后，祷告的重要性开始上升。由于作为主要献祭场所的圣殿已不复存在，被掳为奴的犹太人只得以念诵祷文来取代献祭，作为他们在异国他乡敬拜上帝的方式。直到公元前538年，他们重返耶路撒冷并修建了第二圣殿之后，古老的献祭仪式才得以恢复。然而，他们在巴比伦流亡时期创作出来的一系列著名祷文，已经在犹太民众中广为流传并保存了下来。因此，在第二圣殿时期，犹太人除了在圣殿献祭之外，也开始越来越多地以祈祷的方式敬拜上帝。公元70年，当第二圣殿被罗马军队彻底摧毁之后，犹太人进入了漫长的大流散时代，其古老的献祭仪式和相关的祭司制度也随之消亡。相反，祈祷的重要性则由此得到提升，并最终取代献祭而成为犹太人敬拜上帝的主要形式。

随着时间的推移，犹太人撰写出越来越多的祷文，可以分别用于各种特殊日子和特定场合举行的祷告仪式。中世纪的犹太人不仅有私下的个人祈祷，也有公开的集体祈祷。后一种祈祷逐渐走向制度化，成为最重要的宗教礼仪。随着祈祷成为敬拜上帝的主要形式，犹太人的各项制度也发生了相应变化。会堂取代昔日的圣殿，成为敬拜上帝的主要场所；拉比和学者取代昔日的祭司，成为宗教上和精神上的领袖。

对犹太人而言，祈祷不仅是通往上帝的途径，同时也是通往自身灵魂和宇宙奥秘的途径。中世纪的犹太拉比宣称，祈祷可以向上帝表达自己的赞美和感恩，从而与上帝建立亲密的关系，并由此提升自己的灵魂，洞察宇宙的奥秘。为了指导犹太人以正确的方式进行祷告，拉比们还为祷告规定了一整套的规矩。在他们的努力下，犹太人的祷告仪式逐步走向制度化，有了标准的程序、内容和仪轨。正如圣殿时代的犹太人需要每天向上帝献祭两次一样，中世纪的犹太人也需要每天向上帝祷告两次。其中，早晨的第一次祷告仪式较为重要和隆重，而下午的第二次祷告仪式则相对简短。后来，拉比们逐渐感到，一天两次的祷告似乎尚不足以表达犹太人亲近上帝的渴望，于是又加入了晚间的祷告仪式，以表明犹太人从每天的开始到结束，都需要并渴望同上帝的交流。至于三次祷告的场所，则无强制性的规定。无论是在会堂还是家里，犹太人都可以通过每天三次的祷告，向上帝表达自己的赞美、感恩、忏悔和祈求。

晨祷是犹太人一天中最重要的一次祷告。按照传统，犹太男子会在晨祷时披上祈祷披巾，佩带经文匣。晨祷是以一系列的“晨间颂赞”和“雅辞”起头的祷文作为开始的。这些祷文大多来自《塔纳赫》中的经文。

午后祷告是犹太人一天三次祷告中最为简短的祷告。有的犹太人认为，这次祷告主要是为了纪念犹太人的先祖以撒。然而也有犹太人认为，它是为了纪念圣殿时代的犹太人每天的傍晚用羊羔向上帝献祭的习俗。由于午祷可在午后的任何时间进行，所以它常被安排在接近傍晚的时刻，以方便犹太人将午祷与晚祷接续进行。

晚祷则是为了纪念犹太人的祖先雅各在睡梦中梦到上帝赐福一事。晚祷大多在太阳落山之后进行，有时会一直持续到午夜。晚祷常常以诵读《诗篇》中的有关章节开始，随后是两段对上帝的颂赞。其中一段是感谢上帝赐下《妥拉》，另一段则感谢上帝帮助以色列人脱离埃及为奴之地，同时也为和平和圣殿献上祷告。

除了以上三次法定的祷告之外，犹太人在特殊的日子和节期里还有附加的祷告仪式。这些称为“附祷”的仪式往往被安排在晨祷仪式之后举行。附祷仪式来源于《塔纳赫》中有关在犹太节期增加公祭的礼仪规定。在圣殿时期，增加的这次公祭通常会在晨祭之后进行。圣殿被毁后，献祭逐渐被祈祷所取代，所以“附祷”也自然而然地成为犹太节期中的宗教仪式的步骤。但 19 世纪之后，犹太人内部的改革派和保守派逐渐将“附祷”取消，或将其并入其他的仪式，不再单独实施。

为了方便进行日常的私人祈祷，很多犹太家庭都备有专门的祈祷书。这些祈祷书是用希伯来文和阿拉米文撰写的祝福词和祈祷词的汇编，其音译为《希杜尔》（Siddur）。它们的内容包括《塔纳赫》《塔木德》中的段落以及犹太拉比和贤哲的作品精选，其主题多是感恩、赞美、忏悔和祈求。《希杜尔》曾经被犹太人翻译成多种语言，并且不断地有新祷文加入其中。因此，《希杜尔》是一部处在持续发展中的著作。

用于节日和安息日的集体祷告的公祷书则被称为《马哈卓》。在庆祝传统的犹太节期时，犹太人会增加额外的祷文。这些祷文大多直接取自《塔纳赫》，但也有些是由不同时期的犹太拉比和贤哲所写。此外，每个时期都会在书中增添一些新的祷文。第一本纲要性的犹太公祷书，是由中世纪的著名拉比阿姆兰·班·谢什纳（Rav Amram ben Sheshna Gaon）在公元 870 年编撰完成的。一个世纪之后，另一位伟大的犹太拉比、巴比伦书拉书院院长撒迪亚（Saadya Gaon）又在此基础上，编著了另一部内容更为丰富的公祷书。直至今日，这本公祷书依然是犹太人的公祷书的范本。

第二节 敬拜与崇拜

自从犹太人敬拜上帝的主要形式从献祭转变为祈祷之后，犹太会堂也逐渐取代被毁的圣殿，成为犹太人敬拜上帝的主要场所。在新兴的犹太会堂中，拉比的地位不断提升，他们逐渐取代昔日的祭司，成为带领犹太人敬拜上帝的神职人员。正如犹太人的祈祷逐渐分化为了个别的私人祈祷和集体的公众祈祷一样，以祈祷作为中心的敬拜仪式也逐渐分化为了个别的私人敬拜与集体的公众崇拜。虽然私人敬拜和公众崇拜的对象都是雅赫威上帝，但两者之间又有着不同的规矩和礼仪。

首先，私人敬拜与公众崇拜的参加人数不同。按照犹太拉比的规定，只有当 10 名以上的犹太人聚集在一起时，才能举行公众崇拜，否则只能举行私下敬拜。据说，这一规定是为了呼应上帝在《妥拉》中所说的一段话：“这恶会众向我发怨言，我忍耐他们要到几时呢?”（《民数记》第 14 章第 27 节）。这段经文中的“恶会众”指的是摩西派往迦南地窥探虚实的 10 名探子。当时，雅赫威晓谕摩西，让其派 12 人到迦南地窥探虚实，但探子们返回之后，只有 2 人对征服迦南持乐观态度，另外 10 人则向摩西口吐怨言，宣称以色列不可能征服强大的迦南人。雅赫威对这 10 名报恶信的探子极为愤怒，所以把他们称为“恶会众”并施以惩罚。后世的犹太拉比据此认为，只有 10 名以上的犹太人聚在一起，才有资格称为“会众”①。不过，并不是任意 10 名犹太人都可以聚集

① ［美］魏道思：《犹太文化之旅》，刘幸枝译，南昌：江西人民出版社，2009 年，第 228 页。

成为“会众”。按照犹太人的正统派观点，他们必须是年满 13 周岁的，并且行过成人礼的犹太男子。不过，在某些特殊情况下，如果在参加公众崇拜的 10 名犹太男子中，有一名是即将举行成年礼的犹太少年，也可算作有效的公众崇拜。然而即便如此，散居的犹太人有时候仍然难以凑齐举行公众崇拜所需要的成年男子。因此，为了方便犹太人举行有效的公众崇拜仪式，后来的犹太拉比又规定了一系列可以灵活处理的情况，来适当放宽有关公众崇拜人数的要求。例如，在犹太拉比编辑的《塔木德》中规定，犹太人在进行割礼和婚礼仪式时，可以不受人员要求的限制。此后，随着犹太社会的发展和社会观念的转变，对于参加公众崇拜的条件和人数的限制又有进一步的松动。例如，在现代西方流行的男女平等观念的影响下，犹太人中的改革派和保守派都不再坚持过去那种只把成年犹太男子视为“会众”的陈腐观念，而是认为，年满 13 周岁的女子也可以算作是“会众”中的一员。不过，无论以何种方式规定“会众”的资格和身份，只要参加祷告和敬拜的“会众”人数没有达到最低限度的要求，就不能被视为公共崇拜，而只能算作非正式的私下敬拜。

其次，私人敬拜与公众崇拜对场地和时间的要求也不同。公众崇拜需要在特定的时间内在专门的犹太会堂举行。私人敬拜则没有特定的时间和场地的要求，既可以在会堂内进行，也可以在自己想要对上帝表达情感的其他地点进行；既可以在节日和安息日进行，也可以在平时进行。不过，无论是在私人敬拜还是在公众崇拜中，祷告都是犹太人向上帝表达情感的主要方式。尤其是在私人敬拜中，祷告更是最主要的敬拜方式。据说，有的犹太人每当看到流星、彩虹、第一抹新芽或听到第一声雷鸣的时候，都会突然产生敬拜上帝的感动，并随即向上帝献上自己的祷告。

最后，私人敬拜与公众崇拜还有仪式上的差别。犹太人每天至少要进行三次公众崇拜，而且这三次公众崇拜都有严格的仪式规定。在犹太节期等特殊日子举行的公众崇拜，则有更加复杂的仪式规定，并且需要配备专业的神职人员来加以组织和引导，以免出现错误的礼仪。然而，私下敬拜则没有特别复杂的仪式要求，只需遵守一些最基本的规范即可。这些规范还充分考虑到各种特殊情况，所以不一定非要强制执行。例如，在早晨和晚间的私人敬拜中，就有关于诵读“首麻”的规定。按照犹太传统，犹太人在早晨醒来之后或晚上临睡之前，必须诵读一段称为“首麻”的经文，来宣告自己对唯一上帝的信仰。然而，当一个犹太人由于生病或虚弱等原因，而难以自己诵读这段经文时，也可以请人代为诵读。这段经文的内容来自《塔纳赫》：“以色列啊，你要听！雅赫威我们神是独一的主。你要尽心、尽性、尽力爱雅赫威你的神。我今日所吩咐你的话都要记在心上，也要殷勤教训你的儿女，无论你坐在家里，行在路上，躺下，起来，都要谈论。”（《申命记》第 6 章第 4~7 节）

尽管私人敬拜与公众崇拜在诸多方面存在差异，但也有一些相同之处。例如，无论在平日还是节日，二者诵读的经文是基本一致的，而且二者的最终目的都是希望与上帝建立亲密的关系，寻求上帝的宽恕和祝福，表达自己的感恩和赞美。

第三节 会堂的建制

犹太会堂（The Synagogue）的字面意思是“聚集的地方”。从古至今，犹太会堂一直都是犹太人进行宗教活动、学习犹太律法、进行集会的地方。有关会堂出现的具体时间，学界没有达成一致意见。大致上有以下三种不同观点：第一，源于古希伯来人在阿拉伯旷野漂泊时期设立的“会幕”；第二，源于第一圣殿时期，以色列人为了献祭而建立的祈祷场所；第三，源于公元前6世纪被掳到巴比伦为奴的犹太人，他们在巴比伦建立的崇拜场所是会堂的雏形①。尽管会堂产生的确切时间不明，但以会堂作为崇拜上帝的中心，却是源自罗马统治时期的一个犹太宗派——法利赛派。法利赛派犹太人的活动中心就是会堂。他们将会堂的组织形式进一步完善，并且成为后来的犹太会堂的样板。起初，由于犹太人的会堂均建立在异国他乡的土地上，所以为了避免树大招风，其外部的装潢通常比较朴素简单，而内部则豪华庄严。此外，犹太会堂的建筑风格也因为其所在国家的不同而呈现多种样式，其中尤以罗马式和哥特式的建筑风格最为常见，而中国开封的犹太会堂则采取了佛教寺庙的形式。

在犹太会堂中，都有一些特殊的物件来表明它们的神圣性质。其中，最有代表性的物件有七种。这七种物件都与犹太人独特的宗教信仰有关。

第一，《妥拉》卷轴。《妥拉》卷轴是一种写在羊皮纸上的手抄本。犹太人认为，《妥拉》中包含着上帝的话语和旨意，囊括了犹太人所有的历史和律法。因此，它在犹太人心目中是最重要和最神圣的物品，也是犹太崇拜仪式的必需品。每个犹太会堂至少要有一部《妥拉》卷轴，但大部分会堂都有三部以上的《妥拉》卷轴。这是因为，在举行某些特殊的公众仪式时，犹太拉比需要诵读几处出自不同篇章的《妥拉》经文，所以为了维护仪式的神圣性与连贯性，需要同时保有三本以上的《妥拉》。此外，犹太会堂还配有专门的《妥拉》抄写员。这些抄写员会选择特制的笔和上等的羊皮，来抄写神圣的《妥拉》。在每次抄写《妥拉》之前，他们都会首先净手，并虔诚地祈求上帝对抄写工作的祝福。另外，《妥拉》卷轴在会堂内的保存也极其讲究。它们大多是用美丽的绒布或者绢丝包裹起来，并有“冠冕”和金银制成的护甲作为装饰，抑或被存放在一个由金银装饰的圆锥形的容器之内。

第二，指针。指针是一种在诵读《妥拉》时使用的专门工具，可以代替手指来直接碰触《妥拉》的卷轴。依照犹太传统，犹太人在诵读《妥拉》卷轴时，禁止用手直接碰触羊皮纸。故而，为了确定经节的确切位置，以方便诵读，犹太人就只得利用指针来确定经节的确切位置。这样一来，既可以方便诵读，又可以防止自己的手指直接碰触《妥拉》的羊皮纸。这种指针的造型类似于人的食指的形状，故而被称为“Yad”。指针的材质多种多样，但其设计无不精细而奢华。

第三，讲坛。讲坛是犹太会堂在举行敬拜仪式的时候，用来摆放《妥拉》的卷轴和讲道的地方。讲坛在会堂内的摆放位置也非常有讲究。在以色列本土之外的犹太会

① 参阅潘光、陈超南、余建华：《犹太文明》，福州：福建教育出版社，2008年，第35~75页。

堂，讲坛大多被置于会堂东面的墙边，因为犹太人在敬拜的时候，都是朝向东方的以色列和耶路撒冷的。在以色列本土，讲坛的摆放位置则要面朝耶路撒冷。

第四，约柜。约柜又叫圣约柜，是犹太会堂中用来放置《妥拉》卷轴的小柜子。约柜的历史极其久远。早在几千年前的摩西时代，犹太人的祖先就制作了约柜，用于保存上帝赐予他们的十诫和律法书。在犹太人的圣典《妥拉》中，对约柜的具体样式有着明确的要求："要用皂荚木作一柜，长二肘半。宽一肘半，高一肘半。要里外包上精金，四围镶上金牙边。也要铸四个金环，安在柜的四脚上，这边两环，那边两环。要把皂荚木作两根杠，用金包裹。要把杠穿在柜旁的环内，以便抬柜。这杠要常在柜的环内，不可抽出来。必将我所要赐给你的法版放在柜里。"（《出埃及记》第 25 章第 10～16 节）此后，刻有十诫的石板就被存放在约柜中，随着这个民族四处迁移。当刻有十诫的石板在战乱中遗失之后，《妥拉》卷轴便取而代之，被放入约柜之内。同古代的约柜相比，现代犹太人的约柜的制作过程已大为简化，但它仍然是犹太会堂中装饰最为精美的艺术品。拉比们也常常借此来提升会堂的华美程度，烘托神圣的宗教氛围。约柜的外观像是一个橱柜，有的被镶嵌在会堂的墙壁内，有的则单独放置。

第五，永燃的灯。永燃的灯常常被悬挂在约柜的上方，并要及时添加油料，以让它能够持续不断地燃烧。与约柜一样，永燃的灯也源自几千年前的摩西时代。在《妥拉》中，对于它的具体样式也有严格的规定："你要吩咐以色列人，把那为点灯捣成的清橄榄油拿来给你，使灯常常点着。"（《出埃及记》第 27 章第 20 节）。这盏永燃的灯被犹太人视为是上帝与以色列人同在的具体象征。最初，永燃的灯是使用橄榄油作燃料的，但现今的犹太会堂已逐渐放弃了这种古老的方式，而改用照明灯来代替。不过，拉比们依然会让这盏灯保持通宵达旦地照明，以象征上帝与以色列的同在。

第六，领祷台。领祷台是一个供带领祷告仪式的人站立的台子。在正统派犹太人建立的会堂里面，领祷台一般被设置在正朝着约柜的方向。这样，领祷者在宗教仪式中不仅始终面对着《妥拉》卷轴，而且朝向东面的以色列地。在改革派和保守派的会堂中，领祷台则常常被放在较高的位置上，并面向着普通会众。

第七，读经桌。读经桌是犹太拉比在诵读《妥拉》的时候用来放置《妥拉》的桌子。在《妥拉》中对读经桌的样式有着明文规定："要用皂荚木作一张桌子，长二肘，宽一肘，高一肘半。要包上精金，四围镶上金牙边。桌子的四围各作一掌宽的横梁，横梁上镶着金牙边。要作四个金环，安在桌子的四角上，就是桌子四脚上的四角。安环子的地方要挨近横梁，可以穿杠抬桌子。要用皂荚木作两根杠，用金包裹，以便抬桌子……又要在桌子上，在我面前，常摆陈设饼。"（《出埃及记》第 25 章第 23～30 节）在现代的犹太会堂中，读经桌常常被放置在讲坛上。每逢拉比诵读《妥拉》的时候，都要给读经桌覆盖上一种带有刺绣的上好绒布或绸布。

犹太会堂通常拥有一些固定的工作人员，以便安排和组织犹太会众的集体敬拜和祷告，以及会堂的管理。他们分别是拉比（Rav）、领祷者（Shaliach Tzibbur）、领唱者（Chazzan）、读经员（Ba'al Koray）、管理会堂者（Gabbal）。

第一，拉比。拉比这个职业大约产生于公元 70 年耶路撒冷圣殿被毁之后。拉比大多是训练有素的犹太学者，主要负责向犹太人讲授经典与传统，同时也是犹太会堂的管理者、宗教仪式的主持者、律法诫命的解释者和仲裁者。在犹太会众中，拉比是绝对的权威，他们按照律法作出的裁决必须得到无条件的执行。此外，他们也大多是犹太人社区的领导者。在拉比扮演的众多角色中，犹太会堂的管理者和宗教仪式的主持者是最为重要的。犹太人在一生中最重要时刻（割礼、婴孩命名礼、成人礼、婚礼、丧礼）的宗教仪式，都要由拉比主持。然而在今天的犹太人中，拉比也常常被用来泛指那些犹太律法方面的专家，或者气质脱俗并深受爱戴的精神导师。

第二，领祷者。领祷者是在犹太会堂中带领犹太人进行集体祷告的人员。对于领祷者的资格，没有特别严格的规定。只要是有学识、有才干的犹太人，原则上都可以担任犹太会堂的领祷者。在正统派的犹太会堂中，领祷者仅限于成年的犹太男子。他们不仅要在仪式中担任"领祷者"，而且被视为信众的传话者，要代表信众向上帝献祷。

第三，领唱者。在现在的犹太会堂中，大多会设立几名领唱者。他们通过带领会众一起歌唱上帝，来提升崇拜仪式的艺术性和优雅度。

第四，读经员。读经员是经过特别训练的《妥拉》诵读员。当犹太人在会堂里集体诵读《妥拉》时，必须配合一系列音符和旋律来进行吟唱。然而，在手抄本的《妥拉》经文中，并没有附上任何音符，所以只有一些经过特别训练、掌握音乐技巧的人，才能在没有音符注释的情况下完成《妥拉》的吟诵。读经员就是为了满足这样的特殊需求而产生的专业人员。按照犹太传统，任何经过专业训练的犹太人，都可以成为读经员。但在正统派的犹太会堂中，只有成年犹太男子才有资格获得该职位。

第五，管理会堂者。起初，会堂管理者主要是指会堂与犹太社区里的财务人员。他们负责筹措钱款，以维持会堂的正常运作，同时也为穷人募集善款。会堂管理者通常是由会众中选取的一些具有学识修养且受人景仰的人士来担任。如今，该职位已经成为荣誉性的职位。除了募集善款、管理会堂财务外，会堂管理者的另一个主要任务是协助读经员。当读经员诵读《妥拉》时，常常有两位会堂管理者站在读经桌的两旁，随时注意诵读的进度，并给读经员以必要的提醒。此外，会堂管理者还常常负责从会众中挑选为《妥拉》诵读、吟诵赞美祷文的人，并且负责安排每周的仪式持续，保持会堂的顺利运作。可以说，他们是犹太会堂中的勤杂人员。

第四节　诵读的礼仪

犹太人的生活与宗教仪式紧密相关，他们惯于通过繁杂的宗教仪式来表明自己与上帝的特殊关系。宗教仪式贯穿于他们的日常生活。遇到犹太节期之类的特殊日子时，这些仪式会变得格外复杂也更为隆重。在本书中，我们将主要以犹太人经文诵读仪式中的程序为例，来说明犹太人繁杂的宗教仪式。

犹太人每天有三场崇拜仪式，分别在晚上、早晨和午后。在每一次崇拜仪式中，他们都要公开或私下诵读祈祷文。值得一提的是，由于犹太历是以日落作为每天的开始和结束，因此晚间仪式才是犹太人每一天的首场宗教仪式。同时，由于午后仪式（日落之前举行）与晚间仪式（日落时分举行）相隔较近，所以两者通常陆续进行。

在犹太人的几乎所有传统仪式中，诵读《妥拉》都是最重要的内容。由于按照犹太历，每年有54周，所以为了在一年时间里正好读完整部《妥拉》，犹太人将其分成54个相等篇幅的单元。一般情况下，犹太人每周都要在会堂里诵读完其中的1个单元，以确保自己能够在一年时间内读完整部《妥拉》。正如我们在前文中提到的，犹太历的提示黎月23日是传统的转经节。每到这一天，犹太人必须读完《妥拉》的最后一卷，并重新开始诵读《妥拉》的第一卷，如此循环往复，从不间断。可见，犹太人在诵读《妥拉》的时间安排上是非常细心的。

在每一周，犹太会堂都要多次组织本堂的会众诵读《妥拉》，而且每次诵读《妥拉》的时间都是固定的。例如，在每个周六的早晨和午后、每个周一和周四的早晨、每个安息日的早晨和午后，都必须诵读《妥拉》。在通常情况下，犹太人每周诵读的经文都应来自《妥拉》中的同一个诵读单元。不过，如果这一周恰好赶上重要的犹太节期，拉比们则会特意从《妥拉》中挑选一些其他的相关经文来诵读。在每个犹太节期，拉比们在带领会众读完《妥拉》之后，还要从《塔纳赫》的《先知书》中选取一段相关的经文，并且借助这些经文来讲解他们此前诵读的《妥拉》中经文的含义。在每次诵读经文之前和之后，犹太人都要一起吟诵特别的颂词。

犹太人不仅把《妥拉》分成54个单元进行诵读，而且将每个单元区分成若干个段落，并把这些段落称为“阿利亚”（Aliyah）。阿利亚的字面意思是“登高”。因为在犹太会堂的诵读仪式中，每次开始诵读《妥拉》中的一个段落时，都会有一个信徒被拉比点名登上讲坛，为此次的诵读念颂一段祈祷文。后来，犹太人便以这个登上讲台诵读祈祷文的仪式作为比喻，把每次仪式之后诵读的《妥拉》中的一个段落称为一个“阿利亚”。在每周的早间仪式、安息日和赎罪日的下午，以及每个禁食日的下午，犹太人都会有三次“阿利亚”；在月朔的早晨和修殿节早晨，则有四次“阿利亚”；在犹太新年与节期的早晨，各有五次“阿利亚”；在赎罪日的早晨有六次“阿利亚”；在安息日的早晨有七次“阿利亚”。对于做“阿利亚”的人选，也有一些特别的规定。按照这些规定，第一次“阿利亚”要由祭司的后裔负责，第二次“阿利亚”要由利未人的子孙来做，剩下的“阿利亚”则由其他阶层的犹太人完成。此外，在某些特殊的日子里，例如安息日、犹太新年、赎罪日等节期的早晨仪式上，犹太教会增加一次“阿利亚”祝祷，而这次增加的“阿利亚”也有特殊的名称，叫“马夫提尔”。

由于《妥拉》的神圣地位，在每次仪式之后，犹太人对《妥拉》的放置也颇多讲究。每次诵读完《妥拉》之后，《妥拉》的卷轴都要被一个称为“举起者”（hamagbi-ah）的专门人士从读经桌上举起来，而且此人在举起《妥拉》时，还要诵读一段专门的“举起《妥拉》祝词”。此后，《妥拉》会被卷回原状，用夹子固定之后，重新装起来，并配以专门的“收起《妥拉》祝祷”。负责后一项任务的人被称为“收卷者”（hagolayl）。

在每一个宗教仪式中，经文的吟诵都有其专属的形式和音韵。因此，会众可以通过吟诵的形式和音韵来分辨不同的仪式。也正是由于这一原因，犹太会堂在每次诵读《妥拉》的时候，都有一套专门的制式音符，来配合这次诵读。

不同的会堂和不同的宗派，在宗教仪式的细节上还有各自的独特要求。这些仪式俨然成为犹太教信仰中不可分割的一部分，深深植入了犹太人的生活。可以说，犹太人的宗教是一个注重礼仪的宗教，而犹太人的生活正是由一系列的礼仪编织而成的。这些礼仪将犹太人一生中的若干重要阶段包装起来，形成了独特的犹太文化传统。

第五节 割礼的由来

割礼是一种割除男子包皮的宗教礼仪。根据犹太教的教义，每个新生命的降临都是一件非常神圣的事情，因此为新生儿举行割礼，不仅被视为最重要的宗教仪式之一，而且是一个犹太家庭的头等大事。犹太教规定：每个犹太家庭的男婴在出生后的第八天，家人都要为他举行割礼仪式，即用刀割除婴儿的阴茎包皮，作为犹太人与上帝立约的标志，表明他继承了其祖先亚伯拉罕与上帝所订立的契约，成为上帝所拣选的子民，并开始作为一个犹太人而生活。犹太教认为，割礼是一个清楚的、可见的辨识肉体的记号，表明接受割礼者从此成为了犹太民族的一份子。

关于割礼的最初起源，学者们有着各种不同的看法，但第一个把割礼作为归顺上帝的象征的民族，无疑是犹太人的祖先。按照《妥拉》的记载，第一个实行割礼的人是犹太人的祖先亚伯拉罕，而亚伯拉罕之所以这么做，则是为了听从雅赫威的命令。雅赫威将“国度从你而立，君王从你而出”的承诺和祝福赐予了亚伯拉罕及其子孙后代，同时也向他们提出了通过割礼来纪念这一恩典的要求：“你和你的后裔必世世代代遵守我的约。你们所有的男子都要受割礼，这就是我与你，并你的后裔所立的约，是你们所当遵守的。你们都要受割礼，这是我与你们立约的证据。你们世世代代的男子，无论是家里生的，是在你后裔之外用银子从外人买的，生下来第八日，都要受割礼……这样，我的约就立在你们肉体上，作永远的约。但不受割礼的男子，必从民中剪除，因他背了我的约。”（《创世记》第17章第9~14节）

在犹太人看来，割礼是上帝与以色列之间的契约关系的证明，所以每个犹太人的新生儿都必须接受割礼，才能获得上帝对其祖先的祝福。在犹太人的生活中，割礼的重要性甚至超越了包括安息日在内的其他所有节期的重要性。因此，即便一个犹太男婴出生后的第八天正好是安息日，割礼仍要在当天举行。但是，犹太人对割礼时间的严格遵守并不代表它就是不可变通的。由于割礼是对新生儿身体的一种考验，所以在实行割礼的时间上，犹太人也坚持医学的考虑要先于宗教的规定。如果在新生儿出生后第八天，进行割礼会不利于婴孩的健康或威胁婴孩的生命，就会暂时推迟割礼。此后，直到医生对这名新生儿做出健康证明之后，方可对其施行割礼。

割礼通常要在早上举行，以便表达犹太人早早起来努力遵守上帝诫命的传统。每当一个家庭为自己的孩子举行割礼时，其亲朋好友都会到场，并共同欢庆。最初，对新生儿的割礼要由其父亲来执行的，但是由于许多父亲并不具备相应的专业医学知识和技能，所以这项职责逐渐交由那些受过专业训练的犹太割礼师来进行。在20世纪之后，改革派的犹太人也允许由那些既熟悉犹太割礼和医学常识，又奉守犹太律法的犹太医生来执行割礼。在进行割礼前，要由婴孩的教父或父亲指定的亲友将其抱进一个举行割礼的房间，放在一张名为“以利亚”的椅子上。婴孩的父亲会诵读一段特别的祷词：“赞美你，我们的上帝，宇宙的主宰。你用圣谕使我们圣洁，你命令我们的孩子入我们先人亚伯拉罕的约。”在手术后，亲朋好友还会诵读相关的祷文和祝词，以表明这场割礼不只是外科手术，而是进行犹太人与上帝立约的仪式。此后，孩子的亲属会立即宣布婴孩的希伯来姓名，让其他人从此以这样的名字称呼他。透过割礼中为婴孩取希伯来名字，现代犹太人得以延续他们确认自己是选民的传统。割礼之后，通常会有庆祝宴席，亲朋好友相聚在一起，向新生儿及他们的父母表示祝贺。

由于女婴有特殊的生理结构，所以犹太家庭不对女婴实行割礼。女婴的父母会在女孩出生的第一个安息日，将其抱到犹太会堂里，取一个希伯来文的名字，以便女婴借助这个希伯来名字，成为犹太人中的一部分。此外，犹太会堂也会为女婴举行简短的庆祝仪式，父亲会上诵经坛，诵读一段《妥拉》，而母亲则会在会堂内做感恩祷告，以庆祝和确立女婴的犹太人身份。

此外，按照犹太人的习俗，皈依犹太教的男子也必须在入教时施行割礼，以表明自己通过与上帝立约而成为犹太民族的一分子。另外，割礼并非犹太人的独创，古代中东地区的许多其他民族也有行割礼的习俗。这些民族要么将割礼作为一种宗教仪式，要么将其作为青春期的男孩的性启蒙仪式。如果说区别的话，只能说犹太人将这一传统纳入其独特的雅赫威信仰，并由此赋予其新的意义和价值。

第六节　诫命之子与诫命之女

成年礼是犹太人一生中的第二个重要时刻，也称为“坚信礼”或“受戒礼”。接受成年礼的男孩被称作“诫命之子”（Bar Mitzvah），而接受成年礼的女孩则被称为“诫命之女”（Bat Mitzvah）。两者的真正意涵是：他们达到了足够遵行诫命的年纪。

犹太成年礼源自巴比伦版《塔木德》的要求。按照规定，犹太人（当时只指男孩）从满 13 岁又一天起，就必须遵守上帝的诫命，而在未满 13 岁之时则不强求。犹太传统对未成年人与成年人的区分是以 13 岁为界，只要未满 13 岁的都被视为未成年，而凡是年满 13 岁的则被视为成年。年轻的犹太男孩一旦满 13 岁，就要成为“诫命之子”，从此承担自己履行上帝所赐的全部律法和诫命的责任，而不再像未成年时那样只需履行部分的律法和诫命。同时，他也开始享有其作为一名成年人的权利，例如，在参加集体崇拜时被算入“会众”的人数，可以在会堂中做“阿利亚”，在参加晨祷时系上经文匣，成为犹太法庭的成员，从事商业交换，等等。

犹太成人礼起源于 14 世纪，后来逐渐形成了一整套的规制。按照这些规制，犹太孩童虽然直到 13 岁才能接受成年礼，但在此之前，他们还需要花费上好几年时间学习宗教和希伯来语，并在大人的指导下认真研读《妥拉》，牢记诫命，准备讲演，以便为即将来临的成年礼做准备。正式的成年礼一般会安排在受礼人年满 13 岁后的某个安息日举行（或者在任何一次有《妥拉》诵读环节的崇拜仪式中举行，如在周一、周四以及安息日的早晨，安息日的下午，以及任何犹太节期的早晨，均可进行成年礼的仪式）。犹太会堂是举行成年礼的主要场所。在成年礼开始时，拉比要特意为受礼人进行一次特别的布道，着重向他或她阐明其在今后将要承担的责任，特别是对家庭和犹太社会的责任。拉比会要求受礼人遵守《妥拉》的全部诫命，并将律法的知识传授给自己的子孙后代。仪式的重头戏是受礼人当众诵读犹太经典。受礼的孩子们在听完拉比的布道和劝诫之后，会被叫上诵经坛，生平第一次用希伯来文向公众诵读《妥拉》中有关安息日的章节和《先知书》的经文。最后，这些刚刚成为“诫命之子”或“诫命之女”的孩童还要以带领者的身份参加当天的会堂崇拜仪式，例如，发表简短的讲解，对《妥拉》的诵读经文做出评论，发表自己的心得体会，等等。

犹太成年礼既是一个严肃的时刻，也是一个欢庆的时刻。在仪式当天，许多亲友都会获邀前往犹太会堂，共同见证孩子的成年礼过程。在仪式之后，他们会用食物、舞蹈以及其他娱乐活动来进行庆祝。所有的来宾都会向“诫命之子”或“诫命之女”送上礼物以示祝贺。依照犹太传统，孩子的父亲也会赠送给“诫命之子”一条犹太祈祷披巾，以表明受礼人从此要肩负作为一名犹太人的宗教义务。

对于受礼者来说，成年礼表明他或她将不再是一名孩童，而是一名成人。因此，他们要向世人证明自己作为犹太民族的正式成员的身份。从受礼的这一天起，他们便拥有了自主权和参与正式宗教活动的资格。他们需要遵守上帝的全部律法和诫命，并开始为自己的行为承担全责。对于受礼者的父母来说，成年礼的意义也非同寻常。它意味着父母已经基本完成了教育孩子的任务。在仪式之后，“诫命之子”或“诫命之女”就要从父母手中接过教育后代的责任，把律法和知识传给他们自己的子孙后代，因为成年礼已经赋予了他们以传授律法和知识的权利。

从犹太成年礼的变迁，还可以看到女权主义在现代犹太人中的影响。在最初阶段，犹太人是不会为家里的女孩举行成年礼的，因为根据犹太人的传统观念，女性在日常生活和宗教生活中的责任均低于男子，她们不能被算入参加公众崇拜的“会众”人数，也没有权利登上诵经坛去做“阿利亚”。然而，随着妇女解放运动和女权主义的发展，犹太女性的文化水平和受教育水平日益提高，她们在社会中的地位不断提升。因此，现代的犹太会堂也开始在周五、周六的晚上或周日的下午举办类似的女子成人礼仪式。犹太重建派的精神导师末底改·卡普兰的女儿犹狄·卡普兰·艾森斯坦（Judith Kaplan Eisenstein）便是犹太历史上第一位“诫命之女”。

第七节 奇特的婚礼

步入婚姻殿堂是人一生当中的重要时刻，所以世界上各个民族都很重视婚礼，但它们的婚俗迥异，婚姻观念和形式更是五花八门。犹太人也是一个非常重视婚姻和家庭的民族。他们认为，婚姻是上帝在创世的时候为人类的始祖设立的，因而也是神圣的。按照《妥拉》的记载，上帝为人类设立婚姻制度的目的有三。首先，婚姻是为了实现男女互助，因为“雅赫威说，那人独居不好，我要为他造一个配偶帮助他”（《创世记》第 2 章第 18 节）。其次，婚姻是为了性接近，因为上帝宣布“人要离开父母与妻子连合，二人成为一体”（《创世记》第 2 章第 24 节）。最后，婚姻还是为了人类的延续。基于上帝创造婚姻的目的，犹太人反对一切形式的独身，同时也反对一夫多妻制，而以一夫一妻制作为婚姻的基本形式。犹太人历来不赞同禁欲主义，而希望夫妻能够“生养众多”。然而，为了维护信仰的纯洁性，犹太人很少与异族通婚。

在犹太人的《塔木德》中，不仅同样明确地反对独身，而且将故意的独身当作一种反自然的罪恶状态。同时，不以生育为目的的婚姻也被视为悲剧和耻辱。犹太拉比甚至据此宣称，对于女性而言，即使不幸福的婚姻，也比独身好得多。此外，犹太拉比还坚决反对人们通过婚姻谋取钱财。至于适婚年龄，犹太人也有自己的规矩。一般认为，18 岁是犹太男子的适婚年龄。对于女性的适婚年龄，犹太人虽然没有特别的规定，但是比较倾向于早嫁。在中世纪之前，当一个犹太女孩长到 12 岁的时候，她的父母就会提前为她四处物色合适的结婚对象。但在现代社会，犹太人的结婚年龄基本与他们所在国家的其他民族保持一致，而不再倾向于过早成婚。

与大多数民族的婚俗一样，犹太人在正式结婚之前也会首先订婚。这个订婚仪式被犹太人称为“条件”（tena'im）。这一称呼显然与犹太人通过订婚来商讨结婚条件、缔结婚姻协议的风俗有关。在订婚时，男女双方的家庭会共同举行一个订婚宴会。在宴会上，要以书面形式公布男女双方的结婚协议，而且协议中要指明结婚的时间和地点、双方的财务责任、新娘的嫁妆数量、一旦解除婚约所需赔偿的金钱（一般是嫁妆的一半）等与婚礼相关的实际内容。有趣的是，在书写结婚协议时，犹太人通常要打碎一个盘子（其理由可能与他们在婚礼时踩碎一只杯子的习俗一样，都是为了提醒大家不可过度寻欢作乐）。在订婚与结婚之间的这段时间，男女双方要互相馈赠礼品。另外，在婚礼举行之前的最后一个安息日，当准新郎和准新娘前往会堂参加崇拜仪式时，人们会把两人抬上诵经坛，让两人一起做“阿利亚”祝祷。在他们为诵读《妥拉》念过祝词之后，拉比还会为他们诵读一段特别的祷文，祈求上帝为这对新人即将到来的婚礼以及他们今后的婚姻生活赐福。这一仪式被犹太人称为“召唤礼”。在有些犹太社区，人们会在“召唤礼”仪式结束后，向两位新人抛撒糖果和葡萄干，以预祝他们二人能有幸福甜蜜的婚姻生活。在婚礼前夜，准新娘和准新郎应避免会面，而且双方都要沐浴，其中新娘要受浸身礼，即把全身浸入水中，以求洁净并表示奉献。

按照犹太传统，正式的婚礼一定要避开犹太哀悼日。另外，许多新人也避免在安息日和犹太节期结婚。之所以要避开犹太节期和安息日，是因为犹太人非常重视节期和安息日，所以不希望因为婚礼而在这样的日子打扰亲朋好友。至于婚礼的场地，犹太人则没有太多的限制。一个犹太会堂、一家饭店舞厅或是一位拉比的书房，均可作为举办婚礼的场地。犹太人的婚礼通常由拉比主持。在举办婚礼的场所内，要设置一个叫作“胡帕”（chuppah）的篷罩，并让新郎新娘站在篷罩的下面。这种篷罩有四个支架，共同支起一块作为篷顶的幕布。“胡帕”象征着新郎将新娘迎入的新居，以及双方即将要共同组建的新家庭。在婚礼前，新郎通通常会亲自为新娘盖上面纱。婚礼的前一刻，新娘要待在自己的梳洗间，新郎则要在现成的印制婚书上签字。然后，新郎从拉比手中接过一件有纪念意义的物品（通常是一条手帕），然后将它举过头顶，并还给拉比，随后婚姻的见证人也要在婚书上签字。

随后婚礼拉开帷幕，众人将首先把新郎领到“胡帕”下，让他面朝着耶路撒冷的方向站立等候。然后，新娘会在双方母亲的带领下，来到“胡帕”。新郎当着众人的面揭开新娘的面纱之后，拉比就会向这对新人送上祝福。此后，新郎的父亲将一杯葡萄酒递给新郎，新郎象征性的啜一下，而新娘的母亲则把一杯葡萄酒递给新娘，新娘也饮少许。在有些犹太社区，这一仪式已简化为由拉比分别递酒给新郎、新娘。

紧接着，婚礼进入第二阶段，由新郎赠送一份贵重的礼品给新娘，并当众诵读结婚誓言。在中世纪，虽然送任何一件贵重物品都符合犹太律法的规定，但一般新郎都会以戒指作为礼物。戒指的款式简单，大多是一个纯金的指环，并且在戒面上没有任何装饰。在给新娘戴上戒指后，新郎将用希伯来文对新娘说出以下结婚誓言："根据摩西与以色列的律法，戴上这枚戒指之后，你就分别为圣归我。"新娘在见证人面前做出接受的表示后，这段婚姻就算正式生效。现今，许多犹太新娘也会回赠戒指给新郎，并且诵读律法性的婚姻誓言，但这只是社会时尚而并非犹太律法的规定。

此后，婚礼进入第三阶段，宣读婚书并诵读"七祝词"①。在婚姻见证人的面前，新郎将婚书递交给自己的新娘。拉比或一位尊贵的客人当众宣读婚书，再将婚书交由新娘保管。犹太婚书可以说是全世界第一份保护妇女权益的文件。在古代以色列，女子一般没有财产权或遗产继承权。一旦她被丈夫休弃或她的丈夫去世，丈夫所有的财产都会自动转移给自己的儿子。在此种情况下，女子就将陷入经济困难，以至无法维持生计。然而，婚书却可以改变女性在这方面的不利地位，因为婚书中明确规定了，婚姻中的男方必须拨出一部分钱作为妻子的个人财产。若其死亡或者休妻，这部分钱将直接交由女方继承。如果男方拿不出婚书中所保证的金钱额度，他就无法休妻。由于婚书是一份有利于女方的单方契约书，而不是双方共同获益的文书，所以婚书不需要一式两份，而是直接交由女方保管的一式一份的契约。今天，许多改革派、重建派和某些保守派的犹太人认为，婚书已经不合时宜，故而不再要求传统的婚书，而是改为一份能够体现两性公平的"婚书"样式文件。在诵读完"七祝词"之后，新人会喝第二杯酒。

在婚礼的结尾，新郎要用脚踩碎一只酒杯。据说这是为了纪念圣殿的被毁，意思是在圣殿尚未重建之前，不应贪图享乐。但这种踩碎酒杯的做法并不是犹太律法关于婚姻方面的规定，而只是犹太人的风俗，其具体起源已不可考。在婚礼结束后，新郎新娘会有一段独处的时间。之后，新人会和亲朋好友一同庆祝他们的新婚。

犹太婚礼的内容丰富、仪式繁杂，但其中处处都体现了庄严和隆重，反映了犹太人对于婚姻的珍视和尊重。不过，犹太人并不像基督教中的正统派那样坚决反对离婚。当夫妻二人的感情完全破裂，婚姻关系无法维系时，犹太人也有相应的离婚机制。

第八节 简朴的葬礼

死亡意味着一个人的有限生命的终结，而葬礼则是他或她在人世间的最后一件大事。注重礼仪的犹太人在遇到亲友离世的时候，也有一整套严格的程序，来寄托他们对那个走向人生终点的亲友的哀思和最后的祝福。

当一个犹太人即将死亡时，在场的直系亲属都要撕破自己上衣的领口，以显示自己对亲人即将离世的哀痛，表明自己的心已经像衣服一样被哀痛所"撕裂"。在现代的某些犹太社区，已经不再沿用这种撕裂衣领的做法来表达哀思，而是事先给每个哀悼者送

① "七祝词"即七首婚礼祝福词，是犹太人专门用于婚礼的祝福语。

一条黑丝带，让他们别在外衣上，然后再将黑丝带撕裂，以示哀痛。在目睹亲人过世的过程中，每个犹太人都要哭泣，并将自己的眼泪留在衣服上至少一个月。此外，如果家中有人离世，还要用布将家里所有的镜子都盖上。在一个犹太人亡故后，众人要将亡者的尸体抬到地上仰卧，而且一定要让亡者的脚朝着房门的方向。然后，再用黑袍将亡者的尸体覆盖，并在亡者的头部两边分别点燃蜡烛。亲属要陪伴在尸体旁并且诵读“赞颂诗篇”，以表示此人的离世是经过上帝许可的。

在死者下葬前，要为尸体净身。死者的尸体要按照规定的方法清洗，在清洗过程中还要诵读相关的祷文和祝词。此后，还要对尸体进行再次的洁净，就是用大约22.7公升的水倾倒在死者的身上，以象征这个处在由生入死状态的人得到了彻底洁净。在两次洁净之后，死者的尸体会被穿上一整套用白色细麻布制成的“寿衣”（寿衣包括头饰、裤子、里衣、外衣、皮带、一块裹尸的细麻布）。若亡故的是男子，则要在其肩头覆上其生前所用的祷告披巾，只是祷告披巾的缝子要剪掉，以表明死者不再有遵行诫命的义务。之所以要用纯白的寿衣，是象征着灵魂的洁净。由于所有犹太人死后都会穿同样的寿衣，所以这种形式旨在表明，人在死后是平等的。

犹太人将身体视为灵魂的神圣居所，所以对死者的尸体依然保持高度的尊重。他们认为，应让死者按照上帝创造他的方式（即从尘土而出）回到上帝那里去。正因为如此，传统的犹太人坚持要求土葬，禁止采用火葬。在死者入殓时，犹太人会按照习俗把以色列的沙土一起放入棺木，认为就算死者回不到以色列地，至少也要带上一点圣土伴随他走完人生的最后一段旅程。此举实际上也是犹太人对生与死都要在以色列地这一诫命的遵行。放置亡者的棺木必须是全木制的，不能带任何的钉子、金属或装饰。这样做的原因有两个：其一，木头腐化的速度要比金属快，所以这样可以满足身体尽快归化尘土的要求，而不让这个归于尘土的过程被附带的钉子或者装饰所减缓，并且木头棺材也会随着身体的腐化而归回尘土；其二，可以显示人死后的平等，富人不能装饰棺材以炫耀自身的财富，穷人也不必因无钱装饰而自惭形秽。

在亡者下葬前，他的亲友们会聚集在亡者生前常去的犹太会堂，为其举行葬礼。犹太葬礼的基本习俗反对厚葬，而提倡一切从简、迅速下葬。此外，禁止在安息日、赎罪日和节期内举行葬礼。在葬礼上，不得献祭，也不得摆放任何贡品，只能举行祷告和诵读《卡迪什》①。依照犹太律法与传统，一个犹太人死后，要尽快地将他下葬。通常情况下要在24小时之内下葬。如果死者亲属不能及时赶来参加告别仪式，或者碰到安息日和节期，则可适当延迟，但最迟不能超过48小时。

葬礼一结束，就进入哀悼的阶段，哀悼者在这段“哀悼期”内，要遵守哀悼的礼节。下葬后，死者亲属要在家守丧一周，这一举动被称作“守息瓦”。亲朋好友在此期间，要上门表示对死者的哀悼和对亲属的慰问。死者的亲属从墓地返回家门的那一刻

---

① 从葬礼的当天开始，在连续十一个月的时间里，哀悼者必须每天至少三次在崇拜仪式诵读一种叫作“卡迪什”的祷文。不过，《卡迪什》的内容不仅仅是对死者的哀悼，而主要是对上帝的感谢和赞美。通过诵读《卡迪什》，哀悼者表达出他们即使在面对巨大的悲剧和哀痛时，仍然对上帝抱有信心。

起，就直接进入“守息瓦”阶段。此时，哀悼者要在家里点燃一支被称为“息瓦烛”的蜡烛，而这支“息瓦烛”象征着死者的灵魂。在点燃息瓦烛之后，哀悼者要按照犹太传统律法的规定，吃一顿由邻居和朋友预备的“安慰餐”。这“安慰餐”的内容通常是小餐点之类。这顿餐点表明他们尽管对亡者的离世哀痛不已，但是仍然需要继续活下去，内心也需要开始复原。为了防止家人因为亲人的亡故过于悲痛，《塔木德》规定，亲友在守息瓦的前三日可以流泪哭泣，但从第四天开始，只能追思死者的功德，进行一些颂赞死者生前善举的活动。在“守息瓦”的七天时间里，哀悼者要足不出户，以便亲朋好友随时前来探视慰问，追忆死者。在这期间，哀悼者被禁止做杂事和预备饭菜，而亲友则会带着食物到哀悼者家中。由于哀悼者必须要诵读《卡迪什》，而又不能离开家，故而每个清晨、午后和傍晚，他们都要在家里举行至少十人参加的犹太祷告仪式，以让哀悼者有机会与其他人一起崇拜，并诵读《卡迪什》。“守息瓦”期间，哀悼者只能坐在地面上或者矮凳上，以象征自己因为哀痛而降卑，也表示他顺从上帝的旨意。此外，“守息瓦”期间哀悼者不洗澡，不剪发，不剃须，不系皮带，不穿皮鞋。“守息瓦”将在第七天的晨间仪式中结束。哀悼者此时会离开家门，以象征自己重返正常生活。依据犹太传统，安息日内不需要“守息瓦”，逢重大犹太节日，丧期也将终止。

犹太人不会立即为死者树立墓碑，而要在死者逝世一段时间之后，才为其树立墓碑。在以色列本土，一般要在亡故一个月之后立碑，而在美国，则通常在死者逝世一年之后才立墓碑。犹太人在探视墓地时，通常会将一块小石头放在墓碑上，以示对死者的探望，表达自己的哀思和敬爱。这是因为，犹太人不主张以生命祭扫生命，所以犹太人扫墓的时候不会献上花圈和鲜花，只会用小石子之类代替。在死者亡故后的11个月内，家人每天都会在犹太会堂的晨间仪式中为亡者诵读《卡迪什》，以表达他们的哀思。在亲人亡故的一年时间内，亡者家里一般也会避免举办喜庆和娱乐活动。此外，每逢亡者的忌日，亲属都会为其点燃悼念灯，并且为其诵读《卡迪什》。

出生——成年——婚姻——死亡，人生就像一列长途旅行的火车，充满欣喜地开始，匆匆忙忙地离开。犹太人的传统习俗却在这列看似普通的人生列车上，为每个犹太人精心准备了每个站点的接驳，为这貌似平凡的人生历程，增添了一抹独特风景。

第十四章 犹太习俗

第一节 装饰与服饰

犹太民族是一个具有丰富宗教情感的民族，其生活中的独特之处大多与传统的雅赫威信仰有关。在犹太会堂和犹太家庭的独特装饰中，以及犹太人所穿着的传统服饰中，几乎随处可见各种有关雅赫威信仰的神秘的象征物。

一、大卫之星

大卫之星（Mogen David）也称为“大卫之盾”，是犹太人最知名的一种身份标志。大卫之星的形状是由两个等边三角形组成的六角星。关于大卫之星的来历，有几种不同说法。其中最流行的一种说法是，它起源于古以色列王国的开国之君大卫王所使用的盾牌。古代的犹太人认为，六角形的星星具有强大的保护力，所以大卫王和手下的将士都要在自己的盾牌上刻上这种六角形的星星。久而久之，六角星就被人们称为“大卫之星”。至于大卫之星究竟从何时开始被犹太人用来象征自己的族群，则没有确切日期可考，但至少在公元3世纪之前，犹太人就已经有了此种习俗，因为在意大利南部地区发现的一块公元3世纪的犹太人墓碑上，就曾刻有大卫之星的图案。在后来的犹太民族史上，大卫之星多次被用来表征犹太族群。据一份12世纪的手稿记载，当时的犹太人习惯于将大卫之星安放在门柱和圣卷的旁边，以象征对圣卷的保护。中世纪的犹太神秘主义常常用大卫之星作为标志，来解释其神秘主义的观点；14世纪的布拉格犹太人也曾使用大卫之星作为其徽旗的标记；在17世纪维也纳犹太人的徽印、19世纪罗斯柴尔德家族的家徽、1897年第一届犹太复国主义者代表大会的徽旗上，都可看到大卫之星的图案。在20世纪，由于六角形的大卫之星已成为犹太身份的象征，所以德国纳粹曾经强迫欧洲所有的犹太人都佩戴一种由黄布做成的六角星，作为辨识犹太人的记号。1948年，以色列建国之后，大卫之星又得以成为以色列国旗上的中心图案。今天，大卫之星已然成为犹太信仰与犹太族群的独特记号，在犹太会堂的建筑上、犹太人的墓碑上随处可见。

二、法板

法板（Tablets of the Covenant）是两块刻着“摩西十诫”的石板。据犹太人的圣典《妥拉》记载，法板是犹太人的祖先逃离埃及为奴之地的时候，雅赫威上帝在西奈山上通过摩西赐予他们的基本诫命，也是一切律法的总纲。摩西在下山回家时，就随身携带着两块刻有“十诫”内容的法板，可当他发现一些百姓居然趁他不在而私自祭拜金牛犊时，立即勃然大怒地摔碎了两块法板，并且按照上帝的命令，对那些私自祭拜金牛犊的百姓施以严厉惩罚。当这场风波终于平息之后，上帝又命令摩西重新凿了两块新石板，并将十条诫命重新刻在石板上。从此，法板成为上帝与犹太民族立约的象征。为了保存好法板，犹太人还专门为其制作了华美的约柜。从此，约柜及其内置的法板成为犹太人心中最神圣的象征物。无论是他们在阿拉伯旷野建立的会幕中，还是他们在耶路撒冷建立的圣殿中，约柜和法板一直被置于最尊贵的位置。然而，在圣殿被彻底摧毁之后，珍贵的约柜和法板也毁于战火。在今天的犹太会堂里，虽然已经无法见到原来的约柜和法板，但仍然保留着作为装饰的法板。犹太会堂的建立者给这些法板刻上十诫的希伯来文缩写，并将其放在存放《妥拉》的约柜的上方。

三、东墙板

在犹太会堂和犹太家庭的东墙上，一般都会安放一块叫作东墙板的装饰物。这种习俗源自大流散时代的犹太人。公元前 2 世纪初期，在最后一次反对罗马统治的犹太起义失败之后，几乎所有犹太人都被逐出了耶路撒冷和巴勒斯坦。此后，欧洲便逐渐成为绝大多数犹太人的寄居之地。尽管寄居欧洲各国的犹太人难以回到耶路撒冷，但他们心中无时无刻不在思念东方的耶路撒冷和被毁的圣殿。为了表达这种思念，他们开始制作一种刻有“东方”（mizrach）字样的彩绘板子，并将其安放在犹太会堂和自己家里的东墙之上，随时向自己指明朝拜的方向。这块板子就是东墙板。

四、门柱圣卷

门柱圣卷是希伯来文“美祖扎赫”（Mezzuzah）的音译。它是犹太人在自家门柱上挂放的一种经文楣铭，也是犹太人家的标志。在犹太人眼中，它被视为上帝的诫命的象征，随时提醒自己不要忘记上帝的存在。用作门柱圣卷的小羊皮卷通常只有几厘米长，被放置在一个精美的长方形小匣中。在小羊皮卷上抄录着《妥拉》最后一卷的两段经文。其中一段经文是为了强调对上帝的爱：“以色列啊，你要听！雅赫威我们神是独一的主。你要尽心、尽性、尽力爱雅赫威你的神。我今日所吩咐你的话都要记在心上，也要殷勤教训你的儿女，无论你坐在家里，行在路上，躺下，起来，都要谈论；也要系在手上为记号，戴在额上为经文；又要写在你房屋的门框上，并你的城门上。”（《申命记》第 6 章第 4~9 节）另一段则是为了告诫自己，爱上帝的人必将得到善报，背弃上帝的人必将面临惩罚：“你们若留意听从我今日所吩咐的诫命，爱雅赫威你们的神，尽心尽性侍奉他，他必按时降秋雨春雨在你们的地上，使你们可以收藏五谷、新酒和油。也必使你吃得饱足，并使田野为你的牲畜长草。你们要谨慎，免得心中受迷惑，就偏离正路，去侍奉敬拜别神。雅赫威的怒气向你们发作，就使天闭塞不下雨，地也不出产，使你们在雅赫威所赐给你们的美地上速速灭亡。你们要将我这话存在心内，留在意中，系在手上为记号，戴在额上为经文；也要教训你们的儿女，无论坐在家里，行在路上，躺下，起来，都要谈论；又要写在房屋的门框上，并城门上，使你们和你们子孙的日子，在雅赫威向你们列祖起誓应许给他们的地上得以增多，如天覆地的日子那样多。”

（《申命记》第 11 章第 13~21 节）

犹太人对这两段经文的抄写也颇有讲究。按照他们的习俗，在门柱圣卷内的这两段经文不仅要用希伯来文抄写，而且要用特殊的书写方法抄录。抄录的过程不得出错，也不得涂改。抄录好的羊皮卷在经过拉比的祝福后，才能被卷起放进小匣中。放置门柱圣卷的匣子通常为金属、木材或玻璃材质。装有门柱圣卷的小匣子通常被斜挂在门框的右侧，匣子斜对着房间。在首次安置门柱圣卷的经匣时，还会有一个专门的仪式。虔敬的犹太人在进门和出门时，都会用右手碰触门柱圣卷，然后吻一下该手，以表达自己不忘对上帝的热爱及虔敬，以及对上帝诫命的遵守。

在大流散时代的初期，犹太人为了免遭迫害，大多选择将门柱圣卷挂在室内。在被迫搬家时，他们会将门柱圣卷一并带走。直到形势稳定之后，他们才开始将门柱圣卷挂在自家门柱上。此外，犹太人通常每隔七年对门柱圣卷检查两次，观察有无损坏。一旦发现受损，则及时更换。在今天的以色列国，不仅私人住宅的门柱上，而且所有国家机关及其所有房间的门柱上，都挂着一个装有门柱圣卷的小匣子。

五、经文匣

今天，去耶路撒冷旅游的游客常常发现一个有趣的现象，那就是虔诚的犹太人常常将写有上帝诫命的小羊皮卷塞进两个小皮匣内，然后把一个系在自己的手上，把另一个系在自己的额头上。这两个小皮匣就是所谓的“经文匣”。据说，这一习俗出自《妥拉》最后一卷的一段经文：“你们要将我这话存在心里，留在意中，系在手上为记号，戴在额上为经文。”（《申命记》第 11 章第 18 节）犹太拉比们认为，这段经文的意思是：要将上帝的诫命写下来，并且将之系在手臂和额头上。犹太人的经文匣大多是体积很小的长方形的黑色皮匣，在皮匣上有两根黑色的皮带，以便用来系在手上或头上。两根黑色的带子是用“洁净”的动物的皮制成。在两个经文匣里，各放着抄有四段经文的小羊皮卷。这四段经文均出自犹太人的圣典《妥拉》（分别是《出埃及记》第 13 章第10 节，第 13 章第 11~16 节；《申命记》第 6 章第 4~9 节，第 11 章第 13~21 节）。尽管两只经文匣中的经文内容相同，但系在头上的与系在手上的经文匣的样式又有区别。系在头上的那只经文匣是将四段经文分别抄录在四张小羊皮卷上，并将它们分别置于经文匣中的四个分开的格子内；而系在手上的经文匣中的四段经文则是抄在同一张羊皮卷上。系在头上的经文匣是用皮带绑在头上，在头的后方打结固定，多余的部分经两肩放在胸前。系在手上的经文匣则用皮带固定在左手肘上方（左撇子则系在右手上），固定后用皮带缠绕前臂七圈，然后将皮带缠绕到手掌上，组成一个代表上帝的希腊文字母，最后在中指上打结。

过去，年满 13 周岁的犹太男子在经过成人礼之后，就开始在晨间的祈祷仪式中佩戴经文匣。在安息日和节日中，犹太人不需要佩戴经文匣。因为经文匣被视为上帝与犹太人之间的记号，而安息日也被视为上帝与犹太人之间的记号，故而拉比们决议，在安息日和犹太节日，都不需要佩戴经文匣。犹太人每次戴上经文匣的时候，口中都会诵念《先知书》中的一段经文：“我必聘你永远归我为妻，以仁义、公平、慈爱、怜悯聘你归我，也以诚实聘你归我，你就必认识我雅赫威。”（《何西阿书》第 2 章第 19~20 节）

犹太人认为，佩戴经文匣可以彰显上帝与犹太人之间的爱。现今，只有正统派和保守派的犹太人仍会在每周的晨祷上戴上经文匣，而大部分其他犹太人已不再佩戴经文匣。

六、披巾

犹太人的披巾是一块白色亚麻布，其两端有若干蓝色或黑色的条纹横贯。这种披巾多为长方形（长约150厘米，宽约115厘米），两边各有流苏，四角各有一个小孔，小孔中会有带结的绳穗。犹太人之所以要在祈祷时佩戴这种披巾，是为了遵守《妥拉》中的一条规定："你们佩带这繸子，好叫你们看见就纪念遵行雅赫威一切的命令……"（《民数记》第15章第39节）披巾上的繸子之所以要用特定的方式打结，则是为了象征上帝赐予犹太人的613条诫命。披巾上的四个繸子则是最具象征意义的地方。有人说，蓝色或黑色的条文象征着犹太人对圣殿被毁的哀悼以及对祖先被掳的纪念。在现代犹太人的祷告披巾上，常常会缀有一些彩色的条纹，并配以装饰用的领巾，而且布料的图案也色泽明艳，使它看上去就像一件华丽的艺术品。祈祷披巾的布料种类、颜色及缀饰并不重要，重要的是繸子，正是繸子使得祷告披巾具有神秘的象征意义。

对于犹太人来说，披巾的主要作用不是装饰，它是一种重要的礼仪用品。在某些保守的犹太社区，犹太男子在行完成年礼之后，就要开始披戴祷告披巾。也有些犹太社区规定，男子在婚后才开始披戴祷告披巾。在19世纪以前，犹太女子是不可以披戴祷告披巾的，但是在现代的很多犹太社区，女子同样可以选择使用祷告披巾。按照传统，祷告披巾主要只在晨祷中披戴。这是因为犹太人认为，律法的诫命是要让"繸子"被看到，而早期由于没有电灯，在黄昏或晚上的仪式中看不到繸子，所有才规定只在晨祷中披戴祷告披巾。犹太人在披戴祷告披巾时，常常会诵读一段祝词，为"裹上繸子"的诫命感谢上帝。犹太人还认为，裹上繸子有一种神秘的象征意义，即象征着自己沉浸在祷告的灵魂中，并被上帝的同在与慈爱所包围。

由于披巾是犹太教重要的礼仪用品，故而成为犹太人一生中的每个重要时刻都要随身携带的物品。例如，在成年礼时，父亲会送给儿子一块祷告披巾作礼物；新娘也会在结婚时送给新郎一块祷告披巾；在犹太人的随葬品中，也有祷告披巾。

七、圆顶帽

一些犹太男子喜欢用一顶造型独特的圆顶帽来遮住自己的头顶，以示自己对上帝的敬畏。这种无边的圆帽通常很小，所以无法遮挡整个头部，而只能遮住头顶的一部分。圆顶帽以蓝色、白色、黑色为主。正统派的犹太人随时都会佩戴圆顶帽，因为他们认为，自己在一生中都要在上帝面前表示谦卑。自由派的犹太人则只在正式场合（如出席崇拜仪式、读经或吃饭的时候）才佩戴圆顶帽。改革派的犹太人曾经一度废除戴圆顶帽的习俗，但最近几十年来，他们又逐渐恢复了在宗教仪式中佩戴圆顶帽的习俗。过去，只有犹太男子才有资格佩戴圆顶帽，但如今，越来越多的犹太女子也开始佩戴圆顶帽。不过在绝大多数情况下，只有已婚的犹太女子才会在宗教仪式上佩戴帽子或头巾。此外，在犹太圣地或宗教场所访问的非犹太人，有时也会选择佩戴这种帽子，以示对犹太习俗的尊重。现今，圆顶帽已经成为犹太人身份的象征之一。

第二节　饮食与禁忌

每个民族都有其不同的饮食习惯和习俗，但相比世界上的绝大多数其他民族，犹太民族的饮食习惯和习俗则显得更为复杂和更加独特。实际上，犹太人的祖先并没有如此复杂的饮食习惯和习俗，而只是对祭司的饮食有所限制。然而，当第二圣殿被罗马军队摧毁以后，随着犹太祭司阶层的消失，一些原本只是针对祭司阶层的饮食规定，开始被越来越多地运用到普通犹太民众身上。久而久之，在犹太人中逐渐形成了一系列有关饮食的规则和禁忌。

犹太人在饮食方面的一系列规则和禁忌，最初都是源于《妥拉》和《塔木德》中的相关律法。在《妥拉》中，就有30多条涉及饮食的诫命（主要见于《利未记》的第11章和《申命记》的第14章）。在《塔木德》中，则对这些诫命进行了更加具体的解释和扩展。总的来说，犹太人在饮食方面的规则和禁忌主要体现在以下六个方面。

第一，哺乳动物中只能食用倒嚼（反刍）并且分蹄的动物。这种禁忌直接出自《妥拉》中的一条诫命："凡蹄分两瓣，倒嚼的走兽，你们都可以吃。"（《利未记》第11章第3节）按照这项规定，只有同时具有分蹄和倒嚼这两个条件的哺乳动物，才能被犹太人当作食物，例如牛、绵羊、山羊、鹿、羚羊、狍子、野山羊、麋鹿、黄羊、青羊。其他一切没有同时具备这两个条件的哺乳动物，则不能被犹太人当作食物，例如猪（分蹄不反刍）、马（反刍不分蹄）、兔（反刍不分蹄）等。然而，即使是那些分蹄并反刍的动物的肉，也不能随意食用，因为犹太人在食用它们前，还要看它们是否违反了另外五条相关规定。首先，"可食"的哺乳动物必须是按照犹太人的传统进行屠宰的。也就是说，这些动物必须是由受过专门训练的"屠宰师"以最为迅速和最少痛苦的方式宰杀的。其次，凡是自然死亡的或者因遭其他动物"撕裂"而死亡的动物，一律不可食用。后来，犹太人又将这一禁忌扩展到一切受伤有残疾的动物。再次，任何动物的血均不可食用。为确保食用的肉中不含血，犹太人可以说想尽了各种方法，例如通过浸泡、盐渍、烧烤等办法来除血。此外，必须从肉中剔除动物的肥脂。说得通俗一点，就是犹太人不能吃肥肉。这是因为，在《妥拉》中有一条诫命规定："牛的脂油、绵羊的脂油、山羊的脂油，你们都不可吃。"（《利未记》第7章第23节）最后，哺乳动物的后腿不可食用。据说这一习俗源自犹太人的祖先雅各（亚伯拉罕的孙子，古希伯来人的第三任族长，据说"以色列"一词正是来自他的绰号），因为雅各在同天使摔跤的时候，扭伤了自己"大腿窝的筋"，所以他的子孙后代为了纪念此事，都不可吃"大腿窝的筋"。然而，如果严格执行该项限制，就必须放弃大部分可食用的肉，所以为了尽量减少损失，当代以色列国的犹太屠宰师已经发展出一种专门剔除动物下半身的坐骨筋的方法，并宣称，剔除了筋的动物后腿是可食的。但在以色列之外的地区，拉比和屠宰师均认为挑出坐骨筋的方法成本太高，故而仍坚持不吃动物的后腿肉。

第二，只有鸡、鸭、鹅、鸽子等被驯化的禽类才是"可食"的禽类，而鹰、乌鸦、枭、秃鹰等野禽或肉食性猛禽则不可食用。然而，即便是"可食"的禽类，也必须按照犹太人的传统来进行宰杀，否则依然不可食用。例如，如果一只野鸭是被箭或枪射下来的，那么无论按照何种方法来宰杀，它的肉都将被视为不可食的。此外，按照《妥拉》的规定，只有那些可食禽类下的蛋才是可食的，而非可食禽类下的蛋也是不可食的（《利未记》第11章第13~18节）。

第三，“可食”的鱼类必须兼有鳍和鳞，否则一律不得食用。按照该习俗，一切无鳍、无鳞、无骨、贝壳类或软体的水生生物均不可食用。例如，龙虾、蟹、鳖、龟、贝、鳗鱼、海参、海蜇等（《利未记》第11章第9~11节）。剑鱼则被视为一种有争议的鱼类，因为该鱼在幼年时期有鱼鳞，长大之后鱼鳞则慢慢消失了，故而犹太人对此鱼可食与否，没有定论。对“可食”鱼类的宰杀不受“屠宰礼仪条例”的限制，所以犹太人可以用任何方法宰杀它们。然而，与禽类类似，只有“可食”鱼类的鱼卵才被视为是可食的，而非可食鱼类的鱼卵被视为是不可食的。

第四，所有长翅膀的昆虫，均不可食用。本来按照《妥拉》中的规定，并非所有长翅膀的昆虫都不可食用，因为“有翅膀用四足爬行的物中，有足有腿，在地上蹦跳的，你们还可以吃。其中有蝗虫、蚂蚱、蟋蟀与其类，蚱蜢与其类，这些你们都可以吃”（《利未记》第11章第21~22节）。但是后来的犹太拉比认为，这些昆虫的体积太小，难以辨认，所以为了谨慎起见，干脆将一切有翅膀的昆虫（包括一部分虽然有翅膀，但用四肢在地上爬行的昆虫）统统列入了“不可食”的名单。

第五，不能将肉类食品与奶制品混在一起食用。此项饮食禁忌最初源自《妥拉》中关于“不可用山羊羔母的奶煮山羊羔”的禁忌（《出埃及记》第23章第19节和第34章第26节，《申命记》第14章第21节），其本意是为了显示对动物的仁慈。然而，由于在实际操作中，很难分辨出山羊羔与山羊羔母以及山羊羔母的奶之间的关联，所以拉比们便将这条饮食禁忌扩展为：不能将任何动物（或肉类）放在奶（或乳制品）中烹煮。到了中世纪，这项禁忌的范围又被进一步扩展为：不能将肉类与乳制品混在一起吃。普通犹太人为了避免无意中违反该项禁忌，不仅逐渐将肉类与乳制品分锅烹饪，而且避免用同一个盘子来装肉类和乳制品。也正是由于这一原因，在犹太人的家里，常常备有两套或两套以上的餐具和厨具，以便将肉类和乳制品的烹饪和存放彻底隔离。在现代犹太人的家里，甚至会分别准备两个烤箱、两个炉子、两个水槽、两个冰箱，以便彻底隔离肉类和乳制品。在犹太人的会堂、食堂等公共建筑内，一般都会有两个完全分开的厨房，以便分开处理肉类和乳制品。更加让人感到不可思议的是，一些虔诚的犹太人在食用肉类之后，不敢马上进食乳制品，而要间隔3~6个小时，直到胃中的肉类完全消化之后，才开始食用牛奶等乳制品。反之亦然。

第六，犹太人把酒视为生活的必需品，所以并不完全禁酒，然而他们认为，并非所有的酒都是可饮用的。只有那些按照犹太人的方式生产出来并经过专门的认证、品尝和保存的酒类，才是犹太人可以饮用的酒类。由于犹太人常喝的酒是用葡萄和水果制造的，所以从原材料上来说，这种酒自然是可饮用的。但犹太人仍坚持认为，酒最终是否可饮用，还要看生产工艺。由于酒在犹太仪式中具有非比寻常的意义，所以犹太人要确保酒在生产过程中从头至尾都受到管制和监督。这样做是为了确保从葡萄树的栽植，葡萄的成长、收割、酿造，至包装以及倒酒的过程，都符合“可食的”标准。酿酒的所有步骤和前期葡萄树的栽培都要由犹太人执行，并接受拉比的品管和认证。甚至到饮用都不假外族人之手，要犹太人亲自将酒倒入杯中。

尽管犹太人有名目众多的饮食禁忌，但他们从来不拒绝食用任何蔬菜、水果、谷物和其他植物。因为按照《妥拉》的记载，上帝创造植物的目的就是给人食用："神说：'看哪，我将遍地上一切结种子的菜蔬，和一切树上所结有核的果子，全赐给你们作食物。'"（《创世记》第1章第29节）对于犹太人来说，这或许是一件值得庆幸的事。

需要特别指出的一点是，上文所介绍的只是绝大多数犹太人在饮食方面的禁忌和习俗，但它们并非适用于所有时代的所有犹太人。例如，在现代的犹太人当中，曾经有一些改革派人士主张废除犹太人在饮食上的所有限制，只是绝大多数现代犹太人没有认可这一主张，而是继续坚持过去的饮食禁忌和习俗。此外，美国犹太人在实行这些饮食方面的禁忌和习俗时，常常持有相对灵活的态度。他们认为，对于《妥拉》中那些古老的饮食条例，最重要的是要继承其精神，而非死抠其字句。从这种思想出发，他们虽然坚持在自己家里只吃那些"可食的"食物，但是在外就餐时，则偶尔会吃某些在传统犹太人看来"不可食的"食物。极少数美国犹太人甚至认为，吃不吃特定的食物与他们的民族身份和宗教信仰无关。

在对待传统饮食禁忌和习俗的态度上，现代犹太人中之所以会产生不同声音，是由他们所处的社会背景和现实处境导致的。例如，由于犹太人在饮食方面的禁忌太多，而他们的消费群体又相对较小，所以在现代的超市和食品市场，符合犹太标准的食物价格要比普通食物高出许多。因此，一些经济条件不太宽裕的犹太人即使想完全奉行传统的饮食条例，也常常力不从心，甚至让自己的生活举步维艰。同时，由于很多现代犹太人需要常年在外经商或出差，所以当他们在没有犹太社区的地方旅行和生活时，即使无法保证别人提供的食物完全符合犹太传统，也往往没有选择的余地。

犹太人的饮食条例包罗万象、庞杂琐碎，其中诸多的规定和限制更让人感到不可思议。然而，它们无疑是犹太人的民族身份和宗教信仰的体现，所以千百年来，绝大多数犹太人一直在持守这些条例的规定。尽管在现代社会，有少数犹太人感到难以像过去那样严格遵守这些禁忌和习俗，但同时也有更多的现代犹太人认为这些饮食条例具有现实的积极意义。例如，他们认为犹太人的饮食禁忌排除了一系列对人体不健康的食物和食品制作工艺，从而有利于人体的健康。

第三节　洁净的条例

犹太人的"洁净"条例不仅涉及日常生活，更是为宗教生活服务的。在犹太圣典《妥拉》中，明确列出了一系列可以导致人"不洁净"的情况，一方面不让其他人随意接触这些处在"不洁净"状态的人，另一方面限制这些处在"不洁净"状态的人参加宗教活动。例如，长大麻风和患漏症被视为在灵性上的缺陷，而梦遗、月经、接触死尸和产期的妇女则被视为创造生命潜能的流失等（《利未记》第13章第3节、第15章第2~19节和第12章第2节，以及《民数记》第19章第11节等）。按照《妥拉》的规定，这些处在"不洁净"状态的人如果想要恢复到洁净的状态，恢复正常的宗教生活，就必须在天然流动的水中浸身沐浴。当然，这种浸身沐浴的洁净仪式，并不能真正洗涤掉他们身上的不洁净，而只是一种重生的象征。在此基础上，犹太人逐渐演化出一系列的洁净礼仪。这些洁净礼仪不仅仅是为了帮助那些被认为不洁净的人或是接触了不洁净之物的人来摆脱不洁净的状态，也是为了帮助普通犹太人保持洁净的状态。

在犹太人的洁净礼仪中，最为常见和最易实行的便是净手礼。因此，依犹太律法的规定，犹太人在每天起床之后、用餐前、便后、祈祷前、点亮会堂的蜡烛前，都必须要行净手礼。净手礼虽然是洗手，但又不同于平时的洗手。它与普通洗手之间的主要区别有二。其一，不能使用普通的水管或水盆来行净手礼，而必须事先准备一个专门用于洁净礼的铜壶，在壶中盛满清水，再倒出壶中的清水洗手。其二，在行净手礼的过程中，需要一边洗手，一边念诵祷文，随后还要背诵祝福词。

除了最常见的净手礼之外，犹太人还有另一种比较常见的洁净仪式，即浸身礼。犹太人虽然不必像行净手礼那样，极其频繁地行浸身礼，但每当他们需要参加比较神圣和庄严的活动之前，都需要行浸身礼。例如，任何犹太人在进入圣殿、会堂、圣所之前，以及在进行祈祷或献祭之前，都必须首先行浸身礼，以使全身得到洁净。另外，按照犹太律法的规定，在每个犹太圣日和节期，所有犹太人都必须行浸身礼。皈依犹太教的人在接受割礼之前，同样必须行浸身礼。浸身礼不同于寻常的洗澡，而是有着一套严格的规矩。首先，浸身礼不能在寻常的澡堂或浴室进行，而需要在天然的集水区，如河川、溪流、湖泊、海洋中进行。如果因为所在的地理位置或气候的原因，这一要求无法实现，则需要在专门的净身池中进行。所谓净身池，是犹太人按照律法的规定沐浴净身的场所，在其中的水必须是清水，而且必须是流动的清水。为了方便犹太人行浸身礼，在每一个犹太社区都至少有一个净身池。净身池大多设立在犹太会堂内，供该社区内的所有犹太人使用。净身池的深浅和大小也有讲究。首先，它的深度要足以使人将全身浸泡在内。此外，进入净身池内的台阶需要被设计成七级，以象征上帝六天的创造和一天的安息。为了避免净身池受到污染，每个浸身者在进入净身池之前，都需要首先沐浴。在净身池中浸身时，也不得使用肥皂等用品，因为设立浸身池的目的不是为了让人洗澡，而是为了达到教仪上的洁净状态。浸身者不仅要脱掉所有的衣物，还要去除随身携带的手表、珠宝、化妆品、指甲油、绷带等各种物件，以免这些物件可能阻碍其将全身浸泡在清水中。

除了针对普通人的洁净仪式之外，犹太人中的某些特殊人群还会遇到其他一些要行洁净礼的情况。例如，犹太拉比在担任圣职或主持赎罪日的活动之前，无论是否曾经接触过不洁净之物，都必须行净身礼。在犹太人看来，这种净身礼可以让他们的拉比从一个普通人的角色转化为承担圣职的祭司，也可以让一个祭司从日常的职务转化为赎罪日礼仪的执行者。在正统派、保守派、改革派、重建派的犹太社区中，大多数新娘和新郎也会选择在婚礼前行净身礼，并以这样的仪式来表示洁净和更新。

虽然犹太人的洁净礼仪带有很大程度的宗教性质，但它们并非只是在宗教场所进行，而是常常需要在寻常的犹太家庭中进行。在犹太律法中，有许多关于家庭的洁净条例。这些关于家庭的洁净条例主要是针对婚姻关系和夫妻生活设立的，而且它们大多与男性或妇女的生理周期和生理特征密切相关。例如，月经和生育被认为是创造生命潜能的流失，所以正好处于经期或刚生完孩子的妇女被认为是不洁净的，她们本人和接触过她们的人都必须举行洁净的礼仪。在《妥拉》中，对这种情况有着非常详细的说明："女人行经，必污秽七天，凡摸她的，必不洁净到晚上。女人在污秽之中，凡她所躺的物件都为不洁净；所坐的物件也都不洁净。凡摸她床的，必不洁净到晚上，并要洗衣服，用水洗澡。凡摸她所坐什么物件的，必不洁净到晚上，并要洗衣服，用水洗澡。在女人的床上，或在她坐的物上，若有别的物件，人一摸了，必不洁净到晚上。男人若与那女人同房，染了她的污秽，就要七天不洁净；所躺的床也为不洁净。"（《利未记》第15章19~24节）。后来，犹太人又依据这些经文，进一步发展出了更加严格的规定。例如，犹太女子在月经开始后的十二天内，不仅不得与自己的丈夫同房，而且严格禁止夫妻之间的相互亲吻或者抚摸。为了严格执行此项规定，一些犹太拉比甚至要求，犹太人夫妻在这十二天内，不得以任何方式碰触对方，而且必须分床就寝。在满了十二天之后，妻子还要先行净身礼，然后才可恢复正常的夫妻生活。在正统派的犹太人中，对此还有更加严苛的规定。例如，犹太男子不得在公共场合碰触自己的妻子，更不得与任何女人握手。同时，犹太男女也应避免在公共场合共舞，如若共舞，则不能牵手，而只能同握住一条手帕之类的物品，以避免直接的接触。当然，不仅仅女子有可能因为生理周期和生理特征而被视为不洁净，男子有时也可能被视为不洁净，比如在出现梦遗等情况的时候。诸如此类的条例都属于犹太人的"家庭洁净条例"。

从局外人的观点来看，犹太人有关浸手礼、浸身礼等洁净条例似乎显得有些迂腐，但实际上，它们也并非没有任何的积极意义。例如，犹太人的浸手礼要求人们在起床后、用餐前、便后、祈祷和点亮蜡烛灯仪式前净手。这尽管是出于宗教信仰上的考虑，却实实在在地促成了犹太人时刻讲究卫生、保持清洁的传统。此外，有关家庭的洁净条例及其相关规定也有助于保护女性的健康，维护女性的尊严，有利于维系良好的夫妻关系。尽管从表面上看，关于经期不洁净的条例似乎是为了保护男性和各种神圣事物不受玷污，但对于生活在男权社会中的犹太女性而言，它无疑是一种切实的保护。

第四节 拉比法庭

犹太文化的重要特征之一是神圣与世俗的结合。它在雅赫威一神信仰的基础上，将个人和民族的终极意义定位于遵守律法的日常生活中，要求每个犹太人通过在个人行为和公共活动中遵守一系列的律法和道德诫命，来实现其作为上帝选民的义务和责任。对于一名犹太人来说，检验其虔敬程度的标准并不在于其是否表达了对雅赫威的信仰，而要看其是否严格依照上帝的律法和诫命行事。因此，犹太教不同于基督教的"因信称义"，而是一个"因行称义"的宗教。有的学者甚至认为："在犹太教除了神圣的诫命没有什么别的学说。"① 正因为律法在犹太教中的崇高地位，犹太人历来比较重视律法的实施和裁决。尽管在亡国之后，犹太人的司法权受到严格限制，甚至被统治者公开取缔，但在犹太社区的内部，他们仍然组建和保留着其专门的审判机关——拉比法庭，并

① ［德］利奥·拜克：《犹太教的本质》，傅永军译，济南：山东大学出版社，2002年，第46页。

且尽最大可能地维护拉比法庭的权威。

据考证，拉比法庭肇始于第二圣殿时期。它的希伯来文名称是“Beit Din”，其字面含义就是“审判所”。犹太人之所以把自己的法庭叫作“拉比法庭”，是由于按照犹太传统，法庭需要由 3 位或 3 位以上（但需要是奇数）受过严格训练的、精通犹太律法的拉比组成。据说，拉比法庭的最初建立者是编撰《塔纳赫》的古代文士以斯拉。以斯拉凭借其在当时犹太人中的威信，以上帝的名义要求各地的犹太人组建地方法庭，并在每个周一和周四开庭审案。由于圣殿在犹太人心目中的特殊地位，建立在圣殿所在地的耶路撒冷犹太公会逐渐成为全体犹太人的最高法庭。在第二圣殿被毁后，犹太经学院兴起，并在一定程度上取代了犹太公会作为最高法庭的地位，成为散居各地的犹太人的中心。各地的拉比法庭都需要服从犹太经学院的裁决。

在中世纪，拉比法庭再次成为散居各国的犹太人的自治核心，并在犹太社区内践行以《塔木德》为核心的律法。为了维护拉比法庭的权威，中世纪的犹太社区都达成了一个共识，即严禁犹太人将民族内部的争执提交非犹太人的法庭裁决，而要由社区内的拉比法庭自行规范犹太人的行为。当时犹太人甚至认为，在非犹太人的法庭进行诉讼，与崇拜别神并无二致。

在中世纪的犹太社会，每个犹太人定居点都会设立一个拉比法庭。其中，较小的定居点有 3 人组成的拉比法庭，而较大的定居点通常会有 23 个法官组成的法庭，作为最高审判机构的犹太公会则是由 71 名法官组成。这三个等级的拉比法庭具有不同的司法权。最低级的 3 人法庭通常只能负责处理包括离婚在内的民事案件，皈依犹太教的程序，将没有偿还能力的窃贼出卖为奴隶、听取口供等案件；中级的 23 人法庭则负责处理刑事案件，包括可判处死刑的重大案件，以及牵涉到刑事案件的部分民事案件；由 71 人组成的犹太公会则享有终极的立法、司法和行政权，并且专门处理涉及犹太信仰的刑事案件，例如偶像崇拜行为、伪预言等。

然而，这些拉比法庭的权威都主要限于犹太社会内部，并且受到所在国家的世俗政权的制约。好在当时欧洲各国的统治者大多承认或默认了它们在犹太社会内部的权威。在大多数犹太社区，它们都有权自行处理犹太人之间的争讼。有时候，它们还要裁决犹太人在律法的解释上产生的分歧，以及平常的贸易争端和人际关系问题。

在 19 世纪之后，由于犹太人的解放和隔都的消失，导致了犹太社区的瓦解。犹太人不得不像非犹太人一样，借助世俗的法庭来解决争端。然而，拉比法庭并未因此而消亡，而是仍然在一定程度上发挥着其作为法庭的作用。总的来说，现代拉比法庭的基本功能包括以下三个方面：第一，负责质询那些想要皈依犹太教的人，以确定他们是否是真心皈依并真正认识犹太教信仰，同时还要裁决其是否可能成为一名真正的犹太人；第二，负责处理犹太人的离婚案件，并监督离婚档案的签发和寄送；第三，负责处理犹太人自愿送交解决的一些民事案件。有些犹太人在相互之间发生争端时，常常不愿让世俗法庭依照世俗法律做出裁决，而选择提交给拉比法庭依照犹太律法做出裁决。在拉比法庭做出裁决后，诉讼双方一般都会遵循拉比法庭的仲裁结果，而不会再向世俗法庭进行申诉。当然，如果败诉方违背先前双方的协议，而向所在国家的世俗法庭寻求诉讼，那么拉比法庭的仲裁结果就变成一纸空文。不过，绝大多数犹太人都不齿于这种出尔反尔的行为，所以这种情况极少发生。目前，有些西方国家的司法体系在涉及犹太人内部的部分民事案件上，已经承认了拉比法庭的审判效力及裁决能力，所以常常会拒绝重新审判一部分已由拉比法庭裁决过的案件，并认可拉比法庭的裁决。在此种情况下，拉比法庭的裁决与世俗法院的裁决具有同等法律效力。

拉比法庭是犹太人凭借智慧、公平与怜悯的原则，来处理其民族内部的争端的荣誉法庭。无论在过去还是现在，它都在犹太人的生活中发挥着巨大的作用，成为一个维系犹太人的民族认同和犹太社区和谐的重要机构。

参考文献

一、外文资料

[1] Barnett, P.. *The Birth of Christianity*. Grand Rapids: Eerdmans, 2005.

[2] Charlesworth, J. H.. *The Old Testament Pseudepigrapha*, Vol II. New York: Doubleday, 1985.

[3] Cohn-Sherbok, L. & Cohn-Sherbok, D.. *A Popular Dictionary of Judaism*. Richmond: Curzon Press, 1995.

[4] Cohon, S. S.. *Judaism: A Way of Life*. Cincinnati: The Union of American Hebrew Congregations, 1948.

[5] Dimont, M. I.. *Jews, God and History*. New York: The New American Library, 1962.

[6] Finkelstein, L., ed. *The Jews: Their History, Culture and Religion*, Vols. 2. New York: Harper & Brothers, 1949.

[7] Geoffery, W.. *The Encyclopedia of Judaism*. Jerusalem: The Jerusalem Publishing House, 1989.

[8] Gordis, R.. *The Dynamics of Judaism*, Indiana University Press, 1990.

[9] Harap, L.. *Creative Awakening: The Jewish Presence in Twentieth-Century American Literature, 1900—1940*s. New York, 1987.

[10] Hecht, N. S.. *An Introduction to the History & Sources of Jewish Law*. Oxford: Clarenden Press, 1996.

[11] Husik, I.. *A History of Mediaeval Jewish Philosophy*. Philadelphia: Jewish Publication Society, 1958.

[12] Israel, S. & Seth, F.. *Great Jewish Speeches throughout History*. Lanham: Jason Aronson Inc., 1994.

[13] McInerny, R.. *Aquinas against Averroists: On There Being Only One Intellect*. Indiana: Purdue University Press, 1993.

[14] Meyer, M. A.. *Response to Modernity: A History of the Reform Movement in Judaism*. New York: Wayne State University Press, 1955.

[15] Parzen, H.. *Architects of Conservative Judaism*. New York: Jonathan David, 1964.

[16] Prager, D. & Joseph, T.. *Why the Jews, The Reason for Antisemitism*. New York: Simon & Schuster, 1983.

[17] Rosenberg, R. A.. *The Concise Guide to Judaism*. New York: Meridian Books, 1994.

[18] Sachar, A. L. . *A History of the Jews*. New York: Knopf, 1955.
[19] Waxman, M. . *A History of Jewish Literature*, Vols. IV and V. New York: Bloch Publishing Company, 1960.
[20] White, W. C. . *Chinese Jews*. Toronto: University of Toronto Press, 1966.
[21] Wigoder, G. . *The Encyclopedia of Judaism*. Jerusalem: The Jerusalem Publishing House, 1989.

二、中文资料

[1] [以色列] 阿巴·埃班:《犹太史》,阎瑞松译,北京:中国社会科学出版社,1987年。
[2] [以色列] 阿丁·施坦泽兹:《阿伯特——犹太智慧书》,张平译,北京:中国社会科学出版社,1996年。
[3] [法] 埃马纽埃尔·勒维纳斯:《塔木德四讲》,关宝艳译,北京:商务印书馆,2002年。
[4] [美] 查姆·伯曼特:《犹太人》,冯玮译,上海:上海三联书店,1991年。
[5] 陈恒:《开封一赐乐业教考》,北京:中华书局,1980年。
[6] [以色列] 丹·巴哈特等:《以色列2000年:民族和地域的历史》,徐新译,济南:山东画报出版社,2003年。
[7] [美] 大卫·鲁达夫斯基:《近现代犹太宗教运动:解放与调整的历史》,傅有德、李伟、刘平译,济南:山东大学出版社,1996年。
[8] 耿昇、[澳] 李渡南、[法] 荣振华:《中国的犹太人》,郑州:大象出版社,2005年。
[9] 顾骏:《犹太人的智慧:创造神迹的人间哲理》,杭州:浙江人民出版社,1993年。
[10] 黄陵瑜:《犹太教学》,北京:当代世界出版社,2000年。
[11] 黄陵瑜:《犹太教》,北京:中国社会科学出版社,2008年。
[12] 茹季坤:《犹太人》,香港:圣公会宗教教育中心,1988年。
[13] [美] 加百尔等:《圣经中的犹太行迹》,梁工等译,上海:上海三联书店,1991年。
[14] [德] 利奥·拜克:《犹太教的本质》,傅永军、于健译,济南:山东大学出版社,2002年。
[15] 李毅夫、赵锦元:《世界民族常识》,北京:中国青年出版社,1988年。
[16] 梁工:《圣经时代的犹太社会与民俗》,北京:宗教文化出版社,2002年。
[17] 刘洪一:《犹太精神》,南京:南京大学出版社,1995年。
[18] [美] 罗伯特·塞尔茨:《犹太的思想》,赵立行、冯玮译,上海:上海三联书店,1995年。
[19] [英] 马丁·吉尔伯特:《犹太史图录》,徐新译,上海:上海人民出版社,2000年。

[20] [美] 马文·托克耶、[美] 玛丽·斯沃茨:《河豚鱼计划:第二次世界大战期间日本人与犹太人的秘密交往史》，龚方震、张乐天、卢海生译，上海：上海三联书店，1992 年。
[21] [美] 摩迪凯·开普兰:《犹太教：一种文明》，黄福武等译，济南：山东大学出版社，2002 年。
[22] [中世纪] 摩西·迈蒙尼德:《迷途指津》，傅有德、郭鹏、张志平译，济南：山东大学出版社，1998 年。
[23] [美] 那达夫·萨夫兰:《以色列的历史和概况》，北京大学历史系译，北京：人民出版社，1973 年。
[24] [英] 诺曼·所罗门:《当代学术入门：犹太教》，赵晓燕译，沈阳：辽宁教育出版社，1998 年。
[25] 潘光等:《犹太民族复兴之路》，上海：上海社会科学出版社，1998 年。
[26] 潘光旦:《中国境内犹太人的若干问题——开封犹太人》，北京：北京大学出版社，1983 年。
[27] 彭磅礴:《天泽：犹太人的故事》，台北：台湾“商务印书馆”股份有限公司，2001 年。
[28] 赛妮亚:《犹太文化精神》，兰州：甘肃人民美术出版社，2006 年。
[29] [英] 塞西尔·罗斯:《简明犹太民族史》，黄福武、王丽丽等译，济南：山东大学出版社，1997 年。
[30] [美] 沙亚·科亨:《古典时代犹太教导论》，郑阳译，北京：中国社会科学出版社，2012 年。
[31] [美] 休斯顿·史密斯:《人的宗教》，刘安云译，海口：海南出版社，2001 年。
[32] 宋力宏、孟振华:《犹太教基本概念》，南昌：江西人民出版社，2013 年。
[33] [美] 托马斯·卡希尔:《上帝选择了犹太人：一个游牧民族如何改变了世界》，徐芳夫译，北京：世界知识出版社，2001 年。
[34] [美] 魏道思:《犹太文化之旅》，刘幸枝译，南昌：江西人民出版社，2009 年。
[35] [美] 沃尔特·拉克:《犹太复国主义史》，徐方、阎瑞松译，上海：上海三联书店，1992 年。
[36] [匈] 西奥多·赫茨尔:《犹太国》，肖宪译，北京：商务印书馆，1993 年。
[37] [前苏联] 谢·亚·托卡列夫:《世界民族历史上的宗教》，魏庆征译，北京：中国社会科学出版社，1985 年。
[38] 徐弢:《基督教文化概览》，武汉：武汉大学出版社，2013 年。
[39] 徐新:《反犹主义解析》，上海：上海三联书店，1996 年。
[40] 徐新:《犹太文化史》，北京：北京大学出版社，2011 年。
[41] 徐新、凌继尧:《犹太百科全书》，上海：上海人民出版社，1993 年。
[42] 徐向群:《沙漠中的仙人掌——犹太素描》，北京：新华出版社，1998 年。
[43] 徐向群、余崇健:《第三圣殿——以色列的崛起》，上海：远东出版社，1994 年。
[44] [美] 亚伯拉罕·柯恩:《大众塔木德》，盖逊译，济南：山东大学出版社，2002 年。

[45] [美] 雅各·纽斯纳：《犹太教》，周伟驰译，上海：上海古籍出版社，2008 年。
[46] 阎瑞松：《以色列政治》，西安：西北大学出版社，1995 年。
[47] 岳清华、季凤文：《犹太民俗》，南京：南京大学出版社，1993 年。
[48] 张和清：《以色列文化》，武汉：湖北人民出版社，2011 年。
[49] 张倩红：《犹太人》，西安：三秦出版社，2003 年。
[50] 张倩红、艾仁贵：《犹太文化》，北京：人民出版社，2013 年。
[51] 张绥：《犹太教与中国开封犹太人》，上海：上海三联书店，1990 年。
[52] 张绥：《中国其他地区的犹太人和上海犹太人》，上海：上海三联书店，1993 年。
[53] 朱维之：《希伯来文化》，杭州：浙江人民出版社，1988 年。